삶을 변화시키는

예술치료

중국 전통의학과 심리극 그리고 창조적 미술치료의 통합

Gong Shu 저 | 최외선 · 조성희 · 이미옥 공역

학지사

Yi Shu: The Art of Living with Change
Integrating Traditional Chinese Medicine Psychodrama and the Creative Arts
by Gong Shu

August, 2004
Publisher: F. E. Robbins & Sons Press
ISBN 0-9666168-7-1

역자 서문

역자는 2005년 4월 마이애미에서 개최된 ASGPP 63rd Annual Psychodrama Conference에서 처음으로 공수(龔銖, Gong Shu) 선생님을 뵈었다. 그 자리에서 선생님이 소개해 주신 *Yi Shu: The Art of Living with Change*는 그간 미술치료와 심리극을 공부해 온 역자에게 신선한 충격을 주었다. 특히 미술치료와 심리극 간의 통섭(通涉)에 대한 공수 선생님의 통찰은 참으로 놀라운 것이었다.

공수 선생님은 일 년 중 6개월 이상을 아시아에서 생활하는데 아직까지 한국만은 방문하지 못했다고 하시면서 언제 기회가 되면 꼭 한국을 방문하고 싶다고 말씀하셨다. 공수 선생님의 뜻도 그러했지만 사실은 한 번 더 선생님의 워크숍에 참여하고 싶은 것이 역자의 솔직한 심정이었다. 다행히 그다음 해 역자가 속한 한국미술치료학회에서는 '자발성과 창조성-미술치료와 심리극의 통합' 이라는 주제로 공수 선생님을 초청하여 워크숍을 개최했다. 워크숍에서 공수 선생님은 미술치료, 중국 전통의학, 명상, 춤과 동작 등을 통합적으로 다루는 실연을 보여 주셨다. 여러 가지 치료방법을 통일된 경험으로 묶어 내는 과정을 통해 참가자들의 막힌 기를 풀어 주고 그들이 잠재된 최고의 창의성에 도달할 수 있도록 도와주셨다.

공수 선생님은 미국의 공인 미술치료사이자 심리극 전문가다. 또한 중국 전통의학과 창조적 미술치료를 통합하여 작업하는 분으로 잘 알려져 있다. 공수 선생님은 제3회 태평양지역 국제집단심리치료협회에 참석하기 위해 30년 만에 고국인 중국으로 돌아갔다. 중국 방문이 계기가 되어 25년이 넘는 자신의 임상 경험을 토대로 10년 전에 이 책을 쓰기로 결정하였고, 마침내 이 책이 세상에 빛을 보게 되었다.

이 책은 Yi Shu(易術)라 불린다. Yi(易)는 변화를, Shu(術)는 길, 예술, 도를 의미하는 것으로 '삶을 변화시키는 예술' 을 뜻한다. Yi Shu는 심리극, 사회측정학, 게슈탈트 치료, 중국 전통의학 그리고 표현예술에서 가져온 것으로 이러한 다양한 치료과정을 통일된 경험으로 강력하게 융합해 준다. 이러한 경험이란 우리의 신체, 마음, 영혼에 있는 기의 막힘을 찾아서 뚫어 주는 것이다. 뿐만 아니라 Yi Shu는 동(東)과 서(西)의 만남을 강조하고 다양한 문화 사이에서 교량 역할을 한다.

이 책은 총 4부, 8개장으로 구성되어 있다. 제1부는 Yi Shu의 뿌리에 해당하는 내용이다. 여기에는 저자의 어린 시절, 대학(원) 시절, 결혼생활 등에 관한 내용, 그리고 저자와 미술치료, 게슈탈트 치료, 심리극, 중국 전통의학, 기공과의 만남 등에 관한 내용으로 구성되어 있다.

제2부는 Yi Shu의 발달에 관한 내용으로, Yi Shu의 이론적 토대와 치료적

토대에 관한 내용으로 구성되어 있다. Yi Shu의 이론적 토대에서 전체로서의 유기체에 대한 내용은 중국 전통의학과 게슈탈트 치료적 관점에서 설명되었다. 그리고 자발성과 창조성 이론에 대한 내용은 현상학적 측면, 선종과 도가, 자발성과 유교, 모레노의 이론적 관점에서 설명되었다. Yi Shu의 치료적 토대는 중국 전통의학, 기공, 음악, 춤과 동작, 미술치료, 심리극과 사회측정학의 관점에서 설명되었다.

제3부는 Yi Shu의 실제에 관한 내용이다. 집단치료와 문화 드라마로서 Yi Shu의 과정, 사례연구 그리고 아프리카와 말레이시아 및 타이완에서의 문화 드라마에 대한 내용으로 구성되어 있다.

제4부는 결론이다. 여기서 공수 선생님은 다음과 같은 말로 결론을 맺었다.

> 우리는 우리 자신이 가진 문화보존성에만 종속되지 않고 다른 사람들의 문화적 다양성과 차이점을 적절히 받아들이고 반갑게 맞이하는 열린 자세와 자유로운 의식이 필요하다. 우리는 꼭두각시도 로봇도 아닌 세상의 창조자다. '위대한 조화'로 세상을 창조할 수 있도록 함께 나아가자!

역자들은 이 책을 번역하는 과정에서 저자의 생각이 가능하면 잘 반영될 수 있도록 노력하였다. 역자들이 번역에 어려움을 느낀 부분 중 선종과 도가, 유가에 관해서는 중국철학을 전공하신 김홍수 박사의 도움을 받았다. 끝으로 이 책이 나오기까지 도와주신 여러 선생님, 특히 이 책의 출판을 기꺼이 승낙해 주신 학지사 대표 김진환 사장님과 세세한 교정을 위해 수고해 주신 하시나 씨와 편집부 여러분께 진심으로 감사의 마음을 전한다.

이 책이 미술치료, 심리극, 음악치료, 무용치료와 같은 다양한 예술치료를 공부하는 분들과 일반 심리치료를 공부하는 분들에게 도움이 되었으면 한다.

2010년 4월

역자 일동

추천사

다음의 추천사는 나에게 중요한 가르침을 준 선생님들이 쓰신 것으로, 내 인생에서 그들을 만났던 순서대로 수록했다. 나는 처음 미국에 도착했을 때 리처드 매더(Richard Mather) 박사님을 만났다. 중국철학과 중국문학 선생님이셨던 그는 내게 문화유산에 관심을 가지라고 조언했다.

콘래드 소머(Conrad Sommer) 박사님은 나의 게슈탈트 선생님이자 여러 가지 심리치료 형태를 처음 소개해 준 분이다. 그는 중국철학과 서양 심리치료를 통합시킬 수 있도록 내게 용기를 불어넣어 주었다.

젤카 모레노(Zerka Moreno) 선생님은 심리치료의 가장 중요한 형태인 심리극을 내게 가르쳐 주었다. 심리극의 과정을 통해 나는 비로소 다양한 치료를 Yi Shu의 과정으로 통합할 수 있었다.

세 분의 선생님이 없었다면 오늘의 나는 존재할 수 없었을 것이다.

내가 미네소타 대학교 동아시아 어문학부에서 교수로 있을 때 조교였던 이 책의 저자 공수(Gong Shu)가 추천사를 써 달라고 부탁했다. 그런데 이 추천사는 나처럼 심리치료에 익숙하지 않은 사람은 쓰기 어려운 것이었다. 독자로서 내가 할 수 있는 것은 그녀가 책 속에 서술한 사람들의 경험 속에서 이룩한 것에 대한 순수한 경외심을 적어 주는 것이다. 또한 그녀가 소개한 고대 중국의 철학적 이념과 의학적 기술이 현대의 치료적 실제를 개선시키는 데 도움을 줄 수 있다는 근본적 공헌에 대해 알려 주는 것도 중요하다고 생각한다.

공수는 전통적인 방식에 완전히 묶여 있는 것은 아니지만, 전통적인 방식에 아주 재능 있는 화가다. 또한 그녀는 자신의 뛰어난 창조적 상상력을 자신이 선택한 직업에 활용하는 능력도 가지고 있었다. 그녀는 몇몇 내담자를 아주 훌륭하게 치료했다. 특별히 나의 관심를 끈 것은 가톨릭 신부인 조지에 대한 사례연구였다. 조지 신부는 불행했던 어린 시절에 대한 기억과 트라우마가 하느님(God)과 자신에 대한 생각을 오염시키고 혼란스럽게 만들어 더 이상 교구민의 영적인 욕구를 충족시킬 수 없다고 느꼈으며, 결국 도움을 요청하기에 이르렀다. 조지 신부는 다른 정신적 고통을 받은 사람들이 신부와 반대 역을 하는 자발적인 집단 드라마에서 이러한 고통스러운 경험을 행위화했다. 그러면서 서서히 부모님, 사제 도반들, 신도들에 대해서뿐만 아니라 하느님에 대해서도 마음의 평화를 얻게 되었다. 공수는 드러나지 않게 아주 기술적으로 '심리극' 을 연출한 것이다.

내 생각에 이 책의 가장 중요한 부분은 서로의 전통 속에서 상대를 존중하는 마음을 가지고 동서양의 개념과 기술을 협력하고 상호 보완하는 것이다. 서양 철학자와 의사들은 정신신체증(심신증)의 상호작용에 대해 항상 이론적으로 이해했다. 즉, 우울증이나 적대감은 부정적으로, 낙관주의나 사랑은 긍정적으로 이해했다. 서양인들은 중국 전통의학에서처럼 특별한 정서가 특별한 신체 기관이나 불과 물 같은 자연적인 요소와 상호 연관되어 있다는 생각을 순수한 상상에 불과한 것으로 믿을 수도 있다. 하지만 이러한 생각은 매우 회의적인 사람도 긍정적 사고의 힘을 받아들일 수 있도록 해 주었다. 내가 이러한 진짜 사람들의 이야기와 실제 경험에 관한 이야기를 읽어 볼 수 있었던 것은 가슴 따뜻한 일이었다.

미네소타 주립대학교 중국어문학 명예교수

Richard B. Mather

●●●

콘래드와 나는 공수 선생의 개인적이고 전문적인 멋진 여정의 한 부분이 될 수 있음을 영광스럽게 생각한다. 여러분이 Yi Shu의 예술성을 경험하고 현재 그렇게 살아간다면, 여러분의 창의적 경계는 무한할 것이다. 이 책은 미래의 희망과 필요에 부응할 것이다. 이 책은 우리 모두에게 평화, 사랑 그리고 조화 속에서 살 수 있는 길을 보여 줄 것이다.

지도감독자 Conrad Sommer

세인트루이스 게슈탈트 연구소장 Lee Sommer

• • •

'동은 동이고 서는 서이며 이 둘은 서로 결코 만날 수 없다.' 라는 생각은 결코 참이 될 수 없다. 왜냐하면 서는 동을 침입했고 동은 서에게 비록 잘 받아들여지지 않았지만 여러 방식으로 영향을 주었다. 그리고 요즘은 세계화로 인해 동과 서의 경계가 지워지고 있다. 그럼에도 동양적 인식에 대한 보편화가 서양문화에 조금씩 흘러들어 왔을 때, 최근까지 몇몇 전문가를 제외하고는 동양의 사고방식이 서양인에게는 그렇게 명확하지 못했다.

공수 선생의 훌륭한 연구에는 앞에서 언급한 비공식적인 관련보다 더 많은 것이 있을 것이다. 내가 알기로 모레노(Jacob L. Moreno)는 동양철학에 관심이 있었고 때때로 도에 관한 이야기를 했다. 생애 후반부에는 우파니샤드(Principal Upanishads)도 읽었다. 또한 자발성과 창조성에 관한 모레노의 생각은 동양문화에 뿌리를 내리고 있는 것으로 생각되며, 의사가 되기 전에 그는 철학도였다. 그러나 그가 자신의 생각을 펼쳐 냈을 때는 심리치료와 심리학 분야가 심리분석에 압도당해 있었기 때문에 그러한 생각을 수용할 만할 여력이 없었다.

공수는 자신의 책에서 아주 기본적인 방식으로 동과 서가 만나는 방법을 강조했다. 그녀의 중국철학에 대한 놀라운 지식은 그녀가 일출과 일몰의 풍경을 그리는 데 커다란 붓이 되어 주었고, 우리 모두는 그 그림 속에서 한 부분이 되었다.

버지니아 주 샬러츠빌에서

Zerka T. Moreno

저자 서문

돌아옴은 곧 도[1]의 운동이다.

反者道之動

– 도덕경 40장–

내가 이 책을 쓰기로 결정한 것은 정확히 10년 전이다. 1993년 9~10월에 나는 30년 만에 중국으로 돌아갔다. 나는 1993년 9월 21일 세인트루이스를 떠나 제3회 태평양지역 국제집단심리치료협회 모임에 참여하기 위해서 타이베이로 갔다. 또한 베이징 의과대학(1993년 10월 4일)과 난징 신경정신과병원(1993년 10월 13일)에서 미술치료와 심리극 그리고 집단 심리치료에 관한 워크숍을 해 달라는 초청을 받았다.

나는 내가 태어난 곳인 충밍(崇明)[2]을 방문하였다. 외무부 직원이 나를 게스트하우스에 머물게 해 주었다. 신기하게도 그 게스트하우스는 내가 예전에 태어난 집터 위에 지어진 곳이었다. 그곳은 조양문(朝陽門)[3] 거리였다. 나는 문화

1 웨이드식 표기법(중국어의 로마자 표기법의 하나)으로 서양에서는 'dao' 대신 'tao' 라고 쓴다.

2 상하이 근처 양쯔강 입구에 있는 작은 섬으로, 현재는 상하이 근교다.

혁명 동안 친할머니가 거기서 돌아가셨다고 들었다. 그 집은 게스트하우스를 짓기 위해서 철거되었다. 나의 귀환에 대한 강력한 상징이 아니겠는가!

폭풍 속에 나뭇잎이 휘날리듯이 나는 전쟁으로 부서진 중국에서 태어났다. 나의 가족은 폭격과 전쟁의 황폐화를 피하기 위해 이곳저곳으로 옮겨 다녔다. 내 기억에 일본 군인들이 들이닥쳤을 때 그들은 나를 큰 침대 위로 던졌다. 일본 군인들은 침대 밑에서 비밀서류를 찾고 있었다. 어머니는 군인들에게 문을 열어 주기 전에 이미 마룻바닥 아래에 서류뭉치를 집어넣었다. 그때 나는 두 살이었다. 친할머니는 내가 착한 아이였다고 했다. 그리고 친할머니가 방의 구석진 곳에 숨어 있는 동안 내가 "가족들은 모두 일하러 갔어요."라고 군인들에게 말했다고 한다. 아버지는 교수직을 버리고 학생들과 함께 일본인에 대항하여 싸우는 게릴라 부대를 조직했다. 때때로 그 게릴라 부대는 우리 집 큰 홀에 머물기도 했다. 한번은 군인이 자기 총을 청소할 때 총알이 튀어나와 오빠 중(鍾)이 맞을 뻔했다.

나는 연못 속의 이끼나 바람이 어디든지 몰고 가 떠돌다 사라지는 공기 속의 민들레씨처럼 뿌리가 없다고 느꼈다. 나는 집이 없다. 그러나 바로 여기가 집이다. 모든 곳이 나의 집이다. 왜나하면 나는 노가 없이 거대한 바다 위에 떠 있는 배와 같은 신세이기 때문이다. 그래서 나는 어딘가에 뿌리를 내리기 위해 절망적으로 노력했다. 아버지는 중국 난징에 묻혀 있고 어머니의 유해는 타이완의 가톨릭 묘지에 안장되었다. 내 아이들은 미국 여기저기에 흩어져 있다.

3 태양을 맞이하는 문.

그러니 내 집이 어디에 있겠는가?

성인이 된 나는 삶의 대부분에서 아주 진지하게 나의 두 부분, 즉 언어적으로, 지적으로, 문화적으로 나를 양육하고 교육시켜 준 두 세계인 동양과 서양을 연결시키고자 했다. 그리고 나는 이 두 세계, 즉 중국과 미국에 뿌리를 내리려고 노력해 왔다. 그러나 중국이 서양세계에 문을 닫았을 때, 나는 나의 자아 속에 존재하는 중국이 멀어지는 것 같았다. 나는 중국을 나의 문학, 그림, 심리치료에 담으려고 노력했다. 나는 중국과 서양을 영적으로, 정서적으로, 심리적으로 통합시키고자 노력했다.

나는 예술가로서, 치료사로서 창조적 작품활동을 통해서만 나 자신의 여러 부분을 통합하여 하나가 될 수 있다는 것을 발견했다. 이 책은 나 자신이 하나가 되는 나의 개인적, 전문적 여정의 또 다른 창조적 작업이다. Yi Shu라 불리는 이 책에서 Yi는 변화를, Shu는 예술을 의미한다. 문자 그대로 삶을 변화시키는 예술을 뜻한다. 하나를 향한 나의 여정은 삶을 변화시키는 예술을 배울 것을 요구한다.

미국 미주리 주 세인트루이스에서

2003년 12월

Gong Shu

차 례

제2부 Yi Shu의 발달

제3부 Yi Shu의 실제

제4부 결 론

Yi Shu란 무엇인가

어린이처럼 되지 않고서는 하나님의 나라로 들어갈 수 없으리라.

– 마가복음 10장 15절 –

손자 에번(Evan)이 네 번째 생일 선물로 자전거를 원했다. 나는 에번에게 말했다. "자전거가 얼마인지 모르겠지만 그것은 비싸단다." 그러자 에번이 말했다. "할머니 괜찮아요. 제게 돈이 있어요." 그는 침실로 가서 지금까지 모은 동전으로 가득 찬 돼지저금통을 가지고 왔다. 우리는 자전거 가게에 가서 자전거를 골랐다. 그는 용감하게 계산대에 가서 "가격이 얼마에요?"라고 물었다. 그 다음 계산대 유리 위에 자신의 저금통을 쏟아부었다. 그것은 정확히 2달러 57센트였다. 물론, 에번은 자전거를 살 수 있었다. 성인에게는 이러한 자신감과 열정, 진심으로 즐거워하고 신나하는 것이 부족하다.

내가 네 살이었을 때, 우리는 상하이 근처 양쯔강 하구의 조그마한 섬에 있는 시골에서 살았다. 어느 여름 이른 아침, 나는 밖으로 나가서 황금색 유채 꽃밭 앞에 섰다. 그 밝은 황금빛의 맑은 향기는 너무나 유혹적이어서 나는 꽃밭으로 끌려들어가 그 속을 휘젓고 다녔다. 그 이후에 나는 다른 곳에서도 황금빛 꽃을 볼 수 있었다. 그러나 그 꽃들은 내가 어린 시절에 처음으로 경험했던 꽃만큼 신선하고 매혹적이지 않았다.

고등학교 1학년 때, 나는 친구들 몇 명과 함께 도교 사원을 방문했다. 그곳에서 너무나 아름다운 여수도사의 미소를 보았다. 그녀의 표정은 너무나 순수하며 정결하였고, 내가 성인이 된 이후 그런 사람은 어디에서도 만날 수 없었다. 이러한 순수와 있는 그대로 꾸미지 않은 단순함은 도교(道教)와 선종(禪宗)에서 '위무위(爲無爲)' 라고 부르는 것이다.

수메르족(Sumeric) 신화인 길가메시(Gilgamesh)[1]에서 우리는 야생동물과 함께 나체로 달리는 엔키두(Enkidu)의 이야기를 볼 수 있다. 엔키두는 신전의 창녀에게 유혹당하기 전까지 자연과 더불어 조화롭게 살았다. 하지만 그는 순결과 순수를 잃어버리면서 다시는 숲으로 돌아갈 수 없었다.

중국 고대 시인은 휘파람 소리(嘯音)[2]로 자연세계와 소통할 수 있었다. 그 소리는 대지의 기(氣)를 감동시킬 수 있으며, 자연 속 생명체와 요소들을 제각기 대자연 속에서 조화롭게 서식하도록 인도할 수 있다.

우리의 순수와 신성을 서서히 빼앗아 가는 것은 사회화와 문명화의 과정인가? 문명은 우리의 조화와 평온 그리고 우주와의 하나됨을 방해하는가? 우리의 불행의 원인은 문명에 있는 것일까? 문명은 사악한 것일까? 이제 우리는 인간

복제가 거의 가능한 시대에 살고 있고, 인간관계는 원가의 효과와 이익을 고려하는 관계로 전락했다. 이제 우리는 다시 순수하고 열정적이고 창조적인 삶을 이끌어 갈 수는 없는 것인가? 이 세상을 살면서 순수와 신성을 되찾는 그런 삶을 살 수 있을까? 우리는 반응자가 아니라 자유로운 행위자로서 우주와 조화를 이루면서 살아갈 수 있을까? 이 책은 이러한 질문에 대한 해답을 찾는 데 도움을 줄 것이다.

이 책은 Yi Shu(易術)라 불린다. Yi(易)는 변화를, Shu(術)는 길(way), 예술(art), 도(道)를 의미한다. 따라서 Yi Shu는 '삶을 변화시키는 예술'을 뜻한다. Yi Shu의 근본적인 주제는 치료가 개인의 심리적, 생물학적, 사회적, 영적 영역을 균형 있고 조화롭게 하는 끊임없는 과정이라는 것이다. Yi Shu[3]는 치료에 대한 아주 전통적이면서도 새로운 이론과 실천인데, 그것은 동서 문화 속의 여러 가지 창조적인 치료방법과 형식을 통합하는 것이다.

Yi Shu는 심리극(psychodrama)[4], 사회측정학(sociometry)[5], 게슈탈트 치료(gestalt therapy)[6], 중국 전통의학 그리고 표현예술 등에서 가져온 것이다. Yi Shu는 이러한 다양한 치료과정을 강력하고 통일된 경험으로 융합해 준다. 그 경험이란 우리의 신체(body), 마음(mind) 그리고 영혼(spirit)에 있는 기의 막힘을 찾아서 뚫어 주는 것이다. Yi Shu의 과정은 한 개인 속에서, 여러 사람들 사이에서, 사람과 사람 사이의 관계에서, 한 문화 내에서, 여러 문화 간에, 한 민족 내에서 그리고 여러 민족관계에서 에너지 장애를 풀어 준다.

Yi Shu는 다양한 문화 사이에서 교량 역할을 한다고 말할 수 있다. 중의학은 '도(道)'에 뿌리를 두면서 자연법칙, 즉 자발성과 창조성을 치료와 성장의 핵심으로 삼아야 한다고 주장한다. 하지만 Yi Shu는 동서양 사상에서 자발성과 창조성을 지닌 관점을 취합하여 치료이념을 건립하는 동시에, 그 치료과정에서 개인의 자발성과 창조성의 촉진을 주장하기 때문에 조화로우면서도 사람들의 창조성을 유발할 수 있는 생활환경을 조성해 줄 것이다.

Yi Shu의 기본 철학은 전체로서의 유기체(organism as a whole)[7], 자발성과 창조성이다. 전체로서의 유기체 관념은 개인, 사회, 자연계 세 가지를 근원적인 존재라고 본다. 이 세 가지 존재는 서로 연관되어 있고, 서로 영향을 준다. 또한 세 가지는 하나의 유기체를 구성하는 동시에 각각의 체계 자체도 하나의 유기체다. 자연계는 하나의 대우주로, 개인과 사회는 각각 하나의 소우주로 간주할 수 있다. 개인 자체는 하나의 완성된 개체인 동시에 자연계와 분리될 수 없는 것이다. Yi Shu는 이러한 우주관 및 중국인이 주장하는 사람과 사람 사이의 협동과 상호 의존의 생활관이 건립한 가설에 근거하고 있다.

전체로서의 유기체 관념은 『주역(周易)』[8]에서 주장하는 우주의 운행은 끊임없이 순환한다는 이론에 근원한다. 음양의 교체는 이 운행의 특징이며, 이러한 현상은 자연계에 존재할 뿐만 아니라 또한 사람과 사물의 경질 중에도 나타난다. 유가와 도가 및 전통 중국의학도 모두 이러한 관점을 가지고 있다.

이러한 전체로서의 유기체 이론으로부터 도가인들은 기초 개념인 도(道)[9]와 덕(德)[10]을 계발하였다. 그들은 도를 우주의 본성과 속성이라 보고 덕을 개인의 근본적 본성과 속성이라 보았다. 우리 모두 각자는 거대한 대양〔道〕 속의 물방울〔德〕 같아서 인간의 신체는 그 스스로 통일적일 뿐만 아니라 사회체계와 그 주변 자연계와 분리될 수 없는 통일을 이루고 있다. 개인의 건강은 사회의 건강, 자연계의 건강, 전 지구와 우주의 건강과 밀접하게 연관되어 있다.

'무위를 행한다(爲無爲)'는 도가 이론의 핵심적 사상이다. 도가인들은 삶의 궁극적 목표는 자연에 의해서 주어진 타고난 잠재력인 덕이 펼쳐지도록 하는 것이라고 본다. 생명은 삶의 과정을 강요할 필요가 없다. 그 과정은 저절로 일어난다. 우리의 책임은 그 앞에 놓여 있는 장애물을 치우는 것이다.

Yi Shu는 도가철학과 주역철학을 채용하면서 치료과정을 중시하고, 공간과 시간에 관한 생각은 역동적이면서 나선형적이다. Yi Shu는 우주 유기체가 영원한 움직임 속에 있다고 믿는다. 이러한 움직임은 음양의 조화와 균형을 향한 끊임없는 흐름이다. 이러한 움직임을 추진하는 우주의 에너지를 기(氣)[11]라고 부른다. 자연계를 운행하는 기는 인체를 순환하는 기와 동일한 것이다. 기 이외에도 자연계를 움직이는 물이 있다. 우리 몸을 돌아다니는 피는 자연계의 물과 같다.

전체로서의 유기체에 대한 주요 이론은 음양이론과 오행[12]이론, 즉 토(土), 화(火), 목(木), 금(金), 수(水)다. 각각의 요소는 우주의 운행 및 오장육부[13]의 활동과 연관되어 있으며, 순환 진화과정에서 서로 상생상극의 현상을 나타낸다. 이러한 상생상극의 법칙은 인간의 몸에서 정서와 에너지의 불균형을 다루는 Yi Shu의 치료과정의 본질적 속성이다. 이에 대해서는 중국 전통의학을 다루는 장에서 자세히 설명할 것이다.

Yi Shu의 목적은 개인이 건강한 상태로 회복하는 데 도움을 주는 것이다. 건강한 상태에 대해 도가인들은 자연스럽고 자발적이며 창조적인 것, 중국 전통의학에서는 조화롭고 균형잡힌 것, 프리츠 펄스(Frits Perls)는 각성된 의식 상태의 지속이라고 정의하였다. 제이콥 모레노(Jacob L. Moreno)는 건강한 사람은 반응자나 로봇이 아니라 신과 함께 세계를 창조하는 동반자라고 정의하였다.

이러한 동일한 주제가 서양의 데카르트식 분석철학자들에 의해서 각각 분리되어 다루어지는 것과는 달리 『주역』과 도가 경전에서 논의된 철학적 개념은 형이상학, 인식론, 윤리학을 포괄한다. 도가에서는 우주의 무형의 기원과 유형의 현상계는 도라는 하나의 근원으로부터 기원한다고 본다. 도는 현상계 배후의 궁극적 실체이고 태초 이전의 신비다. 『도덕경』[14] 1장에서 노자(老子)[15]는 다음과 같이 말했다.

> 도를 도라 하면 道可道
> 참된 도가 아니다. 非常道.
> 이름을 이름 지우면 名可名
> 참된 이름이 아니다. 非常名.
> 이름이 없는 것은 하늘과 땅의 시작이며, 無名天地之始,
> 이름이 있는 것은 만물의 어머니다. 有名萬物之母.

노자는 『도덕경』 1장 첫머리에 요지를 밝히면서 무명의 형이상(形而上)의 세계를 만물의 현상계와 교묘하게 연결시켰다.

노자는 자발성을 자연의 법칙으로 간주했다. 그는 『도덕경』 25장에서 다음과 같이 말했다.

인간은 땅을 본받고, 人法地,

땅은 하늘을 본받고, 地法天,

하늘은 도를 본받는데, 天法道,

도는 스스로 그러함을 본받을 뿐이다. 道法自然.

이 네 문장으로 노자는 도의 시초를 현상계의 인류의 행위와 연결시켰다.

도가는 각 개체를 하나의 독특한 생명으로 간주한다. 인간의 현존은 하나의 창조적 과정이다. 만약 자발적으로 자연법칙에 따른다면, 모든 개인은 완전무결을 향해 지속적으로 나아갈 수 있으며 원래 갖추고 있는 덕을 드러낼 수 있다.

앞에서 말했듯이, Yi Shu는 동양과 서양 세계의 철학관을 치료방법과 결합시키고자 한다. 그것은 동양과 서양 문화에서 내가 체험한 다양한 치료형식을 한데 융합한 것일 뿐만 아니라, 내 삶의 여정에 있어서 배움의 과정을 반영하고 있다. 나는 삶 속의 단편들을 한데 묶으려면 끊임없는 변화의 과정, 즉 우주의 운행과 합일하는 것 외에 다른 방법이 없다는 것을 한층 더 깨닫게 되었다.

도가인들은 인체의 각 부위는 동시에 활동하며 경락에 막힘이 없고 기혈(氣血)의 균형 상태에 처했을 때 인간의 신체와 마음, 영혼이 동시에 조화롭게 운행되면서 상호 영향을 준다고 생각했다. 다시 말해서, 심리 상태는 인간의 생리 및 정신 영역에 영향을 줄 수 있다는 것이다. 장자(莊子)는 일찍이 「제물론」에서 다음과 같은 비유를 들어 인체는 하나의 통일체와 같고, 각 부분은 모두 그 외 부분과 상호 영향을 주는 것으로 묘사하였다.

사람에게는 백 개의 골격, 아홉 개의 구멍, 여섯 개의 기관이 함께 작용한다.

百骸 九竅 六臟, 賅而存焉.

나는 어느 역할을 선호하느냐? 吾誰與爲親?

당신은 그것들을 모두 똑같이 좋아하느냐? 汝皆說之乎?

아니면 특별히 마음에 드는 것이 있느냐? 其有私焉?

그들은 모든 신하와 첩이 아니냐? 如是皆有爲臣妾乎?

그들은 서로를 지배하느냐? 基臣妾不足以相治乎?

아니면 그들은 교대로 군주와 하인이 되느냐? 基遞相爲君臣乎?

진실된 군주는 정말로 있느냐? 其有眞君存焉?

비록 내가 그의 존재를 진실로 느끼지 않는다고 해도 如求得其精與不得

그것은 현실을 바꾸지 않는다. 無益換乎其實

사람은 신체가 주어지면, 그것이 계속되는 한 그것에 머무른다.

一受其成形, 不亡以待盡.

장자는 이렇게 인간 신체의 비유를 통해서 도(道)의 통합적 속성을 설명하였다.

개인은 영원히 환경의 부분이다. 주어진 신체적, 정서적 혹은 영적 행위와 어떤 일이 일어나는 환경의 배경 사이에는 불가피한 통합이 있다. 개인과 환경 사이에는 벗어날 수 없는 관계가 있고, 유기체의 한 부분에서 무엇이 일어나면 전체 유기체에 영향을 끼친다.

모든 자발적인 신체 움직임과 행위는 전체를 향한 개인의 창의적 적응을 의미한다. 신경증적 행동은 자발성의 부족을 뜻하고 기가 막힌 것으로 규정되며 유기체의 특정 부분에 있어서 기의 불균형이나 부조화를 뜻한다. 이러한 막힘과 불균형은 개인의 신체 내부에서 일어날 뿐만 아니라 개인과 환경의 상호작용 속에서도 생길 수 있다. 이러한 기의 막힘과 불균형은 사람들을 편안하게 생활할 수 없게 만든다.

전통적인 중의학에서는 기의 막힘이나 불균형의 원인을 외적 요인과 내적 요인 두 가지로 나눈다. 외적 요인은 기후의 변화, 냉풍, 냉기, 환경 오염과 개인의 건강하지 못한 생활습관이다. 내적 요인은 개인의 정서다. 정서적 불균형은 신체 내장기관의 부조화와 불균형을 야기할 뿐만 아니라 개인과 환경의 상호작용을 방해한다. 그러므로 건강은 개인의 생활방식을 개선하고, 신체 내부의 기능을 조절하며, 체내의 기형을 활력화시키고 조화롭게 하며, 개인의 정서를 조화롭게 함으로써 되찾을 수 있다.

『주역』의 주요 개념은 원(元), 형(亨), 이(利), 정(貞)으로 요약할 수 있다. 이 네 가지 단어는 천덕(天德)을 의미한다. 천덕은 에너지와 힘의 우주적 근원을 뜻하며, 본체와 현상계의 고유한 본질을 일컫는다. 그것들은 진(truth), 선(goodness), 미(beauty)를 대표한다. 원(元)은 시작을 뜻하고, 형(亨)은 막힘 없이 잘 소통되는 천지의 현상을 뜻하며, 이(利)는 조화와 균형을 뜻하고, 정(貞)은 정확한 규칙성을 뜻한다. 많은 것들이 시작할 때는 자발성을 가지고 왕성해진다. 그리고 정확하게 주어진 규칙을 따라서 막힘 없이 잘 소통되는 천지 사이에서 조화롭고 균형 있게 발전한다. 존재가 시작된 후 만물은 성장과정을 유지하기 위해 균형과 규칙성을 요구함으로써 혼돈에서 벗어나게 된다. 이 네 가지 단어는 기의 움직임의 고유한 본질이다.

중국 전통의학은 『주역』의 영향을 받았으며, 기의 움직임을 가지고 개인의 내재적 조건과 인간관계, 정신적 영역이 모두 원, 형, 이, 정의 상태로 회복하는 데 도움을 주는 정밀한 치료방법을 개발하였다. 건강은 우리의 몸 속이나 환경에 있는 생명력, 즉 기의 흐름이 막히지 않고 조화와 균형을 이룬 상태에 근거하고 있다.

도가에 따르면, 갓 태어난 아기의 자연스럽고 자발적인 순수성은 원, 형, 이, 정 혹은 진, 선, 미의 균형과 조화의 상태를 간직하고 있다. 이러한 자발성 상태를 우리는 진경(眞境) 혹은 순수경험(pure experience)이라고 부른다. 이러한 순수경험은 게슈탈트 이론가들이 의식의 연속체[16]라고 부르는 것과 유사하다. 이러한 경지에 도달한 사람을 진인(眞人)이라고 부른다. 모레노에게 있어서 진인은 곧 신과 함께 세계를 창조하는 동반자다. 도가나 선종에 있어서 자연, 자발성은 전체를 획득하는 방법이다. 자연(自然)[17]은 그 자신의 본성을 따르고 그냥 그대로 두는 것을 의미한다. 즉, 자발적이고 의도하지 않는 것으로, 스스로 완전히 자각하는 상태하에서 감각을 통해 이러한 경지를 체험하는 것이다.

자발성과 창조성은 도의 핵심이며, 내가 개인으로서 그리고 치료사로서 성장하도록 나를 키워 준 나의 중심이다. 전체가 되는 방법은 자발성을 가지는 방법이다. 이론적으로 한 개인은 도의 균형과 조화를 가지고 태어난다. 자발성을 통해서만 개인이 도의 과정과 통합될 수 있으며 그 도는 진인에게서 표출된다. 이 책은 Yi Shu에서 창조적 과정의 삶을 보여 줌으로써 진인에게서 나타나는 조화와 균형을 얻는 창조적 과정의 사용에 대한 시범을 보여 줄 것이다. 진인은 전체로서의 유기체 이론을 검증시켜 준다.

Yi Shu의 치료적 근원은 중의학, 게슈탈트 치료, 심리극, 미술치료, 기공, 음악/소리, 춤/동작 모두를 포함한다. 이러한 여러 가지 치료 양상은 독특하면서도 창조적인 과정으로 통합되어 개인의 생리나 인간관계 및 영혼, 심지어 문화나 종족 사이의 막힘을 뚫고 조화와 균형을 복구시켜 주는 것을 목표로 한다.

- **중의학** 중의학은 인간을 치료한다. 중의학은 질병의 주된 원인인 정서를 다루는 데 관심을 가지고 있다. 중의학은 음양오행이론에 기초하여 개인이 온전한 전체가 되기 위한 균형과 조화를 얻도록 도와준다.

- **기공**[18] 기공은 중국의 전통적인 치료방법 중 하나다. 기공은 호흡과 명상을 통해 심신을 평온하게 하는 방법으로서, 신체 내의 독소를 배출시키고 우주에서 오는 자양(滋養)의 기로 교체시키는 데 도움을 준다. 기공은 몸과 마음 그리고 영적인 부분에 있어서 음양의 요소가 조화를 이루도록 도와준다. 또한 건강한 개인의 내면 및 개인 사이의 관계를 북돋아 준다. 기공의 목표는 우주적 평화와 조화를 창조하는 것이다.

- **게슈탈트 치료** 펄스에 의해서 시작된 게슈탈트 치료는 존재론과 현상학으로 소개된다. 게슈탈트 치료에서 모든 인간은 '만들어지고 있는 존재(being in the making)' 로 파악된다. 개인은 끊임없이 발전하고 점점 전체가 되고 있다. 게슈탈트 치료에서 인간은 창의적이고 늘 나타나 있는 연속체다. 게슈탈트 치료는 현재의 행동 뒤에 남아 있는 '왜' 라는 것에 관

심을 두지 않는다. 어떻게 그러한 사람이 되었는지에 대해서도 관심을 두지 않는다. 오히려 '지금-여기(here and now)' 에 관심을 두는데, 그 이유는 '지속적인 성장과정을 도와주고 인간의 잠재력을 개발시켜 주는 것' 을 목표로 하기 때문이다(Perls, 1969, p. 2). 펄스는 자신의 치료방식에서 현재의 유기체만 다룬 것이 아니고 전체로서의 유기체도 다루었다. 펄스의 전체적 견해는 골드스타인(Goldstein)의 유기체이론(organismic theory)에 기초하고 있다. 골드스타인이 말한 유기체는 정교하게 함께 작업하는 여러 다른 구성요소로 이루어진 것이다. 이러한 구성요소는 정상적인 상태에서는 독립적으로 기능하지 않는다. 골드스타인의 유기체이론은 장자가 「제물론」에서 말한 협력적 존재와 마찬가지다. 게슈탈트는 쾰러(Köhler), 코프카(Koffka), 베르트하이머(Wertheimer)의 지각이론(perceptual theory)에서 영향을 받았다. 펄스가 말했듯이, "사람은 사물을 관계 없는 독립체로 바라보는 것이 아니라 감지하는 과정에서 이러한 사물을 의미 있는 전체로 구성한다." (Perls, 1973, p. 2) 이것이야말로 건강한 성인의 정상적 의식과정이다.

• **심리극** 심리극은 제이콥 모레노가 창시하였으며 그의 아내인 젤카 모레노(Zerka Moreno)의 협조로 발전하였다. 자발성과 창조성은 모레노의 이론과 실제에 있어서 필수요소다. 모레노는 각 개인에게 창조성을 유발하는 자발성이 있다고 믿었다. 때때로 문화보존성(ctural conserve)[19]은 자발성과 창조성을 방해한다. 만약 문화보존성의 방해를 받지 않는다면 모든

사람은 행위 창조자(actor-creator)가 될 수 있다. 오직 자발성과 창조성을 통하여 모든 사람은 반응자나 로봇이 아닌 신과 함께 세계를 창조하는 동반자가 된다. 신성은 자발적이고 창조적인 행위자의 '이상적 유형' 이다. 그러므로 신성 내에 있는 모든 자발성은 창조적이다. 왜냐하면 모레노의 자발성은 반드시 창조적일 필요가 없기 때문이다. 그 이유는 때때로 자발성이라는 것이 판에 박힌 것이 되기 때문이다. 또한 모레노는 '지금-여기' 의 그 순간에 대한 현상을 강조하였다. 치료의 목표는 개인에게 어떤 일이 일어났는지 이해하는 것뿐만 아니라 '지금-여기' 에서 이루어지는 역할 유연성을 가능하게 하는 어떤 상황에 대한 사람들의 반응을 바꿀 수 있도록 돕는다.

모레노는 인간은 본질적으로 사회적 존재라고 믿었다. 인간은 사회적 기본단위인 사회원자(social atom)[20]로서 서로 다른 개인과의 관계에 긍정적 혹은 부정적으로 관련되어 있다. 심리극은 일종의 관계치료다. 심리극은 드라마적 실현의 과정을 통하여 개인 간의 관계를 치료한다. 참가자들은 그들의 삶(과거, 현재, 미래)의 장면을 통하여 그들의 사고, 느낌, 꿈 혹은 개인 상호 간 관계의 경험과 재경험하는 극적인 행위에 몰입한다. 심리극은 준비 단계, 실연 단계, 나누기 단계로 진행된다. 방법론에는 사회측정학, 역할이론, 집단역동이 있다. 모레노는 자기(self)가 역할(role)에서 나오며 역할은 문화보존성에서 나온다고 생각하였다. 여기에는 가끔 주된 역할과 인간 갈등이 있다. 역할행위자로서 개인적인 능력을 통하여 사람은 선택되어진 역할에 자신을 맡긴다. 심리극의 구성요소는 무대, 디렉터, 주인공(극의 영웅), 보조자, 관객이다. 심리극은 집단, 개인, 부부 또는 가족 심리치료와 상담으로 실시될 수도 있다. 심리극은 일상의 도전과 기회에 효과적으로 직면하기 위해 개인의 창조적인 잠재력을 최대화하는 것을 목표로 하는 강력한 과정이다.

- **사회측정학** 모레노에 의해 개발된 사회측정학(sociometry)은 사람들 사이의 관계 정도를 측정하는 방법으로 간단한 사회적 측정을 의미한다. 사회측정학은 집단에서 개인 간의 관계에 대한 에너지 방향을 평가하기 위한 방법학이다. 모레노는 인간의 심리적 특성에 대한 수학적 연구, 양적인 방법의 적용에 관한 실험적 기술과 그 결과로 사회측정학을 정의했다(Moreno, 1953, pp. 15-16). 그리고 선택자의 동기와는 상관없이 진행 중인 모든 인간관계에서 선택을 기본적이면서 중요한 것이라고 했다. 사회측정학은 집단 갈등과 집단 응집력을 다루는 도구다. 그리고 '공평한 분석가'의 역할보다는 '행위과학'으로 여겨졌다. 모레노의 사회측정학은 사회 그 자체를 재설계하는 방향으로 의도되었다.

- **미술치료** 미술치료는 창조적 경험을 하는 창조적 과정이다. 미술치료는 예술가의 창조적 과정과 흡사하지만 어떤 면에서는 다르다. 예술을 창조하는 것과 같이 내담자의 치료과정은 한 사람의 의식에 내재해 있는 명확한 인식(explicit awareness, 예술 형태와 그 과정 둘 다 창조적으로 나타나는 것)을 이끌어 내는 의미로서 미술매체를 활용한다. 진행과정과 성과는 확장된 인식을 통하여 자기실현과 개인적 성장을 가져온다. 그리기, 색칠하

기, 찰흙 만들기 또는 다른 예술의 창조적인 과정은 자신의 에너지의 흐름을 차단하는 오랫동안 잊혀진 심리적 외상 경험에 대한 이미지와 미해결 과제와 접촉하는 데 도움을 준다. 다른 한편으로, 예술가는 완성된 작품의 창조성에 더 관심을 가지는 편이다. 이것이 자기실현, 개인적 성장, 인식의 성장을 배제한 것이라고 볼 수는 없다. 하지만 예술가가 되기 위해서는 그 사람의 완성된 작품의 질과 재료를 이해하고 숙달하는 것을 고려해야 한다. 좋은 작품을 만들어 내기 위해서는 많은 시간을 소비해야 하고 작품에 대한 강한 애착과 재능이 있어야 한다. 일반적으로 예술가의 주요한 우선적인 관심은 그 사람의 예술작품의 질과 관련하여 오직 그 사람의 자아실현에만 중요성을 둔다.

- **음악** 기공의 명인인 우선(吳愼)은 고대 중국에서 약용식물보다 음악을 사용해 병을 치료했다는 것을 발견했다. 비록 약용식물보다 음악치료가 먼저 존재했다 할지라도 왕족이나 귀족에게만 사용되었을 뿐 일반인들에게는 가능하지 않았다. 중국문자에서 악(樂)이라는 문자는 약〔藥, 음악에 식물의 뜻인 초두머리 초(艸)가 덧붙여졌다〕이라는 문자 이전에 존재했다. 음계의 소리파장은 피부 표면에 있는 침 맞는 자리인 경혈의 기를 조화롭게 하여 다양한 질병을 치료한다.

- **춤/동작** 내 손녀가 5~6개월이 되었을 때 간신히 바닥에 앉아 있을 수 있었는데, 이때 음악에 맞춰 몸을 흔들고 허벅지를 리듬에 맞춰 움직이기 시작했다. 10개월이 되었을 때 간신히 걸을 수 있었는데, 음악에 맞춰 춤을 추

기 시작했다. 아이들은 성장하면서 리듬에 맞춰 자발적으로 자신의 몸을 움직인다. 성인의 몸동작은 주로 사회적, 문화적 규칙과 제지 때문에 억압되었다. "숙녀처럼 걸어라, 신사처럼 걸어라! 이것은 하지 마, 저것은 해." 삶의 초기에 자연적인 삶의 리듬을 무시한 채 우리는 이러한 사회적 규범에 따르라고만 들어 왔다. 자유로운 몸동작과 춤은 우리 몸의 자유로운 리듬을 회복하고 전기장(electro-magnetic fields)을 규칙적으로 하여 자발적으로 성장하고자 하는 욕구에 도움을 준다.

이 책은 개인이나 집단이 안고 있는 기의 막힘을 소통시키고 원, 형, 이, 정과 진, 선, 미를 이루는 데 도움을 주기 위한 새로운 치료방법을 만들기 위해 시도되었다. 오로지 자발성과 자연스러움을 통해 개인이 타고난 그들의 덕을 다시 얻기 위함이다.

Yi Shu는 병을 치료하는 과정에서 이렇게 다양한 치료방법을 통합[21]적으로 다룬다. 인간 자신과의 관계 그리고 세상과의 관계에서 조화와 균형을 찾기 위해 Yi Shu는 개인 또는 집단이 에너지 장애를 극복하도록 돕는 것을 목표로 한다. Yi Shu의 궁극적인 목표는 훌륭하게 조화를 이루는 세상을 창조하는 것이다.

미주

1) 현재 이라크에 있는 유프라테스강 유역에 위치한 바빌로니아의 우르크(Uruk) 왕의 이야기다. 이 왕은 B.C. 2700년경에 살았다. 수메르어로 진흙판에 기록된 길가메시에 관한 많은 이야기와 신화 중 일부는 B.C. 2000년경에 기록되었으며 여전히 남아 있다. 수메르족의 길가메시 이야기는 긴 서사시로 통합되었다. 이 서사시는 아카드어(셈족 언어, 바빌로니아 언어, 히브리 언어)와 히타이족 언어(인도-유럽 언어, 그리스와 영국 언어, 소수 아시아 언어)의 번역본이 설형문자로 남아 있다. 남아 있는 완성본은 가장 오래된 작가로 알려진 Shin-eqi-unninni가 아카드어로 쓴 12개의 석판으로, B.C. 669~633년 아시리아 왕이었던 아슈르바니팔(Ashurbanipal)이 니네베에 지었던 도서관의 옛터에서 발견되었다. 이 도서관은 B.C. 612년에 페르시아인에 의해 파괴되었다.
2) 소(嘯)는 사람들이 사는 곳에서 벗어난 가장 평온한 소리다. 자연의 영혼을 감동시키고 자연의 생명체와 요소들이 그들이 있는 곳에서 조화롭게 휴식하도록 하는 소리다. 『소지(蕭誌)』(소에 대한 기록) 제2장에서 완적(阮籍)과 손등(孫登)이라고 불리는 선군(仙君, 영원히 기억되는 인물)에 대한 일화가 있다. 두 사람은 모두 소(嘯)를 사랑하였다. 어느날 완적은 선군을 방문하여 인간에 대한 예의를 그에게 표현하였다. 선군은 완적을 완전히 무시하는 척하였다. 좌절한 완적은 선군의 집을 나온 후 소(嘯)의 소리를 만들었다. 이 소리를 듣고 선군은 소(嘯)의 소리로 응답하였다. 그래서 완적은 서로 다른 소리를 내는 모든 나무와 식물의 소리를 들었다. 잠시 후

에 폭풍우가 오고 불사조와 공작이 무수히 날아왔다. 『소지』에서는 소(嘯)가 '혀에 부딪히는 맑은 공기'라고 하였다. 소(嘯)의 청명함은 원혼과 영혼을 감동시켜 영원히 기억되게 한다〔成公子安. 소부(嘯賦, 소에 대한 에세이). 陽山古詩文房,百陪叢書集成, 제3권. 藝文書局〕. 소(嘯)는 자신의 본래 모습과 순수함을 유지하기 위해 세상의 영광을 포기하는 사람들이 내는 소리다. 그 소리는 어떤 악기에도 의존하지 않는다. 그 소리는 영혼과 자연의 본성이 함께 의사소통하는 신비스럽고 매우 아름다운 소리다.

3) Yi Shu는 중국 전통의학, 도가철학과 『주역』에 많이 의존한다. 심리극, 사회측정학의 치료과정을 폭넓게 적용하였을 뿐만 아니라 중국 전통의학과 표현예술의 치료과정을 통합하였다.

4) 심리극은 모레노(Jacob L. Moreno)와 그의 부인(Zelka Moreno)이 협력하여 만든 집단 심리치료다. 심리극의 복잡한 치료과정은 무대에서의 행위화 방법을 채택한 것이다. 유도된 극적인 행위심리극을 통해 삶에서 미해결된 문제와 서로 상충되는 문제를 다루어 개인적인 성장을 촉진시킨다. 심리극의 목적은 인간의 자발성과 창조성을 회복하는 것이다. 심리극이 집단 문제를 다룰 때, 이것을 사회극이라고 부른다.

5) 모레노는 사회측정학이라는 용어를 만들었다. 사회측정학이란 단어는 라틴어의 *socius*에서 유래되었으며 '사회적'이라는 의미다. 그리스어 *metria*는 '측정'을 의미한다. 사회측정학은 사람들 사이의 관계 정도를 측정하는 방법이다. 사회측정학은 집단 역동을 다루는 방법이다. 모레노는 1932~1938년 동안 뉴욕 허드슨에 있는 New York State Training School for Girls에서 사회측정학에 대해 연구하였다. 사회측정학은 집단 내에서 개인 간의 관계에 대한 '텔레(tele)', 에너지 벡터를 추적하는 방법이다. 사회측정학은 사람들이 개인 간의 관계를 선택한다는 사실에 근거한다.

6) 게슈탈트 치료는 펄스가 만들었으며 전체론적인 심리치료다. 이것은 개인의 자기 인식과 순간에 대한 지각을 강화시키는 것을 목적으로 하고 있으며, 특히 다른 사람과 환경과의 관계에 관한 것이다. 게슈탈트 이론과 치료방법은 지금-여기에 대한 인식을 증진시키고 모든 사물 간의 관련성을 이해하는 기법으로 사람들의 심리적 갈등을 해결하는 것을 강조한다.

7) 정체관(整體觀) 또는 전체로서의 유기체 이론은 『주역』의 중심 주제다. 이러한 고대의 세계관은 매슬로, 로저스, 게슈탈트 치료, 심리극에 대한 모레노의 이론과 같은 인본주의 심리학자들의 이론과 실제와 일치한다. 또한 이것은 에릭 카츠(Eric Katz), 알도 레오폴드(Aldo Leopold), 노턴(B. G. Norton), 게리 바너(Gary Varner)와 같은 환경론자들이 주장하는 환경에 대한 윤리를 지지한다.

8) 『주역』은 많은 서양 언어로 번역되었다. 대부분의 독자는 이 책을 운명을 점치기 위해 보았으며 보다 중요한 부분인 삶의 철학, 자연과학, 사회과학은 무시하였다. 비록 이 책이 종종 예언서로 사용되었지만, 예언은 『주역』의 체제이며, 내용은 자연현상에 대한 축적된 관찰이다. 『주역』은 중국철학과 과학적 사고, 문화의 싹이다. 『주역』은 상 왕조(B.C. 1766~1401) 때 기초적인 형태가 존재하였으며 귀갑(龜甲)과 우골(牛骨)에 기록되었다. 상 왕조는 예언서가 만들어질 수밖에 없는 사회적 불의와 불안이 만연한 시대였다. 은 왕조(B.C. 1401~1137) 동안의 사회는 비교적 안정되었으며 천문학, 천체력, 농업과 공업이 발달하였다. 따라서 『주역』은 자연과학과 사회과학에 대한 책이 되었다. 음양오행이론과 더불어 『주역』은 중국의 전통적인 사상의 요람이다.

9) 우주의 실상과 잠재력.

10) 인간은 태어날 때 덕(德)이라고 불리는 독특한 특성을 부여받는다. 덕은 후천적 제약으로 그 빛을 잃게 된다. 덕은 타고난 잠재력을 지속시키고 고양시켜 인간의 삶에 대한 결실을 맺게 하며 사람들이 자연스러움과 자발성의 길을 따라가도록 한다.

11) 4장의 '그 자체로서 통합된 신체' 부분(p. 77) 참조.

12) 물(水), 나무(木), 쇠(金), 불(火), 흙(土).

13) 오장(五臟)은 간(肝), 심장(心), 지라(脾), 허파(肺), 콩팥(腎)을 말하고, 육부(六腑)는 대장(大腸), 담(擔), 위(胃), 방광(膀胱), 소장(小腸), 삼초(三焦)를 말한다.

14) 중요한 중국 철학서.

15) 중국 도가의 설립자.

16) 게슈탈트 개념은 펄스가 가르쳤다. 의식의 연속체는 자신의 현재 이 순간을 계속해서 지각하는 것을 의미한다.

17) 자(自)는 자기(self)를 의미하고 연(然)은 있는 그대로를 의미한다. 자연은 자기 자체 혹은 자연스러움이다.

18) 기공은 두 개의 중요한 유형으로 분류된다. 첫 번째는 동공(動功) 혹은 기공(氣功)이며, 두 번째는 정공(靜功) 혹은 명상적 기공(氣功)이다. 명상적 기공은 심재(心齋, 마음을 비우는 것)와 좌망(坐忘, 앉아서 잊어버리는 것)이라고 불린다. 기공은 한 왕조 말기에 성행하여 당 왕조를 통해 천 년 동안 지속되었다. 기공은 깊은 침묵(quiescence)의 방법으로, 중국에서 5000년 넘게 실행되어 온 건강촉진 운동이다.

19) 창조자 뒤에 남겨진 행동, 이론, 책, 예술작품.

20) 과거, 현재, 미래에 실제로 혹은 상상으로 존재하는 중요한 타인과의 관계에 대한 사람들의 심리학적인 지각.

21) 중의학 이론과 표현예술치료의 과정에서 가교 역할을 하고자 하는 저자의 시도는 성공적이었다. 저자는 2000년 12월 샌프란시스코에서 열린 제50차 세계전통약재대회에서 중국 약과 표현예술치료를 결합하여 심리적 장애를 치료하였다. 그 결과 3등 상과 상패를 수여받았다. 그것은 중국 전통의학 분야의 동료들이 저자를 수용하고 인정해 주는 훌륭한 격려가 되었다.

제1부

Yi Shu의 뿌리

대개 온갖 것은 풀처럼 쑥쑥 자라지만, 모두가 결국에는 각기 뿌리로 돌아갈 뿐이다.

夫物芸芸, 各復歸其根.

– 도덕경 16장 –

| 제1장 |

고대의 뿌리

1993년 중국으로 돌아가는 나의 첫 여행은 분리된 자아를 통합시키는 방법을 찾아야 한다는 것을 일깨워 주었다. 그래서 나는 이 책을 썼다.

1993년 9월 21일 제3회 태평양지역 국제집단심리치료협회에 참석하기 위해 나는 세인트루이스에서 타이베이로 갔다. 또한 베이징 의과대학(1993년 10월 4일)과 난징 신경정신과병원(1993년 10월 13일)에서 미술치료와 심리극, 집단 심리치료에 관한 워크숍을 해 달라는 초청을 받았다.

타이베이에서 나는 거의 30년 동안 소홀히 했던 중국어 연습을 위하여 영어와 중국어를 동시에 사용하려 했다. 당황스럽기도 했지만 흥분감을 느꼈다. 나는 제부와 여동생, 사촌을 공항에서 만났으며 손윗사람으로서의 대우를 받았다.

나는 '자발성과 창조성: 동서양의 통합'을 주제로 워크숍을 했다. 나는 두

개 국어로 이야기했지만, 중국어와 영어를 함께 구사하는 것이 힘겨웠다. 내 발음은 정확했지만, 영어를 사용할 때 몇 가지 중국어 단어를 무의식적으로 사용했으며, 중국어를 사용할 때 영어 문장구조대로 이야기하였다. 타이베이에서의 연습은 그 값을 톡톡히 치루었다. 왜냐하면 2주 후 베이징에서의 워크숍에서는 실수 없이 중국어를 구사할 수 있었기 때문이다. 타이베이에서의 시간과 태평양 지부에서의 워크숍은 중국 본토에서의 심리극을 위한 준비과정이자 다리(Bridge) 역할을 했다. 나는 이 다리가 나를 상징하는 것임을 깨달았다.

내가 기억하는 한, 나는 증오심과 전쟁으로 갈기갈기 찢어진 나의 세계의 다양한 부분을 통합시키는 연결고리를 만들기 위해 처절한 노력을 해 왔다. 내가 태어난 지 두 달이 채 되기도 전에 부모님은 나를 할머니에게 맡기고 떠났다. 나의 가족은 도시에서 시골로 이사를 갔다. 이때는 청일전쟁 중이었다. 부모님은 일본의 초토화 정책[1]을 피하기 위하여 떠났다. 농부들은 자신들의 농경지가 불에 타 재가 되는 것을 막기 위해 아버지에게 떠나 달라고 간청했다. 아버지는 사회주의 작가이자 대학에서 문학을 가르치는 교수로 재직하고 있었다. 하지만 아버지는 일본에 대항하여 싸우기 위해 학생들과 함께 게릴라 군단을 만들면서 교수직을 그만두었다. 어머니는 아버지를 따랐고 나와 두 형제는 할머니에게 맡겨졌다.

아동기의 꿈 같은 심상

> 나의 풍부한 문화적 유산에 관한 무의식적인 인식은 이야기(stories), 노래(chanting), 샤머니즘 집회(shamanic séance), 색채(colors), 형상(shapes)에서 유래되었다.

할머니와 보낸 몇 년은 내 인생에서 가장 기억에 남는 순간이었다. 무슨 일이 일어나더라도 상냥하고 밝은 태도를 잃지 않는 할머니는 행복한 사람이었다. 우리는 전기와 가스가 없는 외딴 시골에 살았다. 우리는 해가 뜨면 일어났고 해가 지면 하루를 마무리했다. 가끔 우리는 접시에 심지와 식물성 기름으로 만든 램프를 켜기도 했다.

매일 밤 잠들기 전 할머니는 마당에서 이야기를 들려주셨다. 할머니의 이야기들은 보통 식사 예절을 모르는 멍청한 사위, 남자의 환심을 사기 위해 금니를 보여 주는 자매, 영리한 학자 서문장(徐文長)에 관한 것들이었다.

어리석은 사위 이야기는 다음과 같다.

> 어느 날 사위는 처갓집 식구들과 함께 식사에 초대받았다. 그의 누나는 그에게 음식을 천천히 먹고 접시에서 수저를 너무 빨리 떼지 말라고 했다. 누나가 동생의 왼쪽 다리에 줄을 감고 반찬을 가져가도 될 때마다 그 줄을 당겨 신호를 주겠다고 하자 동생은 기꺼이 동의했다. 그런데 수탉이 지나가면서 다리가 그 줄에 걸렸다. 닭은 빠져나오기 위해 안간힘을 썼다. 그때 멍청한 사위가 "누나, 줄을 너무 빨

리 당겨서 맞춰서 먹을 수가 없을 정도예요."라고 말했다.

현명한 학자 서문장 이야기는 다음과 같다.

어느 날 서문장은 주지를 만나기 위해 절에 갔다. 서문장이 절에 도착했을 때 생선 비린내가 났다. 주지는 채식주의자이므로 생선을 먹어서는 안 된다. 서문장은 "봄은 햇볕이 잘 드는 곳에 항상 머물며, 선량함을 따르는 자는 풍부함으로 찬양받을 것이다."[2] 라는 시를 지었다. '찬양받다' 칭(qing, 慶)은 '항아리' 칭(qing, 罄)과 동음이의어다. '풍부할' 위(yu, 餘)는 '생선' 위(yu, 魚)와 동음이의어다. 그리고 서문장은 "항아리에 물고기가 있네."라고 말했다. 이 말을 들은 주지는 쩔쩔매며 서문장에게 물고기를 가져왔다.

나는 이웃사람들이 손에 항아리와 냄비 그리고 다른 부엌도구를 들고 우리 집 안뜰에 모였던 어느 어두운 밤을 기억한다. 할머니는 우리도 불러서 이웃사람들과 함께 둥글게 앉혔다. 우리는 우리가 낼 수 있는 가장 시끄러운 소리로 항아리와 냄비, 그 밖의 부엌도구를 두드리며 외쳤다. "하늘의 개가 달을 먹는다. 우리는 개를 멀리 쫓아내야 한다." 어떤 사람은 "부처님[3], 하느님[4], 우리를 보호하여 주소서."라고 되풀이하여 말했다. 서서히 달이 나타났고 어둠의 그림자가 달에서 멀어졌다. 후에 나는 이 의식이 월식을 위한 것이란 걸 깨달았다.

나는 물이 가득 찬 물통이 놓여 있고 지팡이에 몸을 기대고 있는 한 여인과 그 지팡이를 잡고 있는 두 남자를 본 것을 기억한다. 나는 문이 열린 틈을 통해 방 안을 몰래 들여다보고 있었다. 고통으로 울부짖는 부인을 보았고, 잠시 후 아기의 울음소리를 들었다. 그것은 바로 출산 장면이었다.

나는 밝은 빨간색과 노란색의 의자식 가마에 실려 속죄를 위한 고행의 의식으로 자신들의 팔뚝 살점에 향 받침을 연결하여 운반하는 사람들의 행렬을 목격하였다. 나는 징, 트럼펫, 현악기의 팡파르 소리를 들었다. 그리고 노란색의 무당옷을 입고 뜻 모를 소리를 되풀이하면서 무아지경의 상태로 춤을 추는 무당을 보았다. "나를 꽉 잡아라. 너에게 어떤 문제가 있는지 알기 위해 운명의 시작점(nadir)으로 너를 데려가 주겠다. 나는 네가 악마를 쫓아내도록 도울 것이다."라고 무당은 말했다.

마을 사람들은 옷의 도안을 그린 종이와 교환하기 위해 쌀, 야채, 달걀, 닭과 고기를 가지고 할머니에게 왔다. 할머니는 그들에게 읽고 쓰는 것을 가르쳐 주었다. 또한 할머니는 마을 사람들과 함께 목화를 고르고 그것으로 실을 만들고 염색한 후 천을 짜서 우리에게 옷을 만들어 주기도 했다. 할머니는 낡고 닳아 헤진 옷을 잘라서 신발의 바닥을 만들고 수를 놓기도 했다. 할머니는 종이를 재단하고 그 종이를 우리의 신발에 수를 놓기 위한 패턴으로 사용했다. 할머니는 무엇이든지 간에 결코 걱정하는 일이 없었다. 만약 그랬다 하더라도 그녀는 그런 모습을 우리에게 보이지 않았다. 어떻게 해서든지 할머니는 항상 손녀를 잘 먹이고 잘 입혔다.

할머니와 함께한 나의 유년기 경험들은 특히 시련과 고난의 시기가 닥쳤을 때 내 눈앞에 꿈 같은 연속적인 이미지로 떠올랐다. 손자들과 이웃을 향한 할머니의 자신감, 열정 그리고 삶과 함께 양육자로서의 그녀의 사랑은 내가 어머니로서의 힘든 나날을 헤쳐갈 수 있도록 지탱해 주는 힘이 되어 주었다.

내가 다섯 살 때, 부모님은 오빠와 나를 난징으로 데려왔고, 나는 3학년으로 입학했다. 여섯 살 때, 나는 키가 크고 몸집이 컸다. 그리고 할머니가 오빠를 위해 개인교사를 고용했을 때 항상 그 옆에서 공부했었기 때문에 나는 3학년 수준의 읽기 능력을 가지고 있었다. 부모님과 함께 있게 된 것이 너무나도 행복했으나 할머니가 보고 싶었다. 상황은 더 이상 좋아지지 않았다. 곧 아버지는 폐와 간 질환으로 돌아가셨다. 장기간의 영양실조와 게릴라 전사 시절 지하생활 때문이었다.

어린 시절의 큰 변화

내가 여전히 학교에 다니고 있을 때, 어머니는 오빠와 나를 난징에 사는 이모에게 맡기고 일을 하기 위해서 타이완으로 떠났다. 이 시기는 학생들이 거리에서 슬로건을 외치고 캠퍼스에서는 밤 늦게까지 횃불을 태우는 어지러운 때였다. 나는 무슨 일이 일어나고 있는지 이해할 수 없었다. 나는 불의와 불공평함을 느꼈다. 나의 사촌들이 왕자와 공주처럼 여유롭게 앉아 있을 때, 오빠는 이모를 위해 목욕물이 가득 찬 양동이를 2층으로 날랐으며 사용 후에는 그 물을 비워야 했다. 이모는 사촌들을 위해서 새 옷을 만들곤 했지만 오빠와 나를 위해서는 아무것도 해 주지 않았다. 나는 가출을 했다. 그리고 학교에 가서 선생님에게 머물 곳이 없다고 말씀드렸다. 나는 내 나이의 두 배가 넘는 학생들과

12개의 2층 침대가 있는 기숙사에서 생활하게 되었다. 그들은 나를 막내 여동생처럼 여겼다. 한 학생이 나를 불러서 말하기를, 자신의 부모님은 내가 함께 살아도 상관없다고 했다고 했다. 그 가족은 어떤 사업을 하는 것 같았다. 우리는 가게 방에서 살았다. 이른 아침부터 온 힘을 다해 외치는 야채장수의 목소리를 들을 수 있었다. 나는 날마다 야자나무와 바다 너머의 일출을 바라보며 타이완에서 엄마와 함께 사는 꿈을 꾸었다.

나는 종종 고아들의 노래인 천륜가(天倫歌)를 부르며 스스로를 달랬으며 그때마다 눈물이 뺨을 타고 흘러내렸다. 그 노래는 "모든 사람이 아빠가 있고 엄마가 있지만 나만 없네. 새가 둥지로 돌아왔을 때 그 둥지는 사라지고 없네. 내가 돌아왔을 땐 집이라고 부를 수 있는 곳도 없네."로 시작되어 "내 주위의 어른에 대한 사랑은 이 세상 모든 연장자들에게까지 확대될 것이며, 내 자녀에 대한 사랑은 세상의 모든 아이들에게까지 미칠 것이다. 우주의 힘과 소용돌이치는 강 그리고 우아하게 떠다니는 구름은 항상 함께할 것이다."로 끝난다.

오빠 중은 나의 유일한 안식처였다. 음력 3월 3일에는 모든 사람이 죽은 사람에 대한 존경을 표시했다. 학교에서 돌아온 오빠는 아버지 무덤에 가자고 했다. 우리는 제수용으로 바나나와 오렌지 몇 개를 샀다. 차비조차 없었던 우리는 친구에게 자전거를 빌렸고 오빠는 자전거에 나를 태우고 아버지 무덤까지 가기로 했다. 오빠는 힘차게 페달을 밟았고 그동안 나는 자전거 앞부분에 앉아 있었다. 해가 질 무렵 우리는 조금밖에 가지 못했고 지칠 대로 지쳐 있었다. 결국 우리는 다시 돌아가기로 결정했다. 우리가 돌아갔을 때는 저녁 식사시간이 끝나버린 뒤였다. 우리를 위한 음식은 아무것도 없었다. 그래서 나와 오빠는 과일을 먹었다. 우리는 돌아가신 아버지가 이해해 주실 거라 생각했다. 우리는 최선을 다했던 것이다.

어머니에게는 더 이상의 소식이 들리지 않았다. 어머니가 일 년 반 만에 돌아왔을 때, 나는 매우 오랜 시간이 지난 것만 같았다. 어머니는 상하이로 오빠와 나를 데려갔으며 그곳에서 남동생과 한 번도 보지 못했던 막둥이 여동생을 만날 수 있었다. 내 여동생은 태어날 때부터 간호사가 양육했다. 친척이 타이완으로 가는 화물선의 갑판에 우리를 실어 주었다. 해상에서의 끝없는 긴 여행 후에 우리는 타이완의 지룽(基隆)에 도착했다.

나는 타이베이 제일여자중학교에 입학했다. 학교에서 나는 이방인과 같은 느낌을 받았다. 대부분의 학생이 타이완어를 사용했고 나는 단 하나의 단어도 이해하지 못했다. 우리 가족은 너무나도 가난했다. 어머니는 대학에서 강의를 했으나 한 끼 식사를 겨우 충당할 수 있을 만큼의 월급으로 생활했다. 나는 종종 점심 도시락에 무엇이 들었는지 친구들이 알까 봐 두려웠다. 학교에서 나는 아주 열심히 공부했다. 항상 최상위권 안에 들었으며 반장으로 뽑히기도 했다.

몇몇의 친구들은 나에게 아주 친절했다. 그들 중 한 친구인 주이신은 특히 인정이 많았다. 주이신은 자신의 아버지가 책임자로 있는 회사에서 내가 여름 동안 일할 수 있도록 해 주었다. 주이신은 종종 나를 만나기 위해 사무실에 왔다. 그녀는 내가 대우를 잘 받고 있는지 확인하고 싶었던 것이다. 그곳에서 내가 하는 일은 중국어로 문서를 베끼는 것이었다. 문서더미는 끝이 없었다. 나는 내가 할 수 있는 한 가장 빨리 적으려고 최선을 다했으나 일은 결코 줄지 않았다. 40, 50대 여자였던 사무실 동료는 그곳에서 잡담을 하고 담배를 피우면서 앉아 있었다. 어느 날 부서장이 나타나 나에게 말했다. "속도를 늦추고 주의깊게 글을 써라." 나는 내가 필사한 것이 너무 불완전하여 다른 사람이 다시 해야 한다는 것을 알게 되었다. 부서장은 내 감정이 상할까 봐 나에게는 절대 그렇게 말하지 못했다. 왜냐하면 총책임자와 내가 깊은 관련이 있었기 때문이었다. 나는 이 경험을 통해 중요한 교훈을 얻었다. "매일 네가 할 수 있는 것을 해라. 그러나 서두르지 마라. 너의 일은 결코 끝날 수 없다. 그 일이 끝나게 되면 항상 그곳에 더 많은 일이 있다." 중국인들이 하는 말 중에는 "매일 너는 수도자이고 매일 너는 종을 울리고 징을 쳐야 한다."[5]라는 말이 있다.

나는 어딜 가든 이방인이었다. 사람들은 항상 내가 어디서 왔는지를 물었다. 심지어 최근에는 적십자에서 재난구제 봉사활동을 하고 있는데 관계자가 나에게 말했다. "당신은 외국 태생이군요." 한평생 나는 외지인이라 불리지 않는 어떤 곳, 나 자신이 집 또는 고향이라고 부를 수 있는 어떤 곳에 뿌리를 내리고자 노력했다.

아버지는 난징에, 어머니는 타이베이에 묻혔다. 어머니의 유골은 가톨릭 교회의 납골당에 있다. 나는 언젠가 어머니를 고향으로 모셔와 아버지 곁에 다시 묻어 드릴 수 있기를 희망했다. 1996년 두 번째로 난징에 돌아왔을 때, 아버지의 무덤을 찾아보았으나 찾을 수가 없었다. 문화혁명 동안 사람들이 다리를 만들기 위해 아버지의 묘를 없애 버렸다. 나는 중국 어디에 속하는가? 국제회의에서 사람들은 자신의 조국이 불릴 때마다 일어나야 하는데 많게는 두 번 일어나지만, 나는 내가 태어난 중국과 타이완 그리고 미국을 언급할 때 세 번이나 일어나야 했다.

| 제2장 |

자유와 평등을 찾아서

대학원 생활에서의 평등

나는 타이완 국립대학교를 졸업한 뒤 미국으로 유학을 왔다. 나는 미국이 인종과 성차별이 없는 자유와 평등의 나라라고 생각했다. 나는 미네소타 대학교에서 외국인 유학생 펠로우십 장학금을 받고 비교문학을 전공하게 되었다. 나는 중국의 목가시인 도연명(陶淵明)과 영국의 목가시인 워즈워스(Wordsworth)에 대해 연구하고 싶었다. 그래서 잭슨(Jackson) 교수의 낭만시학 강의에 등록했다. 그녀는 나에게 이렇게 말했다. “왜 워즈워스를 공부하려 하느냐? 당신이 워즈워스에 대해 아는 것보다 나는 도연명에 대한 지식이 더 많다.” 나는 경악했다. 어떻게 한자(漢字)조차 모르는 사람이 그럴 수 있단 말인가. 나는 스탠지(Stange) 교수의 빅토리안 시대의 문학 강의를 수강하려 했다. 그 교수는 나에게 말했다. “왜 빅토

리안 문학을 공부하려 하느냐? 작년에 일본 학생은 내 수업에 낙제했다." 나는 항의했다. "나는 일본인이 아닙니다. 설사 내가 일본인이었다 하여도 왜 타인의 결과에 비추어 나를 판단하십니까?" 마지막 난관은 다름 아닌 나의 지도교수 포크(Falk) 교수였다. 그는 나에게 말했다. "자네는 예쁜 아가씨야. 차라리 도서관학으로 전과하든지 결혼을 하는 것이 어떻겠나? (여자에게) 박사학위는 필요 없어." 나는 분노했고 상처를 받았다. "이 모든 것이 내가 자유의 나라에서 얻은 것인가?"

그 순간 나는 할머니의 정신이 되살아났다. 나는 하버드대와 예일대 두 곳에 지원서를 냈다. 하버드에서는 아무런 소식이 없었지만 예일에서는 나에게 3년간의 비교문학 박사과정 펠로우십 장학금을 제의했다. 동료 교수로부터 이 소식을 들은 포크 교수는 어떻게 자기에게 한마디 상의도 없이 예일대로 진학하려 하느냐며 화를 냈다. 그는 박사학위를 여기서(미네소타 대학교) 받고 싶지 않느냐고 소리치며 협박했고, 나는 항변했다. 중국문학을 가르치는 매더(Mather) 교수는 나를 위로해 주었고 내가 논문을 제출하고 구술시험을 칠 수 있도록 도와주었다.

예일 대학교에서는 나에게 좋은 대우를 해 주었다. 입학 첫날 지도교수는 영어를 포함한 세 개의 외국어 구사 능력을 시험했다. 나는 불어, 중국어 그리고 영어를 읽을 수 있다고 대답했고 그는 나에게 불문학책을 주며 읽고 해석해 보라고 했다. 나는 불문학에 대해서는 잘 몰랐기 때문에 긴장할 수밖에 없었다. 하지만 나는 교수의 테스트를 통과했고 웰렉(Wellek) 교수의 20세기 문학비평 수업을 수강할 수 있게 되었다. 웰렉 교수는 나의 중국 문학과 러시아 문학 비교연구를 격려했다. 나는 처음으로 존중받은 느낌이 들었다.

결혼생활에서의 평등

나는 젊고 잘생긴 수학 교수 데이비드(David)와 교제 중이었다. 예일대의 펠로우십 제의 이후 데이비드는 나에게 청혼했고, 내가 예일대에서 공부하는 동안 모든 지원과 도움을 아끼지 않겠다고 약속했다. 거절하는 법을 몰랐던 나는 청혼을 받아들였다. 그러나 나는 결혼식 날 울면서 도망쳤다. 매더 교수의 집에서 열린 결혼 피로연장에 골프공처럼 퉁퉁 부은 눈으로 나타날 수밖에 없었던 기억이 난다.

데이비드가 뉴욕 대학교로 강의를 나가고 있었지만 우리는 아주 가난했다. 의료보험료를 내지 못했고 냉장고 살 돈도 없었다. 그래서 우리는 고기를 눈 속에 보관했는데 이웃집 개가 눈을 헤치고 그 고기를 먹기 일쑤였다. 나는 어머니가 닭고기를 바람에 건조시켰던 기억을 떠올리며 어머니가 한 것처럼 닭을 말렸다. 우리는 닭고기를 이층 창가에 줄로 꿰어서 바람에 말려 보았지만 이웃집까지 닭고기 썩는 냄새가 퍼졌다. 그래서 이웃집에서 자기네 냉장고를 사용하게 해 주었다. 거름망도 없는 형편없는 세탁기와 건조기 때문에 데이비드는 보푸라기가 잔뜩 일어난 셔츠를 입고 출근해야 했다.

예일대 학생들은 주변 사람에 대한 관심이 거의 없다. 한 학기 내내 내 옆에 앉아 공부하던 학생은 내가 임신한 것도 몰랐다. 출산 후 다시 학교로 돌아갔을 때, 그는 그동안 어디서 무얼 했냐고 물었고 내가 아기를 낳고 왔다고 하자 놀랐다.

큰아들 존(John)이 태어난 지 6개월이 지난 후에 데이비드는 워싱턴 대학교로 직장을 옮겼고 온 식구가 세인트루이스로 이사를 했다. 피임에 대한 개념이 없었던 우리는 연년생 수지(Suzy)를 낳았다. 이후 나는 어쩔 수 없이 집에서 아이들을 돌봐야만 했다.

아이들이 탁아소에 들어갈 무렵, 나는 워싱턴 대학교에서 박사학위 공부를 다시 시작하려 했다. 그때 나는 이미 웹스터 대학교와 워싱턴 대학교에서 강의를 하고 있었다. 데이비드는 몹시 화를 내며 말했다. "여자들은 보통 좋은 남편감을 찾으러 대학에 가는 것 아니야? 내가 돈을 충분히 못 벌어다 주나? 네 쥐꼬리만 한 강사 월급으로는 베이비시터 비용도 못 대잖아. 네가 똑똑한 걸 증명하려고 박사학위를 딸 필요는 없어. 어차피 넌 낙제할 거니까. 어디 한번 해 보시지. 난 당신이 결혼하면 바뀔 줄 알았어. 그냥 조용히 집에서 애들이나 잘 키우는 게 어때?"

데이비드는 결코 나를 이해하지 못했다. 나는 데이비드로 인해 굴욕감을 느끼곤 했다. 그는 자신의 방식대로 따르지 않으면 나를 멍청이라고 불렀다. 그의 어머니는 나에게 자기 식대로 바느질과 다림질 그리고 요리를 가르쳐 주었다. 물론 좋은 의도로 그런 것이다. 하지만 중국인인 이상 나는 시어머니의 말을 잘 들어야 한다는 속박을 받았다. 그들은 나를 길들이려 했다. 나는 우울증과 자아상실감에 시달렸다. 결국 나는 데이비드에게 이혼을 요구했고 그는 내 앞에서 무릎을 꿇고 말했다. "제발 이러지 말자. 이제부턴 내가 잘할게." 이미 마음을 굳힌 나에게 타협이란 없었다. 나는 말했다. "아니 데이비드, 이젠 너무 늦었어."

데이비드와 이혼 후, 나는 2년 뒤 영문학 교수인 리처드(Richard)를 만났다. 리처드와의 재혼은 또 다른 재앙이었다. 나와 리처드 사이에서 태어난 딸 메이링(Meiling)이 세 살이 되었을 때 우리는 이혼했다.

| 제3장 |

치료적 과정과의 만남

미술치료와 게슈탈트 치료

1977년 내가 동양화를 가르치고 있을 때, 내 수업을 듣던 한 학생이 동양화를 배운 뒤 고질병이었던 불면증이 나았다고 말해 주었다. 그녀는 나의 동양화 수업방법이 불면증 치유에 어떤 도움을 주었는지 공개적으로 증명하고 싶어 했다. 그녀는 내게 미술치료에 대해 들어 본 적이 있느냐고 물어보았다. 그때 나는 세 살짜리 딸이 있는 갓 이혼한 싱글맘으로 정신적으로나 경제적으로 의지할 곳이 없었다. 그런 상태에서 다시 학업을 시작한다는 것은 상상도 할 수 없었다. 나는 린덴우드 대학에 미술치료 석사학위 프로그램이 있다는 것을 알게 되었고 입학 허가를 받을 수 있었다. 하지만 공부를 계속하고자 하는 의지가 생기지 않았다. 나는 우울하고 혼란스러웠다. 친구에게 두 아이를 맡겨 놓고 어린 딸 메이링과 나는 '나 자신을 찾는' 여행을 떠났다.

린덴우드의 미술치료 프로그램 지도교수인 리처드 리커트(Richard Richert) 박사는 철학교수였고 동양적 사고방식에 익숙한 사람이었다. 그는 나의 연구 주제인 '중국 도가사상과 심리치료(Chinese Daoism and Psychotherapy)'에 큰 관심을 보였고 나를 합격시켰다. 그는 내가 서부 여행을 하는 동안 계속 메시지를 보내 왔고, 한 달간의 여행을 끝내고 돌아왔을 때 나는 린덴우드 대학의 펠로우십 장학금 제안서를 받았다. 그 당시 나는 재정적인 것을 충족시키기 위해 워싱턴 대학교와 웹스터 대학교, 세인트루이스의 메트로폴리탄 대학 그리고 포레스트파크 대학 등에서 시간강사로 일하고 있었다. 또 다른 제안에 나는 망설일 수밖에 없었다. 예일에서의 박사학위를 중단해야 했던 상처가 나를 괴롭히고 있었다.

세 아이를 부양하는 가장으로서, 싱글맘으로서, 학업까지 세 가지를 동시에 할 수 있을까? 나는 리커트 교수에게 도저히 다시 학교로 돌아갈 수 없다고 했다. 또다시 학업을 중단하는 실패를 맛보기 싫었다. 그러나 그는 나를 설득하며 펠로우십 장학금을 받기를 권했다. "일 년 반 뒤에는 당신의 삶이 바뀔 거예요. 당신을 위한 기회가 기다리고 있소." 그는 끈질기게 나를 설득했다.

나는 또 한 번 모험을 하기로 했다. 나는 린덴우드 대학에서 공부하면서 세인트루이스 게슈탈트 심리연구소의 강의를 수강했다. 연구소장 콘래드 소머(Conrad Sommer) 박사는 동양철학과 서양심리학을 통합하려는 나의 연구를 격려했다. 그의 지도 아래 나는 '매슬로와 도가〔Maslow and Daoism(Taoism)〕' '게슈탈트와 선〔Gestalt and Chan(Zen)〕'에 대한 논문을 썼다. 이 외에도 소머 박사는 이미지(image), 생물에너지학(bioenergetics), 해부학(radix), 정신요법(pyschosynthesis) 그리고 정신재생운동(psychomotor reconstruction) 등의 지식을 경험하게 해주었다. 나의 석사학위 논문인 「미술치료의 인식과 성장(Awareness and Growth in an Art Therapy)」은 대부분 도가철학과 동양화 이론에 기반을 두고 있다. 나는 '보고 그리는 도(Dao of Seeing and Painting)' 라는 새로운 미술치료 과정을 개발했다.

이러한 미술치료 과정은 도가와 선종의 철학인 자발성과 창조성 그리고 지각의 연속성을 유지하는 게슈탈트 이론을 바탕으로 내가 발전시킨 것이다. 이 치료의 과정은 심재(心齊, 몸과 마음을 비우는 것)와 좌망(坐忘, 조용히 앉아서 모든 것을 잊는 것) 같은 숨쉬기와 집중하기 과정을 이용하는 중국 도가의 명상적 기공을 먼저 채택하는데, 이는 개인이 무아의 경지에 도달하는 데 도움을 준다. 이것은 민속음악과 함께하는 자유로운 율동과 몸동작으로 연결된다. 몸동작 이후, 참가자들은 화선지와 붓을 사용하여 자신의 개인적인 심리적 게슈탈트[6]를 그려서 자신의 경험을 기록한다. 그림은 드라마로 구체화된다. 참가자들은 그림 속에 있는 색깔과 형태를 가지고 실연한다. 이러한 과정은 개인의 마음속에서 생기는 문제나 자아 인식과 연결된다. 나는 이것을 1980년 캔자스시티에서 열린 미술치료 콘퍼런스에서 발표했고, 결과는 긍정적이었다. 1982년 나는 캔자스시티의 엠포리아 주립대학교에서 열린 '순수 미술치료: 미술치료 심포지엄(The Fine Art of Therapy: An Art Therapy Symposium)'의 초청연사로 강의를 하기도 했다. 또한 이 주제로 맨해튼에 있는 캔자스 주립대학교의 여름캠프에서 강의를 하기도 했다. 나의 동료들도 도가철학과 심리치료의 자발성과 창조성 이론에 흥미를 가졌다.

린덴우드 대학과 세인트루이스 게슈탈트 심리연구소에서 몇 년간의 연구과정 중 나는 동양철학과 서양의 인본주의 심리학, 특히 에이브러햄 매슬로(Abraham Maslow)와 칼 로저스(Carl Rogers) 그리고 심리학자 카렌 호나이(Karen Horney)와 에리히 프롬(Eric Fromm)이 언급했던 실존주의 철학 및 현상학적 사유의 연관성을 깨달았다. 1816년 헤겔(Hegel)은 하이델베르그 대학교에서 도가를 주제로 강의를 했다. 그리고 칼 융(Carl Jung)은 1929년 『황금꽃의 비밀(The Secret of the Golden Flower, 太乙金華叢誌)』이라는 책에서 도가의 근본원리를 소개했으며, 1949년에 『주역』을 번역했다. 매슬로는 『인간 본능에 대한 심층적 연구(Futher Reaches of Human Nature)』(1971)와 『존재의 심리학(Toward a Psychology of Being)』(1968)이라는 자신의 책에서 도가에 관해 수없이 언급했다. 매슬로가 사용한 '도가적(Taoistic)' 이라는 표현은 대부분 도가의 원리와 일치한다. 그렇지만 상대적으로 '덜 도가적' 이란 표현(Maslow, 1971, p. 69)은 도가의 원리에 어긋난다. 왜냐하면 도가는 수치화될 수 없기 때문에 '덜 도가적' 이라는 표현은 납득하기 어렵다. 호나이는 선종과 유사한 주제를 다루었다. 그녀는 네 번째 저서 『우리의 내적 갈등(Our Inner Conflicts)』[7]에서 스즈키(Dausetsu T. Suzuki)의 『선종이 일본 문화에 미친 영향(Zen Buddhism and Its Influence on Japanese Culture)』(1938)에 대해 언급했다. 프롬 역시 선 사상의 영향을 받아 『선종과 심리분석(Zen Buddhism and Psychoanalysis)』[8]을 저술했다. 이 외에도 도가의 영향을 받은 학자는 수없이 많다.

리커트 박사가 옳았다. 나를 필요로 하는 곳이 있었다. 1979년 8월 나는 미술치료로 석사학위를 받았다. 그리고 구술시험 도중에 '긍정의 집(House of

Affirnation)' 이라는 가톨릭계 심리치료센터의 미술치료사로 순조롭게 취직할 수 있었다. 그 센터 본사는 미주리 주의 웹스터 그로브즈에 새로운 지점을 연 상태였다.

심리극

인생에는 정말 운명 같은 순간이 있나 보다. 1983년 긍정의 집의 소장 캐슬린 켈리(Kathleen Kelly)는 나에게 심리극(Psychodrama)[9] 디렉터로 부서를 옮기게 했다. 그녀가 "어떻게 하는지 알지요?"라고 묻자 나는 "심리극이 뭡니까?"라고 되물었다. 내가 했던 일은 일종의 꿈 드라마(dream theater)처럼 참가자들의 그림에 나타난 이미지에 맞추어 배역을 주는 것이었다. 심리극에 대해서 들어 본 적이 없었기 때문에 두려웠지만 영광스럽기도 했다. 그래서 나는 심리극 훈련과정에 참여할 수 있도록 센터 본사에 요청했다.

1) 젤카 모레노와의 만남

1983년 겨울 나는 젤카 모레노(Zerka Moreno)[10]에게 편지를 썼지만 이듬해 3월이 되어서야 편지를 부쳤다. 젤카는 즉시 답장을 보내 왔고 그간의 간격(편지가 쓰인 날짜와 우체국 소인 날짜 사이)을 알아차렸다. 나는 그녀에게 늘 무엇인가를 새로 시작하기도 전에 그만두어야 하는 두려움과 망설임에 대해 말해 주었다. 나는 예일에서 박사학위를 따지 못한 실패의 경험을 몹시 후회하고 있었다. 그녀는 나에게 캔자스시티에서 열리는 훈련 워크숍에 참가하기를 권했다.

2) 심리극에서 주인공으로서의 첫 경험

1984년 9월 나는 캔자스시티에서 처음으로 심리극의 주인공[11]이 되었다. 나는 전남편 데이비드에 대한 죄책감과 분노의 미해결된 감정을 다루었다. 심리극의 과정은 마치 양파 껍질을 하나하나 벗기듯이 조금씩 내면의 정서적 상처의 근본적인 갈등으로 나아가게 했다. 젤카는 역할 교대(role-reversal), 거울기법(mirroring)과 이중자아(doubling)의 기술을 사용하여 내 인생의 굴곡과 여정을 돌아보게 했다. 나는 많은 눈물을 흘렸다. 젤카가 자신의 무릎 위에 나를 앉히고 사랑으로 돌봐 주었을 때 나는 큰 감동을 받았다. 이 회기에서 나는 마치 새로 태어난 것 같았다. 나는 심리극에 매료되었다. 이러한 과정은 지금까지 내가 공부한 모든 것을 통합시킬 수 있는 방식이라고 생각했다.

3) 존 놀테 박사와의 만남

심리극에서 나에게 아주 중요한 지도자는 존 놀테(John Nolte)[12] 박사였다. 당시 존은 세인트루이스에서 자동차로 4시간가량 떨어진 인디애나폴리스의 심리극/사회측정학센터에 근무하고 있었다. 나는 1984년 10월부터 1987년 5월까지 한 달에 한 번 열리는 주말과정과 일주일 동안 진행하는 훈련과정의 강좌를 들었다. 존은 내 훈련가이자 심리극 훈련과정 동안의 슈퍼바이저였다. 나는 아버지의 죽음으로 인한 트라우마와 난징에서의 불우한 어린 시절에 대한 상처를 극복하기 위해 존의 훈련집단에 들어갔다. 심리극 과정 이외에 나는 행위사회측정학(action sociometry) 기술을 배웠으며, 존의 집단감수성 훈련집단(encounter group)의 참가자가 되었다. 나는 존이 나의 훈련가가 된 것을 매우 행운으로 생각했다.

심리극은 대인관계의 문제를 다룬다. 모레노는 "심리극은 관계치료이며 사회원자(social atom)[13]의 치료과정이다."라고 말했다. 모레노의 근본철학은 자발성과 창조성이다. 그는 자발성과 창조성이야말로 신의 꼭두각시나 로봇이 아닌 신과 함께 세계를 공동 창조하는 동반자로서 진정한 자아를 지닌 개인으로 거듭나게 한다고 믿었다. 생각, 일 혹은 사회적 행동의 결과가 문화의 형태를 구속하는 문화보존성(cultural conserve)은 개인의 성장과 발전을 억누르는 것이다. 모레노의 의도는 인간의 자발성과 창조성을 회복하고 그들의 창조적 힘을 자각하는 것을 돕는 것이었다. 사회측정학(sociometry)[14]과 심리극은 인간성 회복과 의도를 돕도록 설계되었다.

4) 두 세상의 연결–만리장성 위에서의 심리극

역사적으로 중국의 만리장성은 외국의 침입자를 막기 위해 지어진 것이다. 1997년 10월 6일 젤카 모레노와 나 그리고 네덜란드, 핀란드, 브라질, 캐나다, 타이완, 중국, 미국 등의 심리극 전문가들이 만리장성의 정상에 모였다. 그리고 심리극과 같이 동양과 서양을 잇는 상징적 다리를 만들었다. 우리는 모두 손을 잡고 제이콥 모레노의 영혼을 추모했다.

5) 문화 드라마

궁정의 집에서의 시간은 행복한 나날이었다. 켈리 박사의 지휘 아래 직원과 가족들은 사회화를 위해 정기적인 모임을 가졌다. 이곳은 사랑을 기반으로 지어졌다. 비록 보수는 적었지만 우리는 열심히 일했다. 우리는 진정한 치료 공동체를 건설하자는 꿈을 함께 나누었다. 1980년의 크리스마스는 내가 처음으로 우리 집에 크리스마스트리를 들여놓을 수 있었던 해였다. 아이들에게 200달러를 주면서 가족들의 크리스마스 선물을 사라고 했다. 집에 돌아와 보니 크리스마스 선물은 달랑 한 개밖에 없었다. 깜짝 놀라 아이들에게 내가 준 돈은 어떻게 했느냐고 물었다. 아이들은 아무 대답도 하지 않았다. 그런데 크리스마스 아침에 아이들이 나에게 선물 상자를 내밀었다. 상자 안에는 비싸 보이는 흰색 울 슈트와 실크 블라우스가 들어 있었다. 아이들은 내가 준 200달러와 자기들이 모은 돈을 합쳐서 그것을 장만한 것이다. 나는 감동의 눈물을 흘렸다.

행복한 날들이 항상 그렇듯 그 행복은 오래가지 않았다. 1989년에 국제책임자가 회사의 돈을 횡령하고 떠났기 때문에 우리 조직은 와해되었다. 나는 몹시 화가 나서 항의의 뜻으로 사표를 제출하고 주중에만 심리극 컨설턴트로 일했다. 그동안 국제선교단의 가나와 토고 담당자인 마이클 블룸(Micheal Blume) 신부님이 범인종-범문화 워크숍에 나를 초청했다. 고정된 일자리가 없었던 나는 초대를 수락했다.

그곳은 5대륙과 서아프리카의 선교사들이 모여 있었다. 그들은 모레노가 사용한 용어인 그들만의 문화보존성을 의식적으로 혹은 무의식적으로 가져왔다. 그들의 관계는 혼돈 그 자체였다. 그들은 의사소통의 어려움으로 인해 서로에게 나쁜 감정을 가지고 있었다. 나는 이(異)문화 간의(cross-cultural)[15] 워크숍을 열어 문화적 차이로 인한 소통의 문제를 해결할 수 있도록 도왔다.

내 기억으로 가장 중요한 갈등은 공동체 의식이었다. 특히 가나의 참가자가 문제였다. 책임자는 그가 사제서품을 앞두고 있었지만 공동체 의식이 부족한 것이 문제라고 했다. 그는 종교 공동체 사람들과 함께 보내야 할 시간에 종종 마을을 벗어나 친구들과 드럼을 치고 놀았다. 나는 문화 드라마(cultral drama)를 기획했는데, 각 문화의 사람들끼리 함께 시간을 보내는 모습을 재현하게 하고 역할을 바꿔 보게 했다. 북미와 유럽 사람들은 거실에서 함께 TV를 보면서 시간을 보냈다. 나는 먼저 가나 사람들에게 그들의 모습을 해석해 보라고 했다. 가나 사람들이 말하길, "집에 아무도 없군요."라고 했다. 나는 그들에게 역할을 바꿔 보도록 했으나 그들은 "난 바꾸고 싶지 않아요. 너무 외로워요."라고 말했다. 가나 사람들에게 여가시간을 함께 보낸다는 의미는 큰 소리로 드럼을 치고 노는 것이었다. 책임자들은 즉시 그 가나의 참가자가 왜 종교 공동체에 머물지 않고 자신의 마을로 돌아가 놀았는지 이해하게 되었다. 그는 사람들과 둘러앉아 TV를 보는 것이 외로웠기 때문이다.

나는 1989년 11월과 12월에 가나에서 워크숍을 실시했다. 나는 가나의 남쪽 지역에서부터 북쪽 지역까지 여섯 번의 워크숍에 초청받았다. 워크숍은 자왐

(Nsawam)에서 시작되어 쿠마시(Kumasi), 수니아니(Sunyani), 타말레(Tamale), 와(Wa)를 따라 케이프코스트(Cape Coast)의 남쪽까지 진행되었다. 가나 사람들과의 경험은 훗날 문화 드라마의 발전에 밑거름이 되었다.

중의학

1993년 10월 6일 수요일, 심리극 워크숍이 끝난 후 베이징 의대 정신과를 둘러볼 기회가 있었다. 나는 정신과 환자에게 서양의 대체의학(allopathic medicine)[16]과 함께 진행하는 침구 시술에 참관하였다. 나는 서양의학과 침구의 동시 치료에 흥미를 느꼈고 정신치료와 중의학에 대해 알고 싶어졌다.

1993년 10월 7일, 한의대 졸업 후 베이징 의대 정신과에 재학 중인 허우(侯) 박사가 중의학에 대해 토론하러 왔다. 허우 박사는 "중의학에서는 정신과라는 분야가 따로 없어요. 우리는 사람 전체를 다룹니다. 그리고 감정 치료에 신경을 많이 씁니다. 인간의 감정(情)은 심리적인 문제입니다. 우리는 오행(쇠, 나무, 물, 불, 흙)사상에 근거하여 감정으로 감정을 치료합니다(以情治情). 오행은 사람의 오장(간장, 심장, 지라, 허파, 콩팥)과 육부[대장, 소장, 담, 위, 삼초(三焦)[17], 방광]와 관계가 깊습니다."라고 말했다.

나는 오행이론이 새롭게 다가왔다. 오행에 대해서는 동양철학을 공부할 때 알았던 것이지만 나에게는 늘 미지의 존재처럼 느껴졌다. 오행은 고대 중국인만이 완전히 이해할 수 있는 이론이었기 때문에 오행과 인체 내의 기관이 연관성을 가지고 있다는 생각은 하지 못했다. 나는 나중에 음양이론, 기(氣)이론, 오행(五行)[18]이 전체로서의 유기체(organism as a whole)의 핵심이라는 것을 깨달았다. 이것들은 진화적 과정 및 현상계와 신체 내 장기들의 관계를 설명하였다.

나는 중의학에 대해 충분히 이해하기 위해서는 이 이론들을 공부해야 한다는 것을 깨달았다. 먼저, 전체로서의 유기체는 무엇인지, 그리고 '우리는 사람 전체를 다루어야' 한다는 허우 박사의 말이 무엇을 의미하는지 알아야 했다. 지난 10년 동안 나는 중국 전통의학을 공부하는 데 열중했다. 나의 논문인 「중의학의 정신치료 과정(Chinese medicine in the process of psychological healing)」은 제5회 '세계전통의학 콘퍼런스 2000'에서 상을 받았다. 이것은 나에게 아주 중요한 사건이었고, 내가 중의학 분야에서 중요한 존재가 된 느낌을 받았다. 나는 내가 아는 모든 지식을 통합하여 새로운 치료방식을 연구하였다. 이 통합의 결과물은 'Yi Shu'라는 치료과정으로 불린다.

기공

1993년 10월 13일 난징 신경정신병원에서 심리극 워크숍을 진행할 때, 나는 참가자들에게 음악과 자연스러운 춤 그리고 몸풀기 동작(movement prior)으로 웜업(warm-up)을 한 뒤 그들의 감정과 이미지를 그림으로 표현하게 하였다. 참가자들은 내가 기공(氣孔)을 하는 것이 아니냐고 했다. 이른 아침 그들은 나를 공원으로 데려가서 기공 연습을 하는 것을 보여 주었다. 그들은 또한 기공 연습의 위험성과 기공이 정신장애에 어떤 영향을 미치는지에 대해 알려 주었다. 나는 몹시 흥미를 느꼈고, 그 이후부터 중국 전통의학에서의 기공치료법에 대해 연구하기 시작했다. 나는 다양한 기공 전문가를 만나 공부했다.

1999년 6월에는 기공 훈련가 우선(吳愼)의 통역을 담당하는 기회를 얻었다. 우선은 음악기공의 권위자로 플로리다 올랜도에 있는 디즈니병원에서 암 연구 중이었는데, 기공으로 암 환자를 치료하고 있었다. 나는 음악에 맞추어 자유롭게 몸을 움직이는 우선의 기공 연습이 내가 난징 병원에서 했던 웜업 동작과 비슷하다는 것을 발견하였다.

미주

1) 일본 군인들이 게릴라 군단의 은신처 가능성을 없애기 위해 농경지를 불지른 정책

2) 向陽門弟春常在, 積善人家慶有餘.

3) Au me to fou: 아미타불의 이름.

4) 老天爺.

5) 做一天和尙敲一天鍾.

6) 게슈탈트 미술치료는 단순한 판타지나 상상력만을 표현하는 것이 아니다. 이것은 그 순간의 창조적인 표현이다. 그림은 개인이 그 순간에 경험한 것을 외면화하고 기록하는 것이다.

7) De Mrtino, R. J. (1991). "Karen Horney, Daisetsu T. Suzuki, and Zen Budduism". *The American Journal of Psychoanalysis,* Vol. 51, No. 3.

8) Fromm, E., Suzuki, D. T., & De Martino, R. J. (1970). New York, NY: Haper & Row.

9) 심리극은 심리치료의 한 형태로 모레노의 즉흥극에서 처음으로 발전되었으며, 대인관계 치료의 형태로 연극의 기술과 심리학을 통합한 것이다.

10) 젤카 모레노는 남편 제이콥 모레노와 함께 심리극을 발전시켰다. 젤카 모레노는 국제적으로 알려진 교사이자 치료사로, American Society of Group Psychotherapy and Psychodrama 협회의 명예회장이며 International Society of Group Psychotherapy의 회원이다. 또한 난징 신경정신병원의 정신건강 컨설턴트이자 국제 젤카모레노 연구소의 명예대표다.

11) 주인공은 드라마에서 남자 혹은 여자 주인공을 말한다. 심리극은 디렉터와 주인공이 함께 만들어 가는 것이다. 이때 디렉터는 주인공의 이야기를 따라간다.

12) 존 놀테는 사이코드라마 훈련가로 모레노의 지도를 받았다. 그는 모레노의 임종을 지킨 유일한 사람이기도 하다.

13) 모레노는 가장 최소단위의 사회구성원 집단을 '사회원자' 라고 했다. 사회원자는 개인의 삶에 있어서 중요한 타인으로 이루어져 있다. 사회원자의 변화는 개인의 모든 삶에 영향을 미친다. 우리의 감정과 행동은 원가족 안에서의 사회원자와 밀접한 관련이 있다.

14) 도입의 미주 5) 참조.

15) 나는 다양한 문화권의 참가자들이 그들의 문화적 표준을 설명하는 특정한 상황을 재현하는 것을 보았다. 참가자들은 어떤 상황에 동의하고 각자의 문화대로 그 상황을 해결하였다.

16) 대체의학(allopathic medicine)은 세균을 죽여 병을 치료하기 위해 약물 사용에 의존한다. 대체요법의 '세균이론' 을 응용하는 서양의학은 박테리아로 인해 병이 생긴다고 본다. 서양의학은 특정 질병의 증상을 완화시키기 위하여 다양한 약물을 사용하며 꼭 필요한 경우에 수술을 한다.

17) 중국 전통의학에 따르면, 삼초는 에너지 창조와 관련된 사람의 인체에 있는 세 개의 가상공간을 나타낸다. 이것은 형상화된 체강(imaginary body cavities)이다. 생리학적으로는 이것을 결정하지 못한다. 일반적으로 말하면 이것은 위, 아래, 중간에 있는 온열장치다. 대부분의 의사들은 명나라의 명의인 장개빈(張介賓)의 해석을 받아들이는데, 그는 모든 체내의 기관은 세 개의 큰 강(腔)인 세 개의 온열장치를 가지고 있다고 보았다. 상초(上焦)는 심장과 폐를 중심으로 한 흉부가 되고, 중초(中焦)는 지라와 위장을 중심으로, 하초(下焦)는 간, 콩팥 ,방광, 장, 자궁을 포함하는 하복부에 해당된다. 일반적으로 간은 중초에 속하지만 중의학에서는 하초로 분류하는데,

이는 콩팥과 간이 서로 밀접한 관련이 있기 때문이다.

18) 오행(五行)에서 오(五)는 다섯을 의미하며, 행(行)은 움직임을 의미한다. 문자 그대로 오행은 다섯 가지 움직임을 의미한다. 여기에서 나는 오행을 다섯 가지 발전하는 요소, 또는 간단히 다섯 가지 요소로 번역한다.

제2부

Yi Shu의 발달

기러기가 구름으로 천천히 다가가고,

깃털은 성스러운 춤을 춘다.

鴻漸于逵, 其羽可用爲儀.

-주역 Hexagram 53-

Yi Shu(易術)는 전인격으로 가는 나의 개인적 여행에서 배움의 과정이었다. Yi Shu는 인생에서 서로 관련이 없는 부분들을 이어 주는 유일한 방법은 바로 변화라고 하는 역동적이면서 영속적인 과정과 함께 가는 것이라는 점을 나에게 가르쳐 주었다. 즉, 우주적 진화의 흐름과 하나가 되는 것이다. 그 밖의 방법은 없다. 어릴 때 나는 스스로를 고아라고 느끼면서, '나는 어디에도 속해 있지 않아. 전 세계가 내 집이야.' 라고 생각했다.

Yi Shu는 이처럼 서로 분리되고 통합되지 못한 세계에 조화와 균형을 만들어 준다. 통일체(holism), 자연주의 그리고 자발성은 Yi Shu의 실천에서 필수적인 항목이다. Yi Shu라는 창조과정은 개인 혹은 집단으로 하여금 에너지 단절을 없애고 개인의 내재적, 대인관계적 그리고 초개인적인 조화와 균형으로 이끌어 준다.

Yi Shu는 동서양의 치료과정을 하나의 유기체적, 통일체적 발전을 통해 통합시켰다. Yi Shu 이론은 전체로서의 유기체(organism as a whole)에 관한 이론과 도가와 『주역(Book of Changes)』의 자발성 이론 및 자연주의 이론을 토대로 한다. Yi Shu의 영향을 받은 사상은 세상을 음양이라고 하는 이원 및 통일체의 견해로 바라본다. Yi Shu의 이론과 실제를 통해 나는 지난 30년간의 삶 동안 점진적으로 학습하는 경험을 축적해 왔다. 나는 그동안 중국철학, 미술(중국, 서양), 문학(중국, 세계), 태극권, 기공, 예술사(중국, 세계), 미술치료, 게슈탈트 치료, 심리극 그리고 중국 전통의학을 공부해 왔다. 더불어 기, 생체에너지학, 심리통합, 심리적 심상 그리고 유도된 심상(guided imageries)도 공부했다.

Yi Shu는 동양과 서양 모두의 치유과정을 통합하고 있다. 이러한 통합에 관해 한 동료가 내게 질문을 던졌다. "지금 네가 하고 있는 것이 뭐니?" 당시 나는 매우 불쾌했고 매우 방어적이 되었다. "물론 심리극이야. 나는 국제적인 심리극 전문가로 알려져 있지."라고 답했다. 그러나 이 질문은 수년간 내 마음에 머물러 있었다. 그러던 어느 날 갑자기 이 질문이야말로 서구의 사고방식과 동양적 사고방식의 차이라는 점을 깨달았다. 그 친구의 질문은 서구의 데카르트식 사고방식, 즉 구획을 나누는 식의 문화보존성(cultural conserve)을 요약한 것이다. 나의 치료작업은 어떤 기술이나 기계적인 양식 혹은 공식이 아니고 창조과정이다. 치료작업은 삶 그 자체처럼 끊임없이 변화하고 움직인다. 그것은 사람들의 창조적 체험에 따라서 변화하고 방향을 바꾼다.

어느 날 한 친구가 말했다. "지금이 네가 하고 있는 일에 새롭게 이름을 붙여야 할 때인 것 같아. 네가 하는 작업은 기존의 심리치료 중 어느 부류에도 속하지 않으니까." 우리는 함께 이름을 찾아보았다. 나는 곧 Yi Shu라는 이름을 끌어냈다. 나의 창조과정을 Yi Shu라고 명명하는 것이 적당했다. '역(易)' 이라는 말은 『주역(周易)』에서 온 것이다. 많은 이론적, 치료적 진행 절차가 『주역』으로부터 직간접적인 영향을 받았다. 『주역』은 시간의 흐름, 도의 과정에 따라서 살아가는 방법을 가르쳐 주고 있다.

| 제4장 |

Yi Shu의 이론적 토대

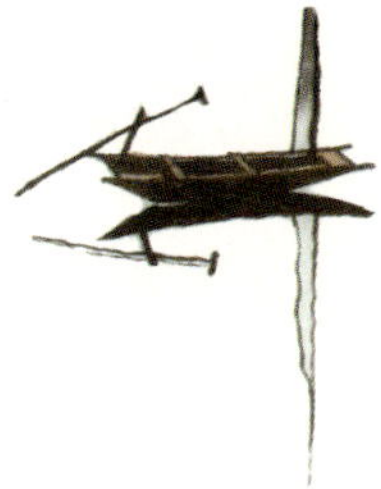

Yi Shu의 이론적 토대는 대부분 중국에서 유래한다. 나에게 영향을 주었던 주요한 철학사상으로는 도가사상의 자발성, 창조성, 자연주의와 전체로서의 유기체(organism as a whole), 『주역』의 음양오행이론 등이다. 이러한 철학사상은 중국인의 삶 곳곳에 스며들어 있다.

전체로서의 유기체 이론

만물은 숨을 같이 나눈다.
바위산 꼭대기, 초원의 정기,
망아지의 체온 그리고 인류,

모두는 같은 가족이다.

– 시애틀(Seattle) 추장 –

1) 중의학에서 전체로서의 유기체

중의학은 『주역』으로부터 전체로서의 유기체(organism as a whole) 철학을 받아들이고 있다. 이 이론은 우주를 하나의 유기체, 통일된 전체로 간주한다. 여기에서 신체는 그 자체로 통일되어 있을 뿐 아니라 자연계와도 분리될 수 없다. 개인, 사회조직, 자연계는 하나의 유기체적 통일을 이룬다. 이 유기체는 끊임없이 움직인다. 이러한 움직임의 법칙은 순환적이라는 점에 있다. 즉, 음에서 양으로, 어두움에서 밝음으로 그리고 거꾸로 돌아간다. 이러한 움직임의 법칙은 음양이라고 하는 서로 상반된 것을 병합하는 것이다. 이 과정들은 자연계의 변화에서 드러나고, 사회제도에 영향을 주며, 사회제도 안에 있는 각 개인에게 영향을 미친다.

현상계에서 각 요소를 움직이게 하는 우주 에너지이자 신체에 활력과 건강을 주는 우주 에너지를 기(氣)[1]라고 부른다. 우주 에너지의 과정은 상반된 것들을 병합하면서 조화와 균형을 발생시키고자 끊임없이 나아간다.

전체로서의 유기체 이론에서는 또한 신체의 오행요소를 참조하고, 신체의 기 활동을 통제하는 삼초(triple warmers)[2]에 대해서도 고려하고 있다.

(1) 그 자체로서 통합된 신체

신체는 내부 기관, 조직, 골격으로 구성된다. 삶의 과정 속에서 이들 각각은 하나의 통합적인 구성요소로서 기능하며, 몸 안에서 하나의 통일을 이룬다. 이것들은 서로 분리될 수 없으며 서로에게 필요조건이 되어 준다. 인간의 내부 기관은 신체에서 통일체를 만들어 줄 뿐 아니라 다섯 가지 계절과 상호 관계가 있고〔봄(간), 여름(심장), 늦은 여름(지라), 가을(허파) 그리고 겨울(콩팥)〕, 오행과 상호 관계가 있고〔나무(간), 불(심장), 흙(지라), 쇠(허파), 물(콩팥)〕, 다섯 가지 방향과 상호 관계가 있으며〔동(간), 남(심장), 중앙(지라), 서(허파), 북(콩팥)〕, 다섯 가지 색깔과 상호 관계를 가진다〔초록(간), 빨강(심장), 노랑(지라), 하양(허파), 검정(콩팥)〕. 이들은 경락을 통해 서로 연결되어 있다.

캔디스 퍼트(Candice Pert)는 자신의 연구에서 심신이 서로 연결되어 있다고 확신했다. 신경 펩타이드와 수용체는 두뇌뿐 아니라 인체의 내부 기관과 피부 등 신체의 다양한 부분에도 역시 존재한다는 것이다.

> ……기억은 두뇌에만 저장되는 것이 아니라 몸에까지 펴져 있는 심리신체적 연계망 내에도 저장된다……. 이것은 척추 부위에만 분포되는 것이 아니라 내부 기관, 표피에까지 통로를 따라 널리 펴져 있다.[3]

퍼트는 '움직이는 두뇌(mobile brain)'라는 용어를 사용하여 신체의 심리신체적 연계망(psychosomatic network)에 대해 기술했다. 이 연계망을 통해 신경계, 호르몬, 위장, 면역계가 서로 연결되어 있음을 밝혔다.

……'움직이는 두뇌'라는 용어는 심리신체적 연계망을 기술하는 데 적합한 용어다……. 연계망에 속한 모든 영역 또는 시스템은 펩타이드와 펩타이드 수용체를 통해 서로 의사전달을 한다.[4]

퍼트의 심리신체적 연계망, 움직이는 두뇌라는 아이디어는 나를 경악시켰다. 중국 전통의학에서 말하는 경락은 심리신체적 연계망에 해당되고 기는 안내자에 해당되는 것이 아닌가? 메시지를 두뇌와 신체 부분에 전달해 주는 안내자가 기인 것이다. 중국 전통의학에서 말하는 전체로서의 유기체 이론은 서양과학에서 5천 년 이상이 지난 후에야 확인된 것이다. 뉴턴식 과학과 데카르트식 사고방식은 인간 체험을 구획화해 왔다. 퍼트는 심신의 연결을 분자적 토대로 확인시켜 준 최초의 과학자였다.

나는 기에 대해서 오빠 중과 함께 이야기를 나눈 적이 있다. 그는 컬럼비아대학교에서 응용기계학을 연구한 과학자다. 중은 기를 생물-전자장으로 간주했다. 기는 순환하는 전자장에 의해 영향을 받을 수 있다는 것이다. 그는 신체의 전자장에서 일어나는 변화에 대해 저명한 맥스웰(Maxwell)의 공식을 적용하였다. 이와 동일한 방식으로, 전류의 흐름은 전자장을 만들어 놓는다. 따라서 신체 사지의 움직임에서뿐만 아니라 공간 내에서의 신체의 움직임이 신체의 전자장을 바꾸어 놓는 것이다. 움직임은 신체의 전자장을 파생시키고 재분배한다.

운동과 정서는 모두 혈액의 흐름과 생화학적 반응에 영향을 준다. 혈장(blood plasma)은 전해질을 가지고 있어서, 혈류는 전자장에 영향을 줄 수 있다.

만약 신체의 모든 활동을 적절하게 일치시키면 치유 효과를 가져온다. 전자장을 전환하면 전자장 에너지를 만들 수 있다. 그리고 에너지는 열량이나, 역학적 에너지, 전기에너지가 될 수 있다.[5]

나는 이 방식으로 기공 전문가들이 기를 전달하여 환자를 치유하는 것이 아닌가 궁금해지기 시작했다. 예를 들어, 음악기공 전문가인 우선(吳愼)[6]은 기를 사용하여 암 환자들을 치유하고 있다. MRI(Magnetic Resonance Imaging, 전자공명 이미지)는 기치료의 사전 · 사후 효과의 결과를 입증해 주고 있다.

(2) 유기체적으로 통합된 우주의 일부분으로서의 신체

중국 전통의학에서는 인간을 통합적이면서 유기체적인 우주의 한 부분으로 간주한다. 우주와 자연계의 움직임과 변화는 신체에 직 · 간접적 영향을 주고 있다. 신체는 주야, 계절, 기후 변화에 반응한다. 중국인은 현재 우리가 생체리듬으로 알고 있는 것을 가장 먼저 인식했다. 중국 전통의학의 적용은 전체로서의 유기체라는 개념에 중점을 두고 있다. 모든 생명체는 물리적 환경의 변화와 움직임에 적응한다. 중국에는 "우주, 자연계, 인간의 의식세계는 상호 관련되어 있고 상호 영향을 준다."라는 말이 있다. 하위원자물리학의 '양자-상대성(quantum-relativistic)' 모델도 이와 동일한 이론을 가지고 있다. 즉, 우주는 유기적 통합체라는 것이다. 프리초프 카프라(Fritjof Capra)는 다음과 같이 말했다.

> 현대 물리학에서 우주는 하나의 역동적이고도 분리 불가능한 전체로 간주되고 있다. 그 속에서 관찰자를 항상 포함한다. 이러한 사고 안에서는 시간과 공간,

독립된 개체, 원인과 결과 같은 전통적인 개념들은 더 이상 의미가 없다. 그러나 이러한 사고는 동양의 신비주의와 매우 유사하다.[7]

(3) 우주적 과정으로서의 음양이론

> 만물은 음을 등에 지고 양을 가슴에 품고 있다.
> 텅 빈 가운데 기를 휘저어 조화를 이룬다.
> 萬物負陰而抱陽, 沖氣以爲和.
> – 도덕경 42장 –

음양이론은 전체로서의 유기체의 일부분이다. 중국 우주론에서 음양은 두 가지 서로 상반되는 역동적인 근본적 힘을 나타내며, 이 힘은 우주 내에서 끊임없이 운행하며 상호 보완한다. 이 힘은 다섯 가지 요소, 즉 나무, 불, 흙, 쇠, 물과 관련이 있다. 그것은 각각 나름대로의 독특한 속성을 가진다.

음양은 말 그대로 그늘과 태양이다. 음양 개념은 기원전 3천 년으로 거슬러 올라간다. 이 두 가지 상반된 힘은 모든 사물에 존재하고 있다. 이 두 요소의 상호작용은 사물의 창조, 발전과 변형의 토대가 된다. 『주역』에서는 음양의 상징으로 직선과 점선을 사용하며, 괘(卦)에서 사용되는 부호 음(--)과 양(–)은 우주과정과 인간사의 복잡성을 대표한다. 이러한 과정에서 기본 법칙은 음양이 서로 전화된다는 것이다.

이와 같이 음양의 과정은 대립, 상호의존, 성쇠 그리고 전화(轉化)로 간략하게 설명된다.

① 음양의 대립과 상호의존성

자연계에 있는 만물과 현상은 두 가지 대립된 요소를 지닌다. 예를 들어, 천지, 내외, 동정, 출입, 주야, 냉온, 성쇠 등이다. 이 모든 것은 서로 대립된 것을 포함한다. 음양이론에서 하늘은 양이고 땅은 음, 바깥은 양이고 안은 음, 움직임은 양이고 안정은 음, 나가는 것은 양이고 들어오는 것은 음, 낮은 양이고 밤은 음, 열은 양이고 냉은 음, 뜨는 것은 양이고 지는 것은 음, 빠른 맥박은 양이고 느린 맥박은 음이다. 음양은 만물과 현상들 속에 존재한다.

그림 4-1 음양

음양은 서로 대립되면서 또한 서로를 포함한다. 두 가지는 단독으로 존재할 수 없다. 예를 들어, 하늘 없는 땅은 없고 그 반대도 마찬가지다. 밖이 없다면 안도 없다. 이와 같은 공존관계는 상호의존이라고 알려져 있다. 중국 전통의학에서는 '운행'은 양에 속하고, '영양'은 음에 속한다고 주장하며, 하나가 없으면 나머지도 존재할 수 없다고 말한다. 예를 들어, 위장이나 기타 기관이 운행하지 않는다면 음식은 소화나 흡수가 불가능하게 된다. 그리고 장기간 영양이 제공되지 않으면 신체기관은 운행을 중단하게 된다.

② 음양의 교체

음양은 하나에서 나머지 하나로 끊임없이 역동적인 변형을 한다. 따뜻한 계절에서 추운 계절로 바뀌는 것은 양에서 음으로 교체되는 가장 좋은 예증이다. 음양 간에 서로 이렇듯 역동적으로 지속적인 변화를 하는 것을 음양의 성쇠라고 한다. 겨울에서 봄이 되면 기후는 점차 따뜻해지고 우리는 이 과정을 음의 쇠퇴와 양의 왕성이라고 할 수 있다. 봄에서 여름이 되면 음이 쇠퇴하고 양이 왕성해진다.

음양이론은 5장 'Yi Shu의 치료적 토대' 에서 중국 전통의학에 대해 기술하는 부분에서 좀 더 자세하게 설명할 것이다. 자세한 사례연구 또한 Yi Shu 과정을 이야기하면서 제시하고자 한다.

(4) 자연계에서의 오행이론

> 태극은 음양을 만들어 낸다. 음양은 오행으로 변형된다.
> 오행이 발아하기 시작하면서 만물을 모두 덮는다.
> 太極一氣産陰陽, 陰陽化合生五行, 五行旣萌, 隨含萬物.
> –『하락원리(河洛原理)』[8]–

오행이론은 전체로서의 유기체 이론의 핵심으로, 음양이론과 더불어 중요한 이론이다. 이 이론은 중국문화에서 가시적 세계를 연구하는 모든 분야에 펴져 있다.

중국인은 현상계가 다섯 종류의 원소 물질로 이루어져 있다고 본다(물, 나무, 쇠, 불, 흙). 이 다섯 종류의 원소는 끊임없이 운행하기 때문에 오행이라고 일킨다. 오행은 상생상극하면서 균형과 조화를 이룬다. 이들의 움직임과 상호 작용은 물질세계의 온갖 현상을 설명하는 데 사용된다. 오행은 색, 맛, 계절, 기후, 성장과정, 방위로 나타나는데, 다음 표와 같다.

표 4-1 **자연계에서의 오행**

오행	계절	기후	성장	색9	맛	방위
나무(木)	봄	바람	발아	청록	신맛	동
불(火)	여름	열기	성장	빨강	쓴맛	남
흙(土)	환절기	습기	결실	노랑	단맛	중앙
쇠(金)	가을	건조	추수	하양	매운맛	서
물(水)	겨울	한기	저장	검정	짠맛	북

오행은 상호 간에 상생(相生)과 상극(相剋)의 관계를 가진다. 상생의 순서는 다음과 같다. 나무는 연료를 제공하여 불을 피우게 한다. 불은 물질을 연소시켜 흙을 만들어 낸다. 흙은 적출을 통해 쇠를 만들어 낸다. 쇠는 녹아서 물을 만들어 낸다. 물은 영양분을 주어서 나무를 자라도록 도와준다.

오행은 또한 상극의 관계를 가지는데, 다음과 같다. 나무는 흙을 뚫고 뿌리를 내린다. 흙을 쌓으면 물이 흘러갈 수 없다. 물은 불을 끈다. 불은 쇠를 녹인다. 쇠는 나무를 자른다. 오행의 각 원소는 만들어 내고 만들어진다. 만들어 내는 요소를 어머니라고 하고 만들어지는 요소를 아들이라고 부른다. 상생과 상극의 과정을 통해 오행은 내적 균형과 조화를 유지하고, 사물은 정상적인 성장과 발전을 할 수 있다.

그러나 오행의 하나가 왕성하거나 또는 쇠퇴할 경우, 소위 상승(相乘) 또는 상모(相侮)라는 상생상극을 억제하는 비정상적인 현상이 일어날 수 있다. 한 요소가 약화되면서 다른 요소가 그 요소를 정복하면 이런 현상이 나타난다. 예를 들어, 나무가 왕성하여 쇠가 나무를 정상적으로 통제할 수 없게 되면 왕성한 나무는 흙을 약화시킨다. 이 현상을 '상승'이라고 한다.

이와 반대로 '상모'의 상황이란 한 요소가 강성하여 그 요소를 원래 억제해 주는 요소가 오히려 강성한 요소에 의해 억제를 받게 되는 상황이다. 예를 들어, 쇠가 나무를 억제하는 것이 정상이다. 그러나 나무가 강성하거나 쇠가 허약할 경우, 나무는 쇠의 억제를 받는 대신 쇠를 억제하게 될 것이다.

2) 게슈탈트 치료에서 전체로서의 유기체

서구 심리치료 전통에서 성격이론은 일반적으로 두 가지 기능을 한다. 어떤 사람을 있는 그대로 기술하는 기능과 그 사람이 어떻게 왜 지금의 그가 되었는지 설명하는 기능이다. 이와 같은 설명적 개념은 무엇이 한 개인의 변화를 저지하였는지 또는 무엇이 경험에 의해 변화되는 것을 가로막았는지 가르쳐 준다. 이러한 방식으로 진술되는 심리치료는 본질적으로 개인의 행동 변화에 의미 있는 방식으로 영향을 주도록 고안된 과정이라고 볼 수 있다. 변화를 주기 위해 심리치료에서 사용되는 기법은 일반적으로 성격이론을 토대로 한다. 그리고 심리치료의 전반적인 목표는 개인이 사고, 정서, 행동의 새로운 방법을 익히도록 인도하는 것이다.

이러한 성격이론은 그 개인이 왜 지금의 그가 되었는지에 매우 관심이 많은데 정신분석이나 발달이론, 학습이론 또는 인지이론의 성격이론에서는 게슈탈트 치료를 찾아볼 수 없다. 사실 홀(Hall)이나 린제이(Lindzey), 사우스웰(Southwell)과 머바움(Merbaum)은 그들의 저서에서 성격이론에 게슈탈트를 넣지는 않았다. 게슈탈트는 실존주의 및 현상학을 지향하기 때문이다. 게슈탈트에서는 각각의 사람을 '만들어지고 있는 존재'라고 하는 독특한 존재로 간주한다. 사람은 끊임없이 발달하고 전인격으로 되어 가고 있는 존재다. 모든 사람은 각자의 게슈탈트를 형성해 간다. 만들어지고 있는 존재로서의 인간은 끊임없이 변화, 발달되어 가고 있는 것이다. 게슈탈트 치료자가 접근하듯이, 인간 존재는 창조적이며 항상 연속성을 제시한다. 따라서 게슈탈트는 '왜'라는 것에 특별히 관심을 두지는 않는다. '왜'라는 것은 현재의 행동 기저에서 매우 멀어져 있는 원인일 뿐이다. 어떻게 지금의 그가 되었는지에 대해서도 관심이 없다. 오히려 '어떻게' 그 사람이 '지금-여기' 있는 것인가에 관심이 있다. 그렇게 함으로써 '성장과정을 도모하고 인간 잠재력을 개발하고자' 한다(Perls, 1969, p. 2).

게슈탈트 치료의 방향은 게슈탈트 심리학에 뿌리를 둔다. 프리츠 펄스(Fritz Perls)는 게슈탈트 치료의 주요 임상가 중 한 사람이다. 그는 치료 방향에서 현재의 유기체를 중시하였을 뿐 아니라, 그것을 전인격으로 간주하였다. 이와 같은 그의 총체적 관점은 골드스타인(Goldstein)의 '유기체이론'에 토대를 둔다. 골드스타인에 의하면, 유기체는 분화된 부분들이 서로 유기적으로 관련되어 있다. 정상 상태에서는 이 부분들이 동떨어져서 기능하지 않는다. 게슈탈트는 또한 쾰러(Köhler), 코프카(Koffka), 베르트하이머(Wertheimer)의 지각이론에 영향을 받았는데, 펄스가 말한 다음과 같은 사실을 전제로 하고 있다. "사람은 사물을 지각할 때 서로 관련 없는 개체로서가 아니라 의미를 이루는 전체로서 지각하는 과정을 통해 사물을 조직화한다."(Perls, 1973, p. 2) 이러한 과정은 건강한 성인들에게 정상적인 과정이다.

이와 같은 유기체이론과 지각이론으로부터 펄스는 유기체를 하나의 전체로서 움직이는 것으로 보았다. 이때 내적 유기체적 기능뿐 아니라 환경 속의 유기체가 참여함으로써 하나의 독특한 활동 범위를 만들어 가는 것이다. 펄스는 사람은 통일된 유기체라고 믿었다. 더 나아가 정신과 신체 활동 간에 차이점이 없다고 말했다. 정신활동을 전인격의 활동으로 규정했고, 그것은 신체활동보다 낮은 수준의 에너지를 필요로 한다고 보았다.

> 유기체는 환경 내에서 그리고 환경에 대해 크고 작은 강도를 가지고 반응을 하는데, 강도가 감소하면 신체적 행위는 정신적 행위로 바뀐다(Perls, 1973, p. 13).

펄스의 유기체적인 입장은 장면 강조(field emphasis)의 하나다. 펄스는 각 개인은 영속적으로 그 환경의 일부가 된다고 보았다. 어떤 행동과 그 행동이 일어나는 환경적 맥락 간에는 분할할 수 없는 결합체가 존재하고 있다. 펄스가 강조했던 것은 심신뿐만 아니라 내외의 합일이었다. 한 사람이 내적 혹은 외적 힘에 의해 통제를 받느냐 아니냐는 부적절하고 의미가 없다고 본다. 왜냐하면 양자의 작용은 분리할 수 없기 때문이다. 즉, 유기체의 어떤 한 부분에서 일어난 일은 유기체 전체에 영향을 주기 때문이다.

펄스는 개인과 환경 간에 접촉 경계(contact boundary)가 있다고 믿는다. 이 경계는 둘 간의 관계를 규정해 준다. 그는 다음과 같이 말했다.

> 모든 접촉은 유기체에 있어서 창조적인 적응이다……. 접촉의 결과는 동화와 성장을 가져오며, 유기체/환경 속에서 배경(ground of context)과 전경(figure of interests)을 만들어 준다. 인식된 전경(게슈탈트)은 일종의 뚜렷하고 선명한 지각, 심상 또는 통찰이다. 동태적 행위 속에서, 그것은 우아하고 활력 넘치는 행위이며, 절제된 리듬성, 유창한 감각 등을 지닌다(Perls, Hefferline, & Goodman, 1951, pp. 230-231).

어떤 경우이든 간에 유기체의 욕구와 에너지, 환경의 가능성은 모두 전경으로 통합되고 합일된다. 접촉은 형상을 만든다. 철회될 경우는 접촉의 종결을 나타낸다. 펄스는 신경증적인 사람의 경우는 접촉과 철회 기능이 모두 혼란스러워진 것이라고 확신한다. 신경증적인 사람은 한 무더기의 미해결된 게슈탈트에 직면된 상태다. 펄스에 의하면, 접촉과 철회의 리듬은 욕구의 위계에 따라 결정된다. 우세한 욕구가 일반적으로 전체 성격 속에서 느닷없이 출현하여 배경이 아닌 전경이 된다. 효과적인 행동이 우세한 욕구를 충족시키는 방향으로 가게 된다. 그런데 신경증의 경우, 자신의 우세한 욕구가 무엇인지 인지하지 못하기 때문에 그러한 욕구를 충족시키는 방식으로 자신과 환경의 관계를 규정하지 못하는 것이다. 신경증의 경우, 역기능적인 접촉과 철회의 과정을 만들어

내고 이것은 있는 그대로의 전체로서의 유기체를 왜곡시킨다.

펄스에 의하면, 자발적이고 유기체적인 자기조절 행동은 신경증적 행동에 비해 더 선명하고 강도 높고 기민하다(Perls, Hefferline, & Goodman, 1951, pp. 275-277). 신경증적 경험 역시 자기조절적이기는 하지만, 그러한 신경증적 자기조절 행동은 "어떤 특정한 반응을 준비하고자 지나치게 의도적이고 고착적인 관심을 가진 근육 상태라고 볼 수 있다."(Perls, Hefferline, & Goodman, 1951, p. 276) 신경증적 체험 속에서 에너지는 미완성의 과제에 의해 속박된다.

게슈탈트에서는 또 하나의 중요한 개념으로 실존주의의 영향을 받은 '지금-여기'라는 인식을 강조한다. 이것은 환경에 대한 즉각적인 자기 지각을 말한다. 신경증적인 사람은 현재의 경험에 초점을 두지 못한다. 왜냐하면 과거의 미해결된 상황(미완료된 게슈탈트)을 만성적으로 지니기 때문이다. 이러한 미해결된 상황은 당사자의 주의력을 부분적으로 흡수해 버린다. 따라서 당사자는 현재를 충만하게 경험할 인식이나 에너지가 없다.

펄스는 불안이야말로 신경증의 보편적인 요소라고 보았다(Perls, Hefferline, & Goodman, 1951, p. 231). 그에 의하면, 불안은 창조적인 성장의 계발을 차단하고 창조성의 융통성 있는 발전과정을 제한한다. 또한 성장과 자발성이 내포하는 미래를 향한 개방적 태도를 방해한다. 펄스는 "불안은 지금에서 그때로 가게 만드는 긴장일 뿐이다."(Perls, 1969, p. 47)라고 말했다. 그는 불안에 대해 다음과 같이 말하고 있다.

> 예를 들어, 내가 만약 "누구 여기 와서 일하고 싶은 분 있나요?"라고 묻는다면

> 당신은 아마도 다음과 같은 생각을 할 것이다. '여기서 할 일이 무엇일까?' 그리고 나서 당신은 무대 공포를 느끼게 될 것이다. 왜냐하면 당신은 지금이라는 현실을 떠나 미래로 들어가기 때문이다(Perls, 1969, p. 47).

전체로서의 유기체의 중요한 개념들과 '지금-여기' 는 '왜' 보다는 '어떻게' 에 중요성을 둔다. 그리고 인식을 검토하는 토대가 되어 준다. 펄스는 소위 유기체의 지혜라고 부르는 것에 대해 확고하게 신뢰하였다. 그는 건강하고 성숙한 사람은 자기 지지적이고 자기 조절을 하는 사람이라고 믿었다. 그리고 그 사람에게는 욕구의 위계(hierarchy-of-needs)라는 원칙이 항상 작동한다고 보았다. 당사자가 '지금-여기' 에 중점을 두고 자신의 경험을 매 순간 인식하면 그때 자신의 가장 급한 욕구, 즉 가장 중요한 미해결 상황이 늘 떠오른다.

여기서부터 인식 그 자체가 치료력을 가지는 것이다. 펄스가 말한 바와 같이, "이것이야말로 이해해야 할 중요한 사항이다. 즉, 인식 그 자체가 치료력을 가지고 있다." (Perls, 1969, p. 16) 펄스는 사람들로 하여금 연속적인 인식을 유지하도록 격려했다. 즉, 매초마다 자신이 무엇을 경험하고 있는지 인식하라는 것이다. 이러한 연속적 인식을 유지하는 것은 매우 어렵다. 연속적인 것은 쉽게 방해받을 수 있는데, 무언가 불쾌한 것을 인식하는 순간이 그러하다. 이러한 방해를 인식할 때 생각, 기대, 기억 그리고 하나의 경험에서 다른 하나의 경험으로의 연상이 시작된다. 이러한 연상은 결코 진정한 '지금-여기' 의 경험이 아닐 뿐 아니라, 불쾌한 인식에 대한 작업을 방해한다. 그 사람은 미해결 상황에 고착되어 버린다. '지금-여기' 를 경험할 수 없는 상황은 전경과 배경의 자유로운 유동적 전환을 어렵게 한다.

따라서 게슈탈트 치료는 환자나 내담자로 하여금 인식의 연속을 지속하는 것을 목표로 하여 각각의 실제 경험을 발견하고 충만하게 인식하도록 돕는다. 이러한 인식의 연속은 성숙, 성공적 치료, 내적 갈등의 해소를 증진시킨다 (Perls, Hefferline, & Goodman, 1951, pp. 130−135).

자발성과 창조성 이론

인간은 땅을 본받고,
땅은 하늘을 본받고,
하늘은 도를 본받는데,
도는 스스로 그러함을 본받을 뿐이다.
人法地, 地法天, 天法道, 道法自然.
– 도덕경 25장 –

1) 현상학적 관점

자발성이란 '순수경험(pure experience)' 또는 '순수인식(pure awareness)' 이라는 말과 바꾸어 사용할 수 있다. 인식의 성격과 기능을 살펴볼 때 우리는 현상학적으로 생각하지 않을 수 없다. 여기서 현상학적 방법이란 한편으로는 현상들을 기술하고 다른 한편으로는 의식의 구조를 명료화하고자 회고하는 것을 포함한다. 우리는 겉모양과 의식의 구조 및 기능을 기술하는 것이다. 현상은 현현(顯現)이고 또한 의식 속의 현현(顯現)이다. 여기서 우리가 하는 현상학적 방법은 객관적인 것도 주관적인 것도 아니다. 현상학적 방법은 현상이 나타날 때 그 자체를 충만하게 그리고 총체적으로 인식하고자 하는 일종의 태도다. 의식의 본질과 구조를 인식하는 것은 상당히 곤란한 일이다. 왜냐하면 우리가 우리의 '인식'을 검증할 것이라고 언명할 때, 우리는 동시에 '검증'을 진행하고 있기 때문이다. 이러한 상황을 벗어나는 유일한 수단은 찰나적으로 흘러가 버리는 매 순간에 전적으로 집중하는 것이다. 또한 우리의 반성(reflection)이 정지된 상태임을 깨달아야 한다.

의식의 구조는 두 가지 뚜렷한 측면을 가진다. 순수인식 또는 자발성, 그리고 반성적 인식이 그것이다. 자발성은 간단히 말하면, 순수인식 또는 전-반성적 인식이다. 자발성은 반성, 개념, 판단, 기억, 기대 등으로부터 자유롭다. 그리고 과거 경험을 토대로 하는 모든 것으로부터 자유롭다. 순수인식, 순수경험 또는 자발성에서는 이상적으로 과거 경험이 어떠한 작용도 하지 못한다. 그러나 우리는 한순간 이것이 제한하는 바를 보다 충만하게 바라볼 수 있다. 반성적 인식의 견해에서 보면 순수경험은 '전-반성적' 또는 '무-반성적' 인식이라고 할 수 있다.

순수인식에서는 관찰자와 관찰대상이 분리되지 않는다. 거리감이나 떨어져 있는 느낌이 없다. 관계, 거리, 선호, 가치관을 나누고 구별 짓는 개념화가 없다. 한순간 있는 그 자체다. '있다'와 '나타나 있다'는 하나다. 현재가 있는 것이다. 황보(黃檗) 선사(禪師)는 이 순수경험을 '당신 앞에 있는 것이 무엇이든 그것만이 있는 것' 이라고 기술했다. 순수경험은 공간이나 시간과 같이 분할되지 않는다. '지금-여기' 이자 그것을 유발하고 두드러지게 하는 것이라고 표현할 수 있겠다.

순수경험에서는 사람의 이성적 추론이 중단된다. 액면 그대로 받아들이는 것이지 더도 덜도 아니다. 액면 그대로 받아들인다는 것의 의미는 무엇보다도 있는 그대로 느낀다는 것이다. 그것에 대한 추상적인 표현으로 혼란스럽게 하지 않는다는 것이다.[10] 이 점은 불교에서 말하는 소위 직관(intuition)과 유사하다.

전-반성적 인식에서 우리는 매 순간의 모든 움직임은 하나의 창조된 현상이라는 사실을 직접적으로 보게 된다. 매 순간 만사는 조화와 균형 상태를 달성하기 위해서 서로 간에 지속적이고 상호의존적으로 변화한다. 현상학자들과 탄트릭(Tantric) 불교 실천가들이 인간에 대해 지적한 것처럼 우리는 '깨달음(ekstatic realization)'[11] 이라는 잠재력을 가지고 있는데, 우리는 언제나 움직이고 떠돌아 다니며 흘러가기 때문에 사물이나 우리 자신 또는 타자에 대해서 궁극적으로 붙잡거나 고정시키지 못한다(Guenther, 1971, pp. 155-170).

이제 순수인식과 인간의 잠재력 간의 관계를 보면서 우리는 건강한 사람들이 타인이나 자기 환경, 자기 자신과의 관계에서 충만하게 기능하고 있다는 사실을 볼 수 있다. 완전히 몰입할 수 있다는 것은 매 순간의 지표에 존재할 수 있다는 것이다. 이와 같은 한순간의 충만함 없이는 신체와 세상은 불분명해져서 존재의 명료한 흐름 속으로 통합되지 못한다. 완전한 몰입이란 경험에 대해 개방되고 어우러지는 것이다. 즉, 자발적이 되고 온전히 깨어 있고 '지금-여기'

라는 것과 충만하게 어우러지는 것이다. 이러한 인식은 선종의 이른바 무심(no mind no heart)이며, 펄스가 말한 인식의 연속성이다.

사실 이러한 순수인식에 들어가는 방법은 존재하지 않는다. 왜냐하면 방법이란 수양과 훈련을 의미하기 때문이다. 이것에 대해 크리쉬나무티(Krishnamurti)는 다음과 같이 말했다. "마음을 비우는 방법을 얻고자 하는 것이 방법을 추구하는 것이다. 그리고 방법의 추구는 마음의 또 하나의 업무가 된다……. 모든 노력, '그른 것' 뿐 아니라 '올바른 것'은 중심, 성취의 핵심, 자아를 유지하는 것이다……. 바라보고 단순해지라."(Krishnamruti, in Ogilvy, 1973, pp. 635, 637–638)

존재 내의 전–반성적 몰입과 반대되는 것이 반성적 인식이다. 반성적 인식에서는 현재 경험이 경험에 대한 분석이나 기록과 상호작용을 통해 조율된다. 순수경험은 기록물의 영향을 받고 융해되거나 가끔씩 분석되어 왜곡된다. 이것은 단순 기억에서부터 복잡한 기억에까지 이르며 개념적, 정서적, 상상적, 평가적일 수도 있고 또는 간단한 경험으로 기억되기도 한다. 현재의 경험은 기록된 후 기억으로 보유된다. 시간과 공간에 대한 바로 그 경험은 이와 같은 기록물을 순서대로 연결하여 배치하는 것을 토대로 하여 이루어진다. 이러한 과정을 통해 매 순간과 매 지점의 경험은 대상에 대한 지각을 구성하게 된다. 예를 들어, 규칙적이고 지속적으로 나는 소리에 귀를 기울여 보라. 거리를 지나가는 자동차 소리, 하늘 위의 비행기 소리, 에어컨 돌아가는 소리 등에 귀를 기울여 보라. 주의 깊게 들어 보면, 소리가 연속되고 있는 것을 들을 수 있다. 이 소리들은 매 순간 지속되는 소리지만 늘 새롭고 다른 소리이며 지금 순간의 소리다.

이것과 함께하는 것이 바로 이러한 순간을 기록하는 것이다. 매 순간의 소리는 의식 내에 아주 작은 순간으로 저장된 후에, 각각의 현재의 소리와 함께 하나의 단일한 경험으로 융합된다. 그리고 각각의 단일한 경험은 다시 한데 모아서 소리의 연속을 만들어 낸다. 이러한 소리의 연속이 바로 지나가는 자동차, 비행기, 에어컨 소리에 대한 경험이 된다.

이러한 연속됨 없이 단순하고 충만하게 경험하는 것이 순수경험 내에 있는 것이다. 이러한 경험을 기록되는 대로 마음에 보유하는 것이 반성적 인식과정이다. 이러한 과정을 반성적이라고 기술하는 이유는 기록물 그 자체가 대상이 아니기 때문이다. 기록물은 각각의 쏜살같이 경험되는 존재에 대한 사람의 심리적 반영이다. 이러한 심리적 반영은 하나의 스크린을 형성하고, 이 스크린은 쏜살같이 흘러가는 세상과 우리들 사이에 서 있다. 한 선사는 이런 조언을 했다. "스크린을 올리고 세상을 바라보라." (Suzuki, 1962, p. 81)

인식이 반성적이 되면 이것은 인식자(knower)와 인식된 바(known)를 분리시킨다. 그리고 자아는 경험의 대상이 된다. 반성적으로 경험하는 사람은 느낌을 바라보는 사람이다. 즉, 즉각적으로 지속되는 현실을 그 자체에서 느껴지는 내용과 의미로 보는 자다. 만약 한순간이 지나간 후 그것의 의미를 찾고자 바라면서 반성을 한다면 우리는 그것의 중요성에서 한 걸음 물러나 있는 것밖에 되지 않는다. 경험을 하고 난 후, 직관적인 내용은 지적인 것으로 바뀌게 된다. 이것이 의미하는 바는, 지적인 사람은 경험하는 바를 나중에 한 걸음 물러나서 기술할 수 있을 뿐이라는 것이다. 그럴 경우, 경험은 더 이상 실제로 살아 있는 현실이 아닌 것이다. 우리가 바라보는 것은 단지 그 순간, 기억, 선별된 기록의 재

구성 및 그 순간과 그 의미의 구성을 바라보는 것일 뿐이다. 이러한 의미는 생명이 없는 물체, 간접적인 정보와 유사하며, 원래의 무상한 중요성이 빠져 버린 상태다. 이것은 단지 느끼고 살아가는 것일 뿐이다.

이렇게 축적된 경험은 때로 현재의 경험과 함께 회복되거나 통합되기도 한다. 따라서 반성적 인식은 항상 그 자체로는 존재하지 못하지만 현재나 미래 의식으로 구성되는 경험의 기록물을 담는다. 우리는 우리가 바라는 미래를 건설할 때 이러한 축적된 경험에 열중한다. 이러한 구성물을 통해 현재의 경험을 여과하고 차단하고 해석하는데, 이때 현재의 경험은 보다 관리가 용이하고 우리의 자아 욕구를 더 잘 충족시켜 준다. 이렇게 해서 우리는 순수인식-순수경험, 반성적 구성 그리고 그 구성물을 통해 경험하고 여과시킨 실제 상황을 가지게 된다. 이 모든 것은 하나의 합일되고 통제 가능한 전체로 융해되며 이전에 가지고 있던 생각과 일관성을 이룬다. 피란델로(Pirandello)[12]가 이것을 각색하여 "당신이 그렇다고 생각한다면 그런 것이다."라고 말하였다.

성 아우구스틴(St. Augustine)이 『참회록(Confessions)』에서 구별했던 것처럼 시간의 경험을 바라보는 것은 유용할 수 있다. 우리 인식의 모든 것은 현재의 인식이다. 그러나 우리가 인식하고 있는 것은 과거나 현재 또는 미래이든지 간에 시간의 구성물일 수 있다. 이러한 건설적이고 창조적인 활동은 모두 언제나 '지금-여기' 안에 있다. 성 아우구스틴은 그의 논지에서 이것을 잘 표현하고 있는데, 지금 시간의 현재, 과거 시간의 현재 그리고 미래 시간의 현재라고 하였다(St. Augustine, 1961, pp. 288ff.). 디킨스(Dickens)는 『크리스마스 캐럴』이라는 작품에서 이것을 비유적으로 드러내고 있다. 이 작품에서는 과거의 크리스마스,

현재의 크리스마스 그리고 미래의 크리스마스 정령들이 모두 현존하고 있다.

이것들의 구별을 설명하고자 한다. 살아 있는 경험은 결코 그 자체가 인식은 아니다. 명백한 인식은 살아 있는 경험에 대한 반성이다. 예를 들어, 차 한 잔을 마실 때 차를 마시는 그 순간 그 사람 자신은 대상이 아니며 온전히 또는 총체적으로 정지한 상태도 아니다. 다시 말하면, 그 사람은 흘러가고 있다. 자신의 의도를 깨닫고 아는 자신을 어렴풋하게 인식하고 있는 것이다.

만약 우리가 차를 마시는 행동을 하면서 우리 자신을 명확하게 인식했다면 우리는 자신을 대상으로 경험한 것이다. 이런 경우 자신에 대해 오직 부분적으로만 인식한 것이 된다. 우리는 아마도 매 순간 단지 간헐적으로만 팔을 들어 올리고 잔을 올리는 자신을 인식하는 것이다. 우리는 우리의 반성 또는 우리의 부분적이고도 편향된 인식에 의거하여 만들어지거나 선별된 '지금'을 다양하게 인식하는 것이다. 이러한 '지금'은 경험에서의 내적 관계가 없을 수 있다. 오직 전-반성적 시간이나 혹은 전-반성적 인식의 움직임에서만 이 둘은 연결된다. 우리는 과거-현재-미래의 우리 자신을 어렴풋이 인식한다. 이 내용들이 융해된 총체 안에 들어가서 변화하고 또 부분적으로는 변화하지 않은 채 있는 경우, 우리는 이 순간의 어느 것도 아닌 것이다. 우리 존재의 공간적 · 시간적 움직임은 차 마시기를 통해서 희미하게 느껴지는 것이다. 차 마시기는 하나의 만들어진 총체로서 우리에게 존재하는 것이다. 이것은 비교적 완성되고 합일된 경험으로서 과거-현재-미래를 융합하고 있는 것이다. 그러나 순수인식 또는 순수경험 내에서 발견되는 전-반성적 총체는 아니다.

이 사례에서 우리는 시간에 대한 인간의 경험에는 이중구조, 즉 정태적 시간과 동태적 시간이 존재하고 있음을 볼 수 있다. 사람은 전-반성적으로 인식하는 것이 있는데, 그것은 시간의 흐름이 과거에서 미래로 흐르는 것이지 미래에서 과거로 흐르는 것이 아니라는 것이다. 정태적인 시간으로 말하자면, 매 순간은 분리된 단위, 즉 과거로부터 미래로 '전(前)' '현(現)' '후(後)'라는 연속성을 가진 독립적 단위로 반성적으로 이해된다. 매 순간의 기록은 경험이라고 하는 일련의 형상으로 동결된다. 서로 분리될 수 있는 단위들 간에 실제적인 내적 관련은 반드시 전-반성적 인식을 통해서만 형성될 수 있다. 이것이 생명이라는 흐름의 동태적 시간이다.

더 나아가, 차를 마시는 실제 행위는 '목을 축이려는' 의도를 함축한다. 이 의도성은 미래를 내포하는데, 우리가 그 의도를 달성할 때까지 그러하다. 우리는 전-반성적으로 인식하고 있는 것이 있는데, 그것은 존재의 시간 총체는 역으로 흘러간다는 것이다. 즉, 앞으로 가는 각 단계는 우리가 바라는 미래, 즉 '목을 축이려는' 미래에 도달할 때까지 과거를 향해 한 단계 한 단계 뒤로 간다는 사실이다. 그리고 이것이 현실이다. 우리의 의도가 없어지면 행위도 하지 않는 것이다.

사람들은 공간 역시 하나의 합일로서 전-반성적으로 이해한다. '여기(hereness)' 라는 것은 공간 총체다. 그러나 공간 가운데 단절되거나 고정된 것이 아니다. '여기에 있음(being here)' 은 인간의 공간 존재를 연속적으로 그리고 합일된 운동으로 경험하는 것이다. 시간과 공간의 현상학적 구조들은 모든 살아 있는 경험 안에 담겨 있는 공간 · 시간적 구성물을 설명하는 데 중요하다. 어떤 인간 행위는 결코 우리의 인식 안에 나타나는 운동 현상이 아니다. 그것은 살아 있는 경험인 것이다. 행위자는 행위를 경험하는데, 하나의 지속적으로 움직이는 형태이자 연속적인 합일체로 경험하며, 매 순간들은 측정할 수 없다. 따라서 행위를 즉각적으로 그리고 전-반성적으로 인식하는 것은 인간의 모든 살아 있는 경험에 있어서 고유한 것이다.

일상생활에서 행위자는 자신의 행위와 별도로 자기 자신을 반성하지 않는 한, 살아 있는 시간적 · 공간적 연속성을 유지한다. 전-반성적 수준에서만 신체 동작이 공간적 통일성과 시간적 연속성을 유지할 수 있다. 행위자는 통일성과 연속성을 끊어버리지 않고서는 움직이는 자신의 몸을 하나의 객체로 바라볼 수 없다.

움직이는 몸에 대한 전-반성적 인식은 즐거움의 표현에서 나타난다. 즐거움이 넘치는 사람은 큰 미소와 빛나는 얼굴, 고요한 평온 또는 행복한 걸음걸이로 즐거움을 자발적으로 표현한다. 사람들은 즐거움을 처음부터 반성적으로 인식하고 그다음에 신체동작으로 표현하지는 않는다. 우리는 움직여 가면서 움직임 안에서 우리의 총체적 자아를 어렴풋이 인식하는 것이다. 우리가 어렴풋하게 인식할 때, 이 동작은 하나의 총체로서 존재한다. 사람이 움직임의 중심부다. 전-반성적 수준에서 보면 행위자는 동작의 흐름을 예측하거나 회상하지 않는다. 동작을 반성적으로 인식하는 사람은 그 동작 전후의 어떤 순간이나 어떤 지점에 주의집중하기 쉽다.

동작에 대한 전-반성적 인식은 역동적으로 만들어지고 있는 형태를 경험하는 것이다. 전-반성적 인식은 어떠한 신체 움직임이라도 살아 있는 경험 속에 내재한다. 이것은 계발될 수 있는 특수한 인식이 아니다. 전-반성적 인식은 단순히 반영을 하지 않고, 분석하지 않고, 해석하지 않고, 판단하지 않음으로써 달성되는 것이다. 헤리겔(Herrigel)은 『궁술에서의 선(Zen in the Art of Archery)』(국내에서는 『활쏘기의 선』이란 제목으로 출간되었음–역자 주)에서 반성적 인식에 대해 잘 말해 주고 있다. 그의 궁술 선사(禪師)는 다음과 같이 말한다.

> 만약 자네가 자신을 놓아 버리지 않는다면 적시에 정확하게 화살을 쏘지는 못하네……. 무르익은 과일 껍질처럼 손이 탁 놓아져야 하네. 스스로 너무 많은 의지를 고의적으로 가진다면 그것이 방해가 될 걸세. 자네 스스로가 무엇을 하지 않는다면 아무것도 일어나지 않을 거라고 생각한다면 말일세(Herrigel, 1964, pp. 50–52).

이와 마찬가지로, 무용가가 자신의 동작이 가지는 시간적 · 공간적 · 질적 패턴을 반성적으로 인식한다면 춤은 매번의 반성적 순간마다 단절되고 방해받을 것이다. 춤을 반성한다면 그것은 대상으로 존재하게 되어 버린다. 춤이 가지는 시간적 · 공간적 측면이 내적 합일과 지속성을 잃어버리는 것이다. 무용가가 균형을 유지하려 한다면, 그녀는 균형을 잃어버릴 것이다. 무용가의 반성적 인식은 형태가 가지는 공간적 통일감과 시간적 연속성으로부터 자신을 분리시킨다. 그럴 경우 무용가는 더 이상 춤과 하나가 될 수 없다.

반성적 인식은 앞에서 언급한 것처럼 자아를 하나의 대상으로 만드는 경향이 있다. 스즈키(Suzuki)는 이것을 외향적 방법이라고 부른다. 여기서는 세상을 서로 관련 없는 부분들로 보면서 시간적 비연속성과 공간적 비합일성을 보기 때문에 불안정해질 수 있다. 인간은 시간을 미완성적인 것으로 느끼고, 통제할 수 있는 완전한 구역에 넣으려고 한다(Suzuki, in Ogilvy, 1973, pp. 577-578).

지식이 축적되는 것은 반성적 인식을 통해서다. 반성적 인식은 특히 학습과정에서 유용하다. 그것은 사람들이 창조과정에서 창조적 기술을 개발하도록 돕는다. 행위에 대한 이러한 반성적 인식은 미래에 대한 통찰을 가져오며, 행위가 총체적으로 어떻게 더욱 발전할 수 있을지 명료하게 깨닫도록 해 준다. 어떤 특정 관계에 대한 반성적 인식은 관계를 형성하는 내적 관계 안의 특정한 구성요소에 대해 통찰을 가져올 것이다.

여기서 도전과제는 이 반성적 인식을 존재의 움직임이 갖는 역동적 흐름을 방해하지 않는 방식으로 어떻게 실제 경험적 순간에서 통합시킬 것인가다. 즉, 방해하거나 가치판단을 하지 않은 채 바라보는 것이다. 그리고 매 순간 각각의 공간을 주의 깊게 파악하고 자발적이면서 유동적으로 살아 보는 것이다.

스즈키는 무위의(non-interfering) 전-반성적 인식을 내향적 방법이라고 부른다. 이 방법은 "사물을 있는 그대로 받아들이고 있는 그대로 포착하는 것이다……." (Suzuki, in Ogilvy, 1973, p. 581) 도가의 공(空, emptiness), 심재(心齊, fasting of the mind), 무위(無爲, non-interfering), 위무위(爲無爲, non-deliberate action) 등은 모두 인생에서 총체적 경험이 촉진되는 방법이다. 이러한 무위가 바로 자발성이다.

미해결된 트라우마 경험, 좌절된 기본 욕구, 필수적인 부모의 관심 부족, 억압적 행동이나 부적절한 행동을 채택하는 것들은 발달 초기에 학습된 차단의 예다. 이것은 지속되고 있는 행동 내에 미묘하고 드러나지 않게 구체화되면서, 자발적이고 자연스러운 성장의 성향들을 차단하면서 신체적 · 정서적 · 심리적 · 영적 장애를 가져온다. 트라우마 경험이 일단 기억에 저장되면(기억이란 전인격으로서의 인간의 행동 기능임을 기억해야 한다) 이 경험은 스크린을 형성한다. 이것은 하나의 반성적 구성물로서 경험자를 실제 상황으로부터 분리시킨다. 경험자는 반성적 구성물을 통해서 유사한 상황들을 보게 되는데, 이 구성물은 경험자가 실제 상황을 인식하고 자발적 반응을 하지 못하게 한다. 따라서 이러한 차단물들은 과거 경험에 뿌리를 두면서 관심의 초점을 현재에서 떨어지게 하여 미해결된 과거나 원하는 미래로 인도한다.

2) 선종과 도가에서의 자발성

선종과 도가에 있어서 자발성은 창조성이다. 왜냐하면 자발성은 창조적 과정이기 때문이다. 현상학적으로 설명하면, 자발성은 개인의 무위, 삶의 충만, '지금-여기' 에서의 충만이다. 도가에서의 자발성과 창조성의 논지는 진인(authentic person)의 삶 속에서 구현된다.

도가의 진인을 더 잘 이해하기 위해서는 도가의 기본 원칙들을 살펴보아야 한다. 근본적으로, 도(道)가 의미하는 것은 '길' 이다. 유가에서는 '인간의 길' 을 정의하고자 이 용어를 사용하였다. 그러나 도가에서 도는 삼라만상을 포괄하는 가장 중요한 원칙이다. 『한비자(韓非子)』 20장 「해로(解老)」 편에서는 다음과 같이 말한다.

> 도는 그렇게 되어 있는 바다. 道者, 萬物之所以然也.

그리고 모든 이치의 통합이다. 萬理之所稽也.

리는 사물을 이루는 까닭이다. 理者, 成物之文也.

도는 만물을 이루는 까닭이다. 道者, 萬物之所以成也.

그러므로 "도는 만물을 다스리는 것이다."라고 말한다. 故曰, 道 理之者也.

(Fung, 1952, p. 177에서 인용)

노자(老子)는 도가의 초기 철학가로, 도를 무형이나 완벽한 것으로 기술하였다. 도는 천지가 있기 전에 존재했다. 또한 그것은 침묵하며 비물질적인 것이다. 도는 만물의 어머니고, 도처에 그리고 만사에 퍼져 있다.[13] 도는 자발성이다.[14]

노자는 도를 가리켜 일체를 포괄하는 가장 중요한 원칙이라고 하였다. 도의 과정은 영원히 자연적이고 자발적이다. 개인에게 있어서 타고난 원칙은 덕(德)이다. 따라서 만물은 자발적 표현을 통해 각각 덕을 얻고 각자 타고난 자연적 경향성(勢)을 실현한다.[15] 노자에 의하면, 이상적인 사람은 순진한 갓난애와 같이 단순한 사람이다. 그러나 이러한 단순성은 "수양이라는 의식적 과정의 결과다." (Fung, 1952, p. 190)

도가의 장자(莊子)는 만약 우리가 도를 따른다면, 즉 자발성 혹은 자연적 성장과정을 따른다면 확실하게 행복을 얻는 것이라고 믿었다. 장자는 이런 이상적인 사람을 가리켜 진인(眞人)이라고 하였다.

장자가 말한 진인이란 갓난애와 같이 단순한 사람이 아니라 지혜와 경험을 가진 사람이며, 그의 지혜와 경험은 사물의 피상성을 꿰뚫고 내적 중심부까지

가는 것이다. 진인은 시비를 조화시키면서 '자연의 진화과정'과 함께 흐른다. 진인은 순수한 경험 안에 살면서 우주와 하나가 된다. 이 경험 안에서는 사람의 이성적 억측은 존재하지 않는다. 진인은 직관을 따른다. 장자가 보는 바와 같이, 이성적 억측을 하지 않을수록 그 경험은 더욱 순수해진다. 장자는 진인은 자신의 덕, 타고난 잠재력을 표현한다고 믿는다. 그는 「제물론(齊物論)」 2장에서 이러한 생각을 말하고 있다. "성인은 시비를 조화시키고 자연적인 균제에 맡기니, 이것은 양편 모두를 통할 수 있다(是以聖人和之以是非, 而休乎天均, 是之謂兩行.)." 장자의 심재(心齊)와 좌망(坐忘)[16]은 순수경험의 이러한 상태를 명명한 것이다(Fung, 1952, p. 241).

진인은 순수경험이라는 항상성 내에 있다. 자발성을 개발하고 타고난 자연성을 따르면서 진인은 대화(大化, great flux)와 동일시하고, 나아가 현덕(玄德, mysterious power)이 되어 간다. 장자의 진인은 세상을 초월하지 않으며 세상의 모든 포용의 총체, 즉 도와 동일시된다. 자아는 도의 한 부분일 뿐이다. 옳고 그름의 이원론이 가지는 갈등을 해소하고자 장자의 진인은 옳고 그름을 넘어선 실재(實在)의 진상(眞相) 위에 서 있다.[17]

진인은 자유롭고 어떤 선택을 하도록 강요받지 않는다. 그는 다양한 견해와 서로 충돌하는 생각을 통합할 수 있다. 또한 변화하는 상황에 적응하는 무한한 능력을 가지고 있다. 진인은 세상을 초월하지 않는다. 그는 살기 위해 이상적인 세상으로 도망칠 필요가 없다. 그는 언제든지, 어디서든지 행복하다.

스즈키는 진인에 대해 이렇게 말한다. "영적 발달에서 이 단계에 도달한 사람은 인생의 선(禪) 생활 예술가다. 그는 미술가처럼 캔버스, 붓, 페인트가 필요

없다……. 그의 손발이 붓이고 전 우주가 캔버스로서 그 위에 자신의 삶을 묘사한다……. 이 그림은 그의 역사다." (In Herrigel, 1964, p. 15)

진인은 순수한 경험 안에서 충만한 인식으로 살아간다. 순수한 경험 안에서 산다는 것은 선종과 도가에서 창조성이라고 부르는 것이다. 실재의 진상 위에에 있다는 것은 자발적이라는 것이다. 그러한 사람은 축적된 반성적 인식들을 모두 지니고 있기는 하나 간섭하지 않을 뿐 아니라 판단하지도 않는다.

3) 자발성과 유가

맹자(孟子)[18]가 말했듯이, 인간 본성은 태어날 때부터 절대적으로 선하고 아름답다. 이러한 선함은 인간을 짐승이나 다른 종들과 차별화해 준다. 하지만 이러한 선함은 시간이 지나면서 환경에 의해 오염된다. 맹자의 어머니는 아들이 나쁜 친구들에게 오염되지 않도록 세 차례나 이사를 했다고 한다. 맹자는 누구나 선악, 시비를 분별하는 마음을 타고난다고 주장한다. 따라서 자신의 공정하고 직관적인 마음과 정신을 따라가는 한 그 사람의 행위는 올바르다. 도(道)의 실천가들은 선을 추구하는 데 자신을 완전히 소진시키지만, 마음으로부터의 실천을 하지 못하는 경우에는 헛수고다. 직관적인 마음을 따라가는 것은 자발성을 따라가는 것을 의미한다. 사람의 인생 행위는 타고난 잠재력인 덕(德)을 따라가는 한 도를 실현하는 것이다. 'morality'는 중국어로 도덕(道德)이라는 말이다.

유가의 궁극적인 도덕은 인성(人性)을 자발적으로 표현하는 것이다. 인생에서의 행위는 그 사람을 인간으로 정의해 주고 다른 종들과 구별해 준다. 자발성이 있어야만 사람은 타고난 잠재적 도덕, 즉 덕에 접근이 가능하다. 심성(心性)은 인지적, 신체적, 경험적 또는 심리적인 것만은 아니다. 오히려 정신은 도덕적, 창조적 그리고 형이상학적이다. 사람의 심성은 도덕의 창조적 실체다. 그리고 이것은 무한하다. 이를 아는 것은 하늘(天)을 아는 것이다. 사람의 에너지가 차단되면 사람은 창조적 잠재력(德)을 깨닫는 데 방해받게 된다. 유가에게 있어서 도덕은 정신적 영역이며, 이것은 우리 각자가 타고나는 것이다. 이것은 바깥으로부터 구할 수 있는 것이 아니다.

인생이란 궁극적인 덕을 표현하는 과정으로, 궁극적인 덕은 인간을 진실된 인간으로 규정해 준다. 유가에 의하면, 도덕은 실천적인 것이며 생명의 과정으로, 지적 탐구가 아니다. 하늘은 내재적 도덕 원칙이자 우주의 질서이며, 존재의 실체이자 진 · 선 · 미다. 그것은 사람의 생명 및 우주적 전화(轉化) 속에서 드러날 수 있다. 우주적 전화란 자발성이다. 그것은 궁극적인 덕성(道)의 표현이다(牟宗三, *The Essence of the Mind and the Essence of Human Nature*, 1996, p. 27ff.).

오늘날의 도덕적, 정신적 혼란 속에서 인간성은 원래의 참되고, 근본적으로 선하며, 진정으로 자발적인 것으로 돌아가도록 절실히 요구된다.

묵자(墨子)는 또 다른 중요한 철학자로, 인간 본성을 선도 악도 아닌 것으로 보았다. 그는 인간 본성을 타고날 때부터 중립적인 것으로 보았다. 그리고 환경이 본성을 결정하는 것이라고 보았다. 묵자는 인간 본성을 하얀 비단에 비유했다. 하얀 비단을 청록으로 물들이면 청록이 되고, 노랑으로 물들이면 노랗게

된다.[19] 그의 이론은 모레노(Moreno)의 자아발달이론과 같다.[20]

유가는 천명(天命)[21]이 있다고 보았고, 그것은 우리 각자가 깨달아야 하는 것이고 우리의 진실된 마음과 진정한 자아와 일치하는 것이다. 우리 모두는 각자 타고난 덕을 일깨워야 할 책임과 의무가 있다. 유가에서 주장하는 바는 정신과 마음이 공(空), 무(無), 정(靜)의 단계에 이른 사람만이, 즉 자발성 상태에 도달한 사람만이 자기실현을 달성할 수 있다는 것이다. 깨달은 사람만이 천명을 받을 수 있고 도를 전파하는 임무를 수행할 수 있다. 도라는 무한한 우주적 힘과 완전하게 합일하기 위해서 사람은 순수한 상태, 원래의 본성, 덕으로 돌아가야 한다. 공의 경지에 이른 사람은 그의 행위가 자발적인 동시에 숨어 있는 저의가 없다.

중국 철학자들에게 도는 종교가 아니어서 숭배할 필요가 없었다. 도를 따르는 것은 개인적 단계에서의 자기 깨달음이자 자기실현이며, 우주적 단계에서는 진리, 조화, 미, 확장 — 원(元), 형(亨), 이(利), 정(貞) — 에 다다르는 것이다.

앞에서 언급한 것처럼, 이 네 가지 단어는 천덕(天德) 및 진정한 선과 미를 대표하며, 현상계에 내재하는 법칙을 뜻한다.

4) 모레노의 자발성과 창조성 이론

모레노는 인간을 사회적 동물로 보았다. 모레노의 자발성과 창조성 이론은 사회측정학이나 사회과학에서 초석으로 간주된다. 그에게 있어서 자발성과 창조성은 결코 동일하거나 유사한 과정이 아니다. 그는 "신(God)은 예외다. 왜냐하면 신 안에서는 모든 자발성과 창조성이 동일하기 때문이다."(Moreno, 1953, p. 39)라고 주장했다.

앞에서 언급한 도가와 같이, 모레노가 믿는 바는 오직 자발성이 있어야만 창조적인 사람이 자신의 타고난 잠재력을 온전히 사용할 수 있다는 것이다. 자발성 없는 창조성은 생명이 없는 것이다. 인간의 창조성은 그가 소유하고 있는 자발성의 분량과 비례한다. 창조성 없는 자발성은 비어 있는 것이다. 모레노는 자발성과 창조성이 서로 다르다고 믿는다. 창조성은 실체이고 자발성은 촉매다(Moreno, 1953, pp. 39–40). 오직 원래의 창조자인 신에게서만 자발성이 곧 창조성인 것이다.

인간성은 문화보존성(cultural conserve)에 의해 통제된다. 사상, 성과, 사회적 행위는 그것들을 창조한 인간을 넘어서서 문화적 패턴으로 군림한다. 모레노가 주장하는 바는 자발적 창조성이 첫 번째 우주에서 재구성될 수 있다는 것이며, 여기서 첫 번째 우주란 문화보존성이 군림하기 전의 시기를 말한다. 모레노는 갓난애를 자발적이고 전-보존적 존재로 보았고, 그들은 만물의 본체(matrix of all identity)[22] 내의 첫 번째 우주 안에서 살고 있다. 모레노는 인간이 문화보존성과 투쟁하는 것을 한탄했다. 그에 의하면, 베토벤과 같은 천재가 창조성의 자발성 수준을 달성하는 데 훨씬 가까웠다고 한다.

모레노는 자발성을 독특한 심리적 본질로 간주한다. 그가 자발성이 의지적 행동으로 이끌어져 나올 수 있다고 믿은 것은 역설적으로 들릴 수도 있다. 그러나 여기서는 자기 의식적인 의지를 말하는 것이 아니다(Moreno, 1983, p. 44).

이 점은 선종의 이야기 중 과녁을 빗나가는 것에 대한 이야기와 유사하다.

이 이야기는 『궁술에서의 선』에서 일찍이 인용된 바 있다. "자네에게 방해가 되는 것은 자네가 너무 많은 의지를 가지고 있는 것이네." 과녁을 맞출 수 있게 하는 것은 일종의 자유로움으로부터 이끌어 낼 수 있다. 이것은 선종에서의 해탈과 거의 유사한데, 사실 자발성 그 자체가 가지는 자유로운 기상이기도 하다. 모레노는 이러한 상태가 이전에 존재하는 것도 아니며 자동적으로 나오는 것도 아니라고 본다. 이것은 '워밍업' 되어야 하는 것이다(Moreno, 1953, p. 337). 워밍업 과정은 더 많은 자발성을 유발할 뿐 아니라 자발적 상태로 가는 길을 방해하는 역류의 타성을 야기할 수도 있다.

이론적으로 보면, 이러한 종류의 역류는 자아를 두 가지의 서로 분리된 부분으로 나눔으로써 촉진되는 것으로 보인다. 두 가지 부분이란 '자발적인 행위자'와 내면의 (역행위의) '참여적인 관찰자'를 말한다. 자발적 상태는 흔히 행위를 하는 자아를 바라보면서 자기통제하는 것으로 인해 방해를 받는다(Moreno, 1983, p. 44ff.).

자발성 상태의 이중적 특징에 대한 모레노의 생각은 인식을 전-반성적, 반성적 구성요소로 언급했던 것과 같은, 분리에 대한 현상학적 기술과 일치한다. 모레노는 일찍이 합일된 자발성 상태에 들어가기 위해서, 창조적 행위자는 자발적 행위자와 역행위적 또는 참여적 관찰자 간에 거리를 이어 주면서 무감각을 극복해야 한다고 하였다. 도가에서는 자기 수행의 많은 부분이 이와 동일한 합일의 자발적 행위를 달성하는 데 목표를 둔다. 도가에서의 진인이 그 예다.

모레노가 생각한 바로는, 자아는 자발성과 관련이 있으며 역할 맡기의 능력과도 관계가 있다. 그는 자아가 역할로부터 나오는 것이지 역할이 자아로부터 나오는 것이 아니라고 가정한다. 역할은 문화보존성이다. 자아는 타인으로부터 끌어내어 얻는 구심력적 함입과정을 통해 발달하며, 얻은 것을 통합한다. 또 하나는 밖으로 내보내는 과정인데, 즉 자아를 구심축으로 돌려보내는 것으로서 주관화의 과정이 종료되면 자아를 구체화한다. 모레노는 인간사회가 자발성을 가지고 지시하는 사람들에 의해 궁극적으로 통제되기를 희망했다.

또 다른 중요한 논지는 시간과 공간 의식이다. '지금-여기' 라는 역동적 순간은 모레노의 모든 작업과 사상에 있어 필수적이었다. 그에게 있어서 창조적 행위는 판에 박힌 행위와는 구별된다. 모레노는 창조적 행위의 특징을 다음과 같이 기술한다.

- 창조적 행위는 자발적이다.
- 창조적 행위는 경이로움을 준다.
- 그것이 만들어진 이전의 현실을 변형시킨다.
- 행위는 실존적으로 행위자를 창조자로 규정한다.
- 창조자는 세상을 구체적이고도 창조적으로 바꾸어 놓는다.

모레노는 완성된 창조적 노력이나 산물을 '문화보존성' 이라고 부른다. 문화보존성은 비록 자발적인 창조과정에서 튀어나오기는 했으나 영속적 형태로 판에 박힌 경향이 있다. 인간 창조성의 쇠퇴는 문화보존성의 침략 결과다. 우리는 우리 자신의 자발성과 창조성을 부활시켜야 할 필요가 있다. 인간은 사회적 동물이다. 따라서 자발성과 문화보존성은 서로에게 영향을 준다. 한쪽이 다른 한쪽의 기능이 되는 만큼 자발성도 문화보존성도 순수한 형태로 존재하지는 않는다. 모레노는 다음과 같은 자발성의 네 가지 특징을 발견하였다.

- 문화보존성과 사회적 고정관념을 활성화시키는 자발성.
- 새로운 형태의 예술이나 새로운 패턴의 환경을 창조하는 자발성. 적절한 워밍업 과정으로, 이러한 유형의 자발성을 가진 사람은 자신에게 주어진 자원들을 온전히 이용할 수 있다.
- 성격의 자유로운 표현을 만들어 주는 자발성. 이러한 형태의 자발성은 독창성이다.
- 새로운 상황에 적절하게 반응하게 하는 자발성. 이러한 유형의 자발성을 가진 사람은 다양한 상황에 직면했을 때 적절하게 어울리는 반응을 채택할 수 있다.

새로운 상황에 직면했을 때 드러낼 수 있는 세 가지 반응은 다음과 같다.

- 그 상황에서 무반응하는 것이다. 새로운 상황에 반응하지 못하는 것은 자발성의 결여로 보인다.
- 새로운 상황에 대해 뒤떨어진 반응을 하는 것이다. 고정관념적으로 또는 반복적으로 유사한 반응을 하는 것은 자발성이 없다는 것을 말한다.
- 새로운 상황에 새롭게 반응하는 것이다. 앞에서 지적한 바와 같이, 뒤떨어진 반응은 자발성이 전혀 없는 것이다. 한편 새로운 반응은 자발성 없

이는 나올 수 없다. 그 반응은 적절하고 적합해야 한다. 창조적이기 위해서, 융통성은 빠르게 변화하는 환경에 직면할 때 꼭 필요한 것이다.

적절한 반응은 가치판단이 내포된 것같이 보인다. 이것은 치료자의 개인적, 사회적, 정치적 가치관과 관련될 수 있다. 그러나 모레노는 그러한 판단을 순수하게 심리치료적 준거틀에 기반하여 내리고 있다. 그에게 적절한 반응이란 단순히 문화적으로 너그러이 봐주는 반응을 의미하지는 않는다. 오히려 적절한 반응이란 내담자가 실존적 잠재력을 실현하는 방향으로 창조적으로 확장할 수 있도록 고무하는 것이다. 중국의 유가에서도 적절한 반응이란 자아의 확장과 관련이 있으며 천덕(天德)을 따르는 반응이라고 말한다. 모레노의 절차는 다소 주관적이고 임상적으로 보이기는 한다.

모레노는 기계적으로 행동하는 사람보다는 창조적인 사람이 되려는 인간성에 관심을 두었다. 그는 각자의 자아와 사회적 환경 모두를 인간화하고 분투하도록 격려하였다. 이것은 천덕, 우주 질서, 하늘의 도 그리고 인간의 도를 수행하는 도가와 유가의 생각과 유사하다. 모레노가 말하는 적절한 반응에 대한 생각은 애매하고 주관적이다. 중국 철학자들뿐 아니라 모레노에게도 역시 자발성은 틀에 박힌 방식이 아니라 자발적 방식으로 시간과 공간의 부름에 호응하도록 계몽해 주는 열쇠다. 불행하게도 자발성 자체는 문화적인 법규와 규정에 의해 빈번히 저지되고 제약을 받는다.

모레노는 창조적 산물, 즉 문화보존성보다는 창조적 과정에 관심을 둔다. 창조적 과정 내에서만 자발성과 창조성이 합일을 이룬다. 모레노는 창조적 과정을 메타 관례(metapraxie)로 간주한다. 장자는 이것을 순수경험으로 본다. 모레노가 말하길, 메타 관례에서처럼 순수경험 내에서 "메타 관례의 내용들은 그 자체가 오직 창조적 과정들뿐이다." (Moreno, 1983, p. 35)

모레노는 창조적 순간을 강조한다. 그는 앙리 베르그송(Henri Bergson)[23]을 '행위자-철학자' 라기보다 '관찰자-철학자' 로 본다. 모레노는 베르그송을 비판하면서 우주를 단순히 이해하려고 노력했지 변화시키려고 노력하지는 않았다고 말한다. 모레노는 변화시키려는 노력 없이는 사회적 현재 시점을 이해할 수 없다고 생각했다. 그의 치료적 실천, 사회측정학 그리고 심리극 이론은 행위 지향적이다. 사상, 신념, 가치체계는 그것들이 실천되지 않으면 무용지물인 것이다. 모레노는 억제되지 않은 자발성과 창조성을 위한 잠재력을 확고히 해 주는 신성(Godhead)에서부터 창조성이론을 끌어냈다. 그는 인간이 자발성의 능력[24]을 부여받는다고 믿었다. 그는 자발성이 기억, 지능, 성욕보다 더 오래된 것이라고 확신했다(Moreno, 1983, p. 7).

5) 자발성과 창조성의 기능

자발성은 창조성과 성장의 근본이다. 창조성의 경우, 존재의 순간순간에 온전히 참여하는 것이거나 또는 '인식하고 반응하는 능력' (Fromm, in Anderson, 1959, p. 44)이다. 온전한 인식은 인식의 전-반성적 그리고 반성 두 가지 형태의 통합에서 기인한다. 자발성은 전-반성적 인식이며 이것은 매 상황을 새로운 현상으로 받아들이고 보도록 해 준다. 매 상황은 새로운 발견을 제공해 준다.

매번 새로운 시작인 것이다. 자발성은 존재과정에서 비개입을 의미한다. 자발적인 사람의 경우, 게슈탈트 치료자 조셉 징커(Joseph Zinker)가 지적했듯이 "이미 균질화된 배경에는 관심이 없고, 전경의 정교함과 명료함을 체험한다." (Zinker, 1977, p. 93)

자발적인 사람은 갈등과 긴장을 피하려고 하기보다는 그것을 실존적 현실의 한 부분으로 받아들일 수 있다. 자발성은 우리로 하여금 매일 새로 태어나게 해 준다. 자발성은 삶이 역동적이고 존재의 영속적인 과정 안에 있음을 이해하도록 해 준다. 어떤 고정적 순간은 단지 환영일 뿐이다. 이 사실을 인식한다면, 그 사람은 확실성을 내버려 둘 수 있게 된다. 자발적이 되면 자신의 생각과 행위의 전체적 과정을 볼 수 있다. 그 순간 그 사람은 수용적이 되며, 방해하지 않고 그 행위가 일어나도록 내버려 둔다.

롤로 메이(Rollo May)가 지적한 바와 같이, "진정한 창조성은 인식의 강도, 고조된 의식으로 특징지어진다." (May, in Anderson, 1959, p. 61) 이러한 고조된 인식은 창조성의 뿌리다. 이것은 전-반성적, 반성적 인식의 통합이다. 또한 자신의 잠재력의 실현이다. 에리히 프롬(Eric Fromm)이 말한 것처럼, "우리가 경험한 것을 그림으로 그릴 수 있는 기술을 가지고 있는지 여부는 또 다른 질문이다. 우선 그 특정한 대상에 대한 온전한 인식과 반응성이 있지 않으면 훌륭한 그림을 그릴 수 없다." (Fromm, in Anderson, 1959, p. 46)

자발성, 즉 인식의 뿌리는 우리로 하여금 세상(사람, 관념, 사물)과의 관계에서 자아의 활동을 이해하도록 해 준다. 우리가 진실로 경험하는 것에 대해 고조된 인식을 가질 때에만, 그리고 경험하는 상태에서 벗어나지 않을 때에만 경험자와 경험되는 것은 하나가 된다.

온전한 인식은 실존적 순간을 있는 그대로(is-ness, suchness) 지각하는 것의 결과이며, 그 안에는 갈등을 수용하려는 준비가 포함되어 있다. 칼 로저스(Carl Rogers)에 의하면, 매 순간 존재하는 것에 대한 완전히 개방된 인식은 건설적 창조성의 중요한 조건이 된다(Rogers, in Anderson, 1959, p. 75). 로저스가 말한 건설적 창조성은 모레노의 자발성과 유사한데, 여기서 자발성은 틀에 박힌 것이 아니라 창조적인 것이다.

현상에 대한 전-반성적, 무위적 경험인 자발성은 사람으로 하여금 사고하는 것에 대해 완전한 인식을 할 수 있도록 해 줄 뿐만 아니라 감각과 운동—신체, 정신, 영혼의 합일—을 인식하게 해 준다. 온전한 인식을 하면 부분이 아니라 전체가 보인다. 갈등이 끝나고 더 이상 분리는 없다. 만사를 있는 그대로 내버려 두면서 자발적으로반응한다. 그리고 이러한 자발적 반응은 상황에 어울린다. 이러한 사람은 상황과 그 순간의 욕구에 단순히 몰입하며, 행위하는 자기와 관찰하는 자기 간에 분리가 없다.

우리가 온전히 자발적이고 기대나 비교 및 판단의 개입이 없을 때, 우리는 존재와 현실의 충만함에 개방된다. 이것은 거리감이 없는 인식이다. 경험의 즉시성을 방해하는 장애물이 없다. 도가나 선종은 이것을 무위 행위, '욕망' 이나 계산이 없는 것이라고 부른다. 모레노는 매 순간의 이러한 자발적이고 창조적인 반응은 항상 새로운 것이며 문화보존성에 의해 제약받지 않는 것이라고 본다. 그러한 개방성과 이해 안에서 성장이 있다. 매 순간, 매 지점에서 그 상황과 어우러진다. 상황, 사람, 사건은 모두 온전하게 자아를 노출한다. 과거 경험에 축적되어 있던, 왜곡하게 하고 간섭하는 정신적 내용물들은 점점 사라진다. 현재 순간에 침투해 오는 것은 아무것도 없다. 과거의 경험이나 미래의 경험에 대한 기대가 그들의 의식에서부터 벗어날 때 그 사람은 성장한다. 과거나 미래로부터의 고착이 현재에 짐이 되지 않을 때 비로소 성장하는 것이다.

게슈탈트 치료자들은 인식의 확대는 건강한 자기 조절을 회복하는 통로이며, 인식은 현재의 욕구 방향으로 움직이도록 해 준다고 믿는다. 레트너(Latner)가 지적한 대로, "건강한 게슈탈트 과정에서의 선행조건은 욕구와 가능성의 현재 시스템을 인식하고 접하는 것이며, 인식 자체는 변화를 가져오는 촉진적 힘이 된다."(Latner, 1973, p. 139)

모레노는 창조성과 자발성의 기능을 성장과정으로 간주하였고, 성장과정에는 네 가지 저항—역할 표현 시 신체적 움직임으로부터 오는 저항, 아이디어 생산 시 개인 성격에서 오는 저항, 다른 참여자들과의 상호작용에서 오는 저항, 그리고 관객으로부터 오는 저항—이 모두 멈춘다고 보았다.[25] 그 순간에 온전히 몰입하고 있는 사람은 개인적, 대인관계적, 문화보존성을 구성하는 모든 저항으로부터 자유롭다.

이 과정에 대한 확증은 헤리겔의 『궁술에서의 선』에서 드러난다. 궁술의 기술에 관해 헤리겔은 다음과 같이 묘사하고 있다. "학생은 기술적으로 학습 가능한 부분이 왜 충분한 지점까지 연습되어야 하는지 이해하고 있다. 만사가 결과적으로 궁술가의 목적이 없어지고 스스로 사라지는 것에 달려 있다면, 외부로 향한 깨달음은 자동적으로 일어나고 더 이상 통제하거나 반성하려는 지능이 필요하지 않게 된다."(Herrigel, 1964, p. 61) 반성적 지능 또는 반성적 단계는 궁술가를 궁술의 실제적 경험으로부터 분리한 것이다. 그러나 궁술을 익히는 것은 반복적 과정이다. 따라서 반성적 단계는 강도가 증가하면서 반복될 것이다. 마침내 궁술가의 신체적 · 정신적 에너지가 전적으로 집중하도록 해 준다. 이 완전한 집중이 바로 전-반성적 방식으로 완전한 인식을 촉진해 주는 것이 된다.

모레노의 역할 맡기는 유사한 맥락에서 이해할 수 있다. 궁술가는 자신이 온전히 집중할 때만 성공할 수 있다. 궁술이라고 하는 기술에서 그는 자기가 없는 상태, 즉 자기 부재와 같이 자신에 대한 인식이 없는 정도까지 집중한다. 행위 중간에 자기를 인식하는 것은 행위로부터 자기를 분리시키며, 따라서 자기로 하여금 인식의 대상이 되게 한다. 이에 대해 모레노는 자기를 두 부분으로 나누는 것이라고 간주한다. 즉, 자발적 행위와 참여하는 관찰자가 분리되는데, 이때 관찰자는 창조적 행위가 가지는 연속성과 합일성을 깨트린다. 반성적 인식 또는 참여하는 관찰자가 전-반성적 인식이나 자발적 상태와 통합되지 않는 경우, 모레노가 말한 것처럼 시간과 공간의 연속성과 합일성은 동요된다.

학습과정에서 반성적 인식을 통합하는 것은 성장을 촉진시키는 것으로, 경험은 그 개인의 부분이 되고 전-반성적 인식이 된다. 모레노는 이러한 과정들을 역할 맡기, 역할 놀이 그리고 역할 창조로 설명하고 있다. 이 과정은 문화보존성을 개인의 충만한 인식 속으로 통합하는 과정이며, 이렇게 할 때만이 온전한 창조의 경지로 향하게 된다.

6) 자발성과 창조성의 장애물

앞에서 말한 바와 같이, 창조성은 전-반성적, 반성적 인식을 통합한다. 이것은 '사물을 있는 그대로 취하는 것' (Suzuki, in Ogilvy, 1973, p. 581)이다. 그리고 '여기'와 '지금'에 의해 확정된다. 창조성의 장애물은 '지금'을 잘라내며, 현재에 충만하고 즉시적인 환경과 접촉하거나 몰입하는 것을 비껴가게 한다.

정신이 여념이 없을 때 그리고 과거, 미래, 기억, 기대, 기타 생각들—반성적 인식이 만들어 낸 것들—에 관심이 집중되어 있을 때 창조성은 방해를 받는다. 이상적인 것은 반성적 인식이 자발적으로 흐르는 것이다. 그것은 지속되는 현재 시점을 기록하면서 간섭하지 않는다. 간섭을 할 경우, 정신은 어디에선가 머무른다. 그리고 그 사람의 주의는 쏜살같이 흐르는 매 순간에 온전히 몰입하지 못한다. 선종에서 나오는 다음의 이야기가 이것을 설명한다.

오조(五祖) 홍인(弘忍)은 자신이 곧 죽을 것이라는 것을 알고 자신을 계승하고자 하는 사람들에게 절의 벽에 시를 적도록 하였다. 이후 두 편의 시가 벽에 적혔다. 하나는 상좌스님 신수(神秀)가 적은 것으로 업무에 열정을 보이는 시였다. 홍인은 이 시가 사람들에게 도움이 될 거라고 인정했으나, 진정 도를 이해하지는 못했다.

> 몸은 보리수이며, 身是菩提樹,
>
> 정신은 깨끗한 거울과 같다. 心如明鏡臺.
>
> 사람은 항상 그것을 열심히 닦아야 하며, 時時勤拂拭,

먼지가 쌓이지 않도록 해야 한다. 莫使惹塵埃.

또 다른 한 편의 시는 혜능(慧能)이라는 부엌 일꾼이 지었는데, 그는 문맹(文盲)이었다. 그래서 다른 사람이 그를 대신해 벽에 시를 적었다.

보리수는 원래 나무가 아니며, 菩提本非樹,
거울 또한 받침대가 없다. 明鏡亦非臺.
원래 거기 있는 것은 아무것도 없으니, 本來無一物,
어디에 먼지가 쌓일 것인가? 何處惹塵埃?

이 두 편의 시를 비교하고 나서 홍인은 혜능을 후계자로 선택했다. 왜냐하면 상좌스님의 시가 나타내는 바는 순수한 인식을 얻고자 방법을 추구하는 데 여념이 없었기 때문이었다. 그의 방법은 설사 먼지가 순수한 인식이라고 하는 거울 위에 쌓일지라도, 반성을 억압하는 것이다. 한편, 혜능은 순수한 인식을 얻기 위한 방법이 필요하지 않음을 알았다. 자기 자신의 본성—조작되지 않은 자발성과 반성—을 간섭하지 않는 한 장애물은 없는 것이다. 혜능이 회상시킨 것은 정신으로 하여금 여념이 없게 만들지 말라는 것이다. 이것은 또한 선종의 삼조(三祖) 승찬(僧璨)의 말로도 표현된다. "지극한 도는 장애가 없다. 오직 구별을 싫어할 뿐이다(至道無難 唯嫌揀擇)." (Suzuki, 1960, p. 77) 즉, 이러한 선호 대상들이 정신을 점유하여 그 사람으로 하여금 그 순간을 충만하게 경험하는 것을 차단한다.

온전한 인식, 창조성의 뿌리는 지속되는 자발적 반성을 허락해 준다. 반성이 만들어 낸 것들에 집중이 고착되거나 애착되는 경우 인식은 차단된다. 즉, 반성의 자발적인 지속적 흐름이 막히는 것이다. 생각, 상상, 판단은 현재 시점에 집중해야 할 것을 비껴가게 한다. 만약 이러한 것들이 자기 내에서 중요성을 띠거나 또는 현실적 경험의 여과기로 변한다면 인식은 차단되는 것이다. 현재 시점과 관련한 자연적이고 자발적인 에너지가 차단되면 신체적 · 정서적 건강 문제, 사고 혼란을 초래하고, 내장을 손상시키며, 대인관계에 피해를 준다.

에너지가 과거, 미래 또는 반성의 산물에 집중하는 경우에 이것을 고착이라고 부른다. 고착 자체가 진화하기도 하고 조금 변화하기는 하지만 본질적으로 고착이란 현재 시점에의 온전한 몰입을 간섭하고 방해하는 과거 경험의 기록들을 포함하거나 사용하는 사고 형태인 것이다. 중국 전통의학에 의하면, 이러한 유형의 고착은 경락의 에너지 흐름을 차단하고 내장을 상하게 한다. 온전한 인식으로 이끌어 주는 한 가지 방법을 강박적으로 추구하게 되면 오히려 그것으로부터 비껴가게 된다. 이 점이 혜능의 시에 포함되어 있으며 차후에 황보(黃檗)에 의해 재진술되고 있다. "만약 당신이 부처를 떠올렸다면, 당신의 마음은 그 부처로 인해 방해를 받을 것이다!" (Huang Po, 1958, p. 71)

7) 장애물의 기원과 영향

유기체는 환경과의 상호작용 내에서 정서적 균형을 유지하려는 타고난 경향성을 지닌다. 이 균형을 유지하고자 유기체는 특정한 반응에 의존한다. 이상적인 환경 내에서는 일반적으로 상황에 적절하고 조화를 이루는 반응이 있다. 그러나 힘든 상황이 되면 왜곡된 반응이 일어나곤 한다. 좋지 않은 사건은 트라우마를 만든다. 충족되지 않은 욕구는 미해결 상황으로 남는다. 욕망은 애착으로 이어진다. 순응은 사람으로 하여금 타인의 가치관을 선호하여 자신의 유기체적 가치관을 부인하게 만든다. 이 모든 것은 에너지 장애물이다.

개인의 에너지 차단은 수많은 원인으로부터 온다. 차단은 한 문화 내에 있을 수도 있고 조상으로부터 내려올 수도 있다. 에너지 차단이 신체, 정신, 영혼에서 시작되든 아니든 모든 면에 영향을 준다.

예를 들어, 천방지축이고 붙임성 있는 강아지가 뜻하지 않게 두 살짜리 아이를 덮친다고 가정하자. 그 아이는 즉시 트라우마 반응을 보인다. 곧바로 구해져서 위로를 받지만, 아이는 공포를 포함한 트라우마를 체험하였기 때문에 강아지가 혀로 핥아 주려고 해도 공포가 유발된다. 트라우마는 아이의 기억 속에, 몸속에, 정신 또는 영혼 속에 기록되어 있으며 비슷하게 닮은 강아지를 보게 되면 트라우마가 다시 경각될 가능성이 있다. 이러한 반영은 과거 경험 내에 뿌리를 두며 과거의 기록이 장애물이 되는 것이다.

유년기, 아동기 심지어 태내에서부터 조성된 장애물은 여러 가지 방식으로 설명할 수 있다. 앞의 강아지 사례에서처럼, 아이는 몇 가지 상황에서 압도되고 두려움이 쌓일 수 있다. 그것은 천둥, 자동차 사고, 상해 등이 될 수 있다. 아이는 필수적인 음식, 옷, 양육과 같은 기본적인 욕구가 박탈될 수도 있다. 부모나 중요한 사람들이 아이가 자유롭게 발달하는 데 저해가 될 수 있고, 환경을 탐색하거나 합리적인 대안을 수용하지 못하게 할 수도 있다. 예를 들어, 집 안에서 사고를 방지하기 위해 또는 아이에게 필요한 관심을 주지 못해서 유아 기구에 정규적으로 가두어 둘 수 있다. 아이는 부모가 허락하지 않는 충동이나 행위에 대한 내적 갈등을 만들어 갈 수 있다. 그리고 자신의 타고난 성향과 부모의 가치관 사이에서 심각한 갈등을 경험할 수도 있다. 반대로, 아이는 어른들로부터의 행동을 막아 내는 법을 배울 수 있다. 예를 들어, 간단한 사고나 심지어 존재하지 않는 상상의 상처를 가지고 남을 비난하는 것 등이다. 중국 전통의학에 의하면, 이러한 정서적 장애는 일반적으로 신체 내부 기관에 영향을 준다고 본다. 예를 들어, 두려움은 신장과 방광을 손상시킨다. 유년기 야뇨증은 흔히 두려움과 트라우마의 결과물이다.

미해결된 트라우마 경험, 좌절된 기본 욕구, 필수적인 부모의 관심 부족, 부당한 행동의 억제 등은 유년기 발달과정에서 학습되는 에너지 장애의 예들이다. 이러한 경험은 슬며시 눈에 띄지 않게 행동에 담겨 성장이라는 자발적이고 자연적인 경향들을 차단하여 정서, 심리, 영적 어려움의 원인이 된다. 일단 기억(기억은 전인격의 자연 행동의 한 가지 기능이라는 점을 기억해야 한다)에 저장되면, 유사한 상황들은 인식과 반응을 억제하는 장애를 통해 보게 된다. 따라서 장애물은 종종 과거의 경험에 뿌리를 두며 현재 시점에서부터 미해결된 과거나 원하는 미래 시점으로 관심을 돌리게 한다.

(1) 장애물의 기원

① 가족관계에서 시작된 장애물

인간의 생존은 관계에 의존하며, 그 관계는 사회와의 관계, 주위 자연계와의 관계다. 가장 중요하고 기본적인 관계는 가족관계다. 가족의 건강한 관계는 자아의 건강, 사회의 건강, 지구의 건강을 위해 중요하다.

우리는 끊임없이 변화하고 발달하는 세상에 살고 있다. 때로 주위에서 일어나는 일들의 빠른 속도를 따라가지 못할 수 있다. 예를 들어, 변화하는 사회구조에 따라 여성은 중요한 인력이 되어 왔다. 어떤 가정에서는 배우자 모두가 가족 부양을 위해 일을 해야 할 재정적 필요성이 생겼다. 때로 역할이 바뀌어 아내가 돈을 벌고 남편은 집에 있어야 할지도 모른다. 종종 변화하는 역할들이 가족체계 속에 통합되지 못할 수도 있다. 그 결과, 가족 유대감은 관계에서 정서적 장애를 유발하는 속박이 되기 쉬워졌다.

처음에 남녀가 함께 가족을 만들 수 있게 해 주는 것은 낭만적인 사랑과 호르몬 욕구다. 그러나 이 낭만적인 사랑은 처음에 얼마나 강도가 있었든지 간에 시간이 지나면서 희미해진다. 한편 진정한 사랑은 자유, 평화, 조화, 기쁨을 발산한다. 이러한 사랑은 거래될 수는 없으며 자발적으로 자유롭게 주어지는 것이다. 이것은 무사(無私)하고, 보답을 바라지 않는 베품이며, '해야 한다' 또는 '하지 말아야 한다' 는 것이 없다. 이러한 사랑은 물리적 힘이나 두려움으로 상대방을 묶어 두지 않는다. 진정으로 친밀한 관계는 계산이나 속임 없이 자발적으로 표현되는 진정한 사랑에서만 발달한다. 만약 우리가 자발성을 차단한다면 타인과의 관계에서 진정한 친밀성은 없어질 것이다.

② 아동기에서 유래된 장애물

유년기의 경험은 사람의 정서, 심리, 사회, 영적인 건강에 매우 중요하다. 유년기에 일어난 일은 긍정적이든 부정적이든 일반적으로 정신에 깊이 새겨진다. 아동기 트라우마는 건강하지 못한 환경에서 성장하면서 고통을 받는 것으로, 사라지지 않고 우리의 현재 상태의 인식 밑에 감추어질 뿐이다. 더 나아가, 아이들은 양육자의 건강하지 못한 태도와 행동을 내면화하여 그들을 모방하게 된다. 또한 유사한 행동 특성을 가진 파트너를 선택하게 된다. 이러한 방식으로 건강하지 않은 행동 패턴이 지속된다.

예를 들어, 중국인 가정에서는 부모에 대한 효를 최고의 사랑으로 간주한다. 아이들은 부모에게 무조건적으로 순종하고 존경해야 한다. 부모의 권위에 절대로 도전할 수 없으며, 부모의 뜻은 무조건 따라야 한다. 그들은 가족의 훌륭한 '이름'과 '번영'을 지속시키도록 도와야 한다. 가족에게 수치심을 안겨 줘서는 안 되며 가족의 체면을 깎아서도 안 된다.

'건강한' 가정의 부모, 특히 어머니는 아이들을 무조건적으로 사랑한다. 이때 사랑은 사심 없이 아낌없이 주어진다. 자녀와 부모 간에 타고난 자연스러운 상호의존적 에너지가 흐른다. 때로 이러한 에너지 흐름은 양편 모두가 인식하지 못한 채 불가사의하게 차단될 수 있다. 우리가 기억할 것은 탯줄이 끊긴 후 아이는 더 이상 어머니에게 붙어 있는 것이 아니라는 것이다. 이것을 알지 못하고 아이에게 비현실적인 기대를 하는 부모가 있다. "널 사랑하기 때문에 벌을 주고 있는 거야."라고 말하거나 "네가 나보다는 더 좋은 삶을 살길 바란다."라고 말하는 부모가 있다. 여기서 표현되지 않은 기대는 아이의 타고난 욕구에는 관심이 없이 부모의 꿈을 아이가 충족하기를 원하는 것이다. 아이 자신의 타고난 재능과 경향성은 무시되고 아이의 자존감은 경시된다.

이러한 가정에서 성장하는 아이는 자기만의 개성을 잃어버린다. 부모의 뜻이 아이의 뜻이 되고, 부모의 선호가 또한 아이가 염원하고 선호하는 것이 된다. 아이가 부모의 기대를 충족하지 못하면 아이는 실패감, 죄책감을 느낀다. 자기 자신의 욕구는 무시하고 경시하고 싶어진다. 이러한 아이는 인생에 있어 자유로운 행위자가 아니라 '반응자'로 성장하게 된다. 아이는 부모의 인정과 사랑을 잃어버릴까 봐 두려워한다. 실수를 할까 봐 경계적이 되고 두려움을 느낀다. 결국 진정한 친밀감과 사랑은 불가능하게 된다.

case study

사례 1: 타인의 가치체계에 구속됨으로써 초래되는 우울증

한 정신과 의사가 스스로 무가치하다고 느껴 우울해하며 나를 찾아왔다. 그는 어느 것도 제대로 할 수 없었다. 그는 학생 시절에 성적이 평균 4.0 미만이 되면 아버지에게 매를 맞곤 했다고 말했다. 생물 과목에서 100점 중 98점을 받았을 때, 아버지는 밧줄로 그를 매달아 놓고 혁대로 때렸다고 한다. 아버지는 의사가 되고 싶었으나 그러지 못했다. 아버지가 주장하는 것은 아들이 자신의 바람을 충족시켜야 한다는 것이었다. 아버지는 아들이 자기보다 더 나은 삶을 살기를 원했다.

물질문화 내에서는 모든 인간관계를 이해관계로 축소시키려는 유혹이 존재한다. 아이들은 인간의 존엄성을 지닌 한 개인으로 간주되기보다는 가족의 꿈을 충족시키기 위한 자원으로 사용된다. 가정 내의 민주주의는 세계의 민주주의와 같이, 항상 수익 지향적이 될 수 있다. 자유 안에는 효율성과 동등성이 있기는 하나, 개인의 타고난 성향과 특성은 차치하고 개인에 대한 진정한 사랑과 존경이 존재하지 않는다.

현대사회에서 우리가 경험하는 온갖 스트레스로 인해 부모들은 종종 직장에서 좌절과 실패감을 경험하고 자신의 분노와 좌절감을 가족들에게 쏟아붓곤 한다. 바깥 세상에서의 대처에 무능력한 부모는 과잉 음주에 의지하곤 한다. 가정에서 폭군 또는 폭력적이고 학대적인 남편이나 부모가 되기도 한다. 폭력적이거나 알코올중독 가정에서 성장한 아이들은 종종 분노, 원망, 두려움, 자기 연민, 혼란으로 고통받는다. 이러한 상처는 때로 그들이 어른이 되었을 때도 깊은 영향을 준다.

case study

사례 2: 유년기 가정폭력의 결과로 인한 우울증

한 어머니가 30세의 아들과 함께 내 사무실로 찾아왔다. 아들이 대학을 졸업한 후 무직으로 집에만 있다는 것이다. 아들은 우등생이었는데 오랫동안 직업을 갖지 못했다. 직장에서 큰 목소리로 소리치는 상사가 있으면 그냥 도망쳐 직장으로 돌아가지 않았다. 이제 아들은 집에 있으면서 컴퓨터 앞에만 앉아 있다. 그는 정오에 일어나서 새벽 2시에야 잠을 잔다.

가족사를 물었더니 아들이 아주 어렸을 때 남편이 아내를 때리곤 했다고 말했다. 10, 11세가 되었을 때, 아들은 어머니를 보호하고자 부모 사이에서 말리곤 하였다. 어느 날 밤 남편이 귀가하기 전에 어머니는 아들을 데리고 집을 나왔다. 아이들이 폭력적 분위기와 양육적 부모의 부재에서 성장하면, 어른이 되었을 때 타인과 관계를 형성하거나 신뢰하는 데 어려움을 가질 수 있다. 이는 그들 자신의 자발적 표현이 장애를 받기 때문이다.

③ 전통과 문화적 장애물

전통으로부터의 장애물은 문화 내에 담겨질 수 있다. 부족 간의 전쟁, 갈등은 일반적으로 문화적 · 종교적 차이의 결과다. 하나의 신념체계와 하나의 문화적 규범에 묻혀 있을 때, 우리는 종종 인생의 지속적인 성장과정을 따르지 못할 수 있다. 이때 우리는 자발성을 잃고 자동화된다. 자신의 문화적 가치와 규정들이 종종 익숙하지 않은 문화의 사람들이나 서로 다른 환경에서 성장한 인종이나 민족과 자발적으로 관계를 형성하는 데 장애물이 되곤 한다. 인도의 브라만 제도는 법으로는 금하고 있지만 아직 만연해 있다. 인도의 최하층 계급 사람들은 아직도 노예보다도 못한 처우를 받고 있다.

④ 인종차이로 인한 장애물

인종차이로 인한 장애물은 현대 질병이다. 하지만 인종갈등은 아프리카에서의 노예무역보다도 앞선 것이다. 미국과 같은 고도의 민주주의 국가에서도 여전히 인종차이로 인한 장애물이 존재한다는 것은 불행한 일이다.

(2) 장애물의 영향

중국철학과 중국 전통의학에 의하면, 사람들은 환경과의 상호작용 내에서 신체적 · 정서적 · 영적 균형을 유지하려는 성향을 가지고 있다. 이 균형과 조화를 유지하고자 사람들은 특정한 행동 반응에 의존한다. 이상적인 환경 내에서는 반응들이 일반적으로 환경에 적합하고 조화를 이룬다. 그러나 역경의 상황에서는 왜곡된 반응이 일어날 수 있다. 예를 들어, 서너 가지 불운한 사건이 트라우마의 원인이 될 수 있고, 충족되지 못한 욕구가 미해결된 상황으로 남을 수 있다. 또한 욕망이 애착으로 이어질 수 있으며, 문화에 대한 순응이 타인의 가치관을 선호하고 자신의 개인적 가치관을 부정하게 할 수 있다. 이 모든 것은 그 순간 인간의 자연적이고 자발적인 경험을 우회시키는 것이다. 즉, 개인에게는 신체적 · 정서적 · 영적 곤경의 원인이 되고, 신체 내 그리고 사회, 자연계 및 우주의 상호작용에서 에너지 차단의 원인이 된다. 에너지 차단은 과거나 어떤 미해결된 상황 또는 미래에 대한 기대에서 생길 수 있다.

에너지 차단은 자아의 생물학적, 심리적, 사회적 또는 영적 범위 내에 머무를 수 있다. 앞에서 말한 바와 같이, 중국 한의사들은 질병을 에너지 차단, 에너지 불균형과 부조화의 결과로 본다. 에너지 불균형과 부조화는 외적 원인과 내적 원인을 가질 수 있다. 외적 원인은 외부로부터 병원체의 침입으로 인한 결과로서, 계절 변화로 인한 열, 냉기, 바람, 습기 때문일 수도 있고 환경으로부터 전달된 질병의 병원체 때문일 수도 있다. 내적 원인은 여섯 가지 정서의 불균형이다. 즉, 두려움, 분노, 슬픔, 불안, 강박적 사고 그리고 충격이다. 또한 이러한 차단은 환경 내에서 중요한 타인과의 건강하지 못한 상호작용 결과와 같은 심리적 요인이 원인일 수도 있다.

만성화된 트라우마와 방치로 고통받는 아이들은 종종 심리적 곤란을 가지고 성장한다. 이들은 삶 속에서 자신에게 적합하지 않은 역할이나 타고난 성향에 비해 과도한 역할을 맡도록 강요받을 수 있다. 자신에게는 어색한 가치관을 가지고 살아야 할 수도 있다. 그들은 자기경멸감을 느끼고 스스로를 무가치하게 볼 수 있다. 그들의 자존감은 타인에 따라 달라진다. 거부에 대한 두려움으로 인해 자기 자신의 욕구와 바람에도 불구하고 남을 더 즐겁게 하는 사람이 되어 가거나 인정받고 싶은 욕구의 노예가 된다. 이것은 때로 그들이 심각한 우울증으로 빠지는 원인이 되거나 자기파괴적 행동을 하게끔 만들기도 한다.

두려움은 종종 사람들로 하여금 경계적이 되게 하고 통제하려는 욕구를 만들어 내기도 한다. 이들은 사회의 인정을 쟁취하고자 모든 개인적 상호작용과 행동들을 통제한다. 그들은 타인을 구하러 가기도 하고 때로는 타인의 존엄성, 자유, 자존감을 고려하지 않기도 한다.

가정 내의 폭력과 학대 패턴은 종종 비밀로 남아 있는데, 가족들이 수치감을 느끼게 되거나 사회적 거부와 비난의 원인이 될까 두려워하기 때문이다. 이런 방식으로 건강하지 못한 행동 패턴은 종종 도전받지 않은 채 세대를 따라 지속되고 마침내 용기 있는 누군가에 의해 공개적으로 드러난다.

상속된 가치관, 이념, 관념, 판단, 문화화 그리고 모레노가 말한 바 있는 문화보존성은 창조성이나 온전한 인식에 장애의 원인이 된다. 부모나 사회적 환경의 영향을 받는 경우, 그 사람은 타인의 가치관, 태도, 신념을 자기 것으로 채택한다. 이러한 것들을 일반적으로 세상에, 타인들에게 또 자기 자신을 향해 주장한다. 따라서 이러한 사람은 자기 자신의 개성을 무효화하게 된다. 타인의 가치관으로 기능하면서—문화보존성—자기 자신의 개인적 삶에 대한 인식을 차단하거나 자기실현과 자발적 성장에 대한 독특한 욕구를 차단한다.

주위로부터 인정을 쟁취하기 위하여 아이는 스스로 개별적인 과정을 따르기보다는 일련의 생소한 가치관에 따라 지각하고 행동하기 시작한다. 이런 경우, 아이는 자신의 충동이 공격적이든 온유한 것이든 간에 그 충동을 억제한다.

아이는 사랑받기를 원하는 대상으로부터 사랑을 쟁취하기 위해서 이러한 충동을 주위가 아닌 자기 자신에게 돌린다. 또는 사회적 · 문화적 가치관이 이러한 충동의 표현을 단순히 부정하기 때문에 충동을 억제한다. 자기통제라는 바람직한 행동을 배운 후 아이는 충동을 의도적으로 억제한다. 따라서 자신의 즉각적인 욕구는 인식되기를 거부당한다. 이렇게 함으로써 아이는 호나이가 말한 바와 같이, 자신의 진정한 자기(real self)로부터 소외되는 것이다(Horney, 1950, p. 157ff.).

타인으로부터 습득한 관념과 심상, 가치관은 자신과 현실 간에 장애를 만들고, 행동을 구속하며, 인생 경험을 왜곡시킨다. 환경에 의해 이렇게 통제되는 사람들은 자기 자신의 판단과 욕구를 불신하게 된다. 그리고 타인의 판단과 평가를 자기 것으로 받아들인다. 즉, 환경이 제공하는 것이면 무엇이든 취하며 그것을 타당한 것으로 수용한다. 이렇게 함으로써 이들은 더 이상 자기 자신의 느낌과 욕구에 주의하지 않는다. 또한 부지불식간에 그들이 받아들인 가치관과 판단을 소화하지 않은 채 삼켜 버리는 것이다.

모레노의 용어로 하자면, 이러한 사람들은 역할 놀이를 어떻게 하는지 또는 맥락에서 스스로의 역할을 어떻게 창조하는 것인지 배우지 못한 채 역할 맡기 단계들을 거쳐갈 뿐이다. 이들의 행위는 타인이 말하는 '해야 하는 것'과 '하지 말아야 하는 것'에 의해 지배된다. 이들은 자발성이나 창조성이 결여된 자동인형처럼 기능한다. 느껴야 하는 것을 느끼고, 바라야 하는 것을 바라고, 사랑해야 하는 것을 사랑한다. 이들은 문화보존성에 의해 온전히 통제되는 것이다. 이들은 타인의 규범과 이에 수반되는 감정 상태에 의해 조건화된다. 이러한 규범이나 문화보존성은 이들이 지각하는 바를 분해하고 실제 보면서 행동하는 것을 하지 못하게 막는다. 이러한 방식으로 이들의 내적인 욕구는 환경에 의한 '해야 하는 것'과 '하지 말아야 하는 것'과 충돌을 일으키는 것이다.

타인의 가치체계에의 구속, 비평에 대한 두려움, 타인에 대한 강한 의무감 그리고 헛된 희망에 몰입하는 것은 매슬로에 의하면, '타인에 대한 신경증적 관여'라는 증상이다. 이러한 사람은 현재의 살아 있는 상황에 충만하게 참여하지 못하며 종종 성인으로서의 결정을 내리지 못하거나 어른처럼 행동하지 못한다(Maslow, in Anderson, 1977, pp. 19-22).

장애물의 기원과 영향에 대한 이와 같은 논의에서 볼 수 있듯이, 갈등은 자기 비난에서부터 발생한다. 자기 스스로의 타고난 성향을 무효화하는 것은 원래부터 자기의 실체를 분해시키는 과정인 것이다. 자연스럽게 일어나는 존재의 표현들—느낌, 욕구, 충동, 생각, 심상—이 억압되고 억제되고 또는 바람직하지 않은 것으로 변형된다. 자기의 한 국면이 다른 측면들을 지배하게 되는 것이다. 타인의 가치관이 저장되어 선별된 경험들을 차단하는 데 사용된다. 따라서 갈등이 생기는 것이다.

사람이 갈등을 경험할 수 있는 경우는 많다. 기본적으로 자기와의 분리나 구별, 타인과의 분리나 구별 또는 환경으로부터의 분리나 구별이 갈등을 만들며, 갈등 안에서 자기와는 맞지 않는 보다 높은 기준에 따라 자신을 끝없이 평가하고 있는 것이다.

비난, 두려움 그리고 강박적인 노력은 모두 에너지와 인식의 흐름을 차단한다. 두려움과 불안은 실제 상황이나 대상을 있는 그대로 지각하고 평가하지 못하기 때문에 존재한다. 경험을 분석하거나 평가하는 것으로부터 또는 상황을 '지금-여기'에서 실제로 경험하는 대신에 상황에 대해 아는 것으로부터 두려움이 생긴다.

살아 있는 상황은 역동적이고 유동적이며 추상적 개념으로 요약할 수 없는 현상이다. 만약 우리가 과거 경험에 의지한다면 우리는 상황 그 자체보다는 상황이라는 개념을 다루고 있는 것이다. 과거에 대한 반성적 인식을 '지금-여기'라는 실제 경험 순간에 통합할 수 없다. 따라서 현재 경험의 역동적 흐름은 방해를 받는다. 매슬로는 다음과 같이 말했다. "과거는 사람이 가지고 다니는 생명력 없고 소화되지 않은 이질적인 것이다." (Maslow, in Anderson, 1977, p. 18)

미래에 대한 애착은 또 다른 인식 장애의 수단이다. 미래에 대한 기대와 준비에 강박적으로 몰입하면 우리는 현재 일어나고 있는 것에 대해 갈수록 인식할 수 없게 된다. 인생의 유일한 목적이 미래를 위한 준비라면 우리는 현재 욕구에 대해 인식할 도리가 없다. 우리가 미래 지향적이라면 우리의 마음은 멀리 있는 목표물에 가 있는 것이다. 이러한 마음 상태에서 우리는 끝없이 자신에 대해 반성하게 되고, 목표를 충족하는 데 바람직한지 아닌지 그 가치를 판단하게 되는 것이다. 이러한 방식으로 우리는 자신의 유기체적 욕구를 소홀히 하게 된다.

이러한 종류의 인식 장애물은 헤리겔의 『궁술에서의 선』에서 잘 설명된다. 궁술 선생이 헤리겔에게 이렇게 말한다. "올바른 기술은 목표가 없고 목적이 없는 것이다! 과녁을 맞추기 위해서 활 쏘는 방법을 배우는 데 끈질기면 끈질길수록 성공하지 못하며 과녁은 더 멀어져 간다. 당신에게 방해가 되는 것은 너무

집착한다는 것이다. 내가 하지 못하는 것은 일어나지 않는다고 생각하고 있기 때문이다……. 목표를 달성하기 위해서는 자기 자신을 놓아 주어야 한다. 당신 스스로와 만사를 확실하게 뒤로 두면 목표가 없는 긴장 이외에는 아무것도 남지 않는다." (Herrigel, 1964, pp. 51-52)

마지막으로 흔히 볼 수 있는 장애물은 모든 사람이 나를 좋아하기를 바라는 강박적인 욕구다. 호나이는 이러한 인식 장애물의 성격에 대해 기술한다.

> 예를 들어, 모든 사람이 나를 좋아하기를 바라는 욕구가 강박적이 되면 바로 자신의 진실은 사라진다. 식별하는 힘도 사라진다……. 작업 그 자체에 대한 자발적 관심이 줄어든다. 게다가 서로 갈등을 일으키는 강박적 충동들이 통합력과 결정하고 지시하는 능력을 손상시킨다……. 통합하려는 시도를 보이기는 하나 신경증적인 임시적 해결이 또한 자주성을 박탈한다. 왜냐하면 이러한 충동들은 강박적인 생활방식이기 때문이다(Horney, 1950, p. 159).

인식과 자발성의 장애물의 영향에 대해 기술한 앞의 몇 가지 예에서 보았듯이, 각각의 장애물은 시간적 · 공간적 차원을 가지고 있는 것을 알 수 있다. 장애물은 일반적으로 과거, 미래 또는 개념의 한 지점으로 에너지를 몰입하도록 하는데, 이 지점은 현재의 실존적 시간 · 공간 밖에 위치한다. 따라서 인식의 장애물은 현재 시점 그리고 '지금-여기'와의 즉시적인 접촉을 방해한다. 자신이 경험하고 창조하고 있는 현상에 대해서는 아웃사이더가 되는 것이다. 그의 에너지는 현재 시점에 참여하거나 온전히 기능하지 못하는 수준에서 다양한 시간적 · 공간적 차원 안에 봉쇄된다.

장애물의 행위는 사람으로 하여금 타고난 욕구와 성향을 온전히 인식하고 반응하지 못하게 한다. 이러한 욕구와 성향이 무시될 때 이것들은 영원히 뇌리를 떠나지 않는 망령이 되는데, 마침내는 이것들에 관심을 두어야 할 때가 온다. 존 리빙스턴 로스(John Livingston Lowes)는 이러한 망령들, 즉 인간의 내현적 인식의 내용물을 '표현되지 않은 소용돌이치는 혼돈'이라고 불렀다. 이것들은 무질서하고 불확정적이기는 하지만 생명과 에너지로 가득 차 있다. 이들은 유기체적이고 역동적이며 긴장과 대안적 성향들로 가득 차 있다. 이것들은 아직 어떤 결정적인 창조 행위로 지시되지 않았던 이유 때문만으로 우리들의 인식 안에 있다. 흥미롭게도, '소용돌이치는 혼돈'은 창조성이 시작되는 곳이기도 하다. Yi Shu에서는 창조의 과정을 사용하여 의식 안에서 내현적으로 소용돌이치는 것을 외현적 인식으로 끌어낸다. 이러한 과정에서 치료자는 내담자가 에너지 차단을 해소하도록 돕는 것이다.

|제5장|

Yi Shu의 치료적 토대

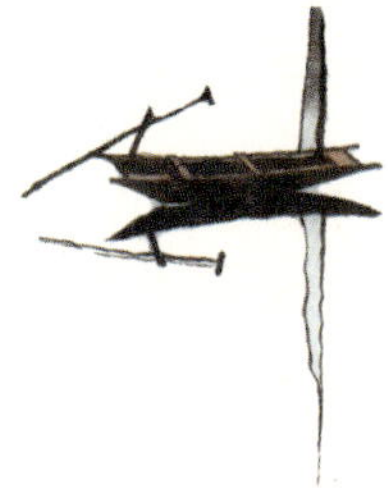

Yi Shu의 치료적 뿌리는 중국 전통의학, 기공, 심리극, 사회측정학, 미술치료, 음악 그리고 춤/동작으로 이루어진다.

중국 전통의학

1) 중국 전통의학에서 전체로서의 유기체

우주 만물은 공동 존재하고 공동 진화한다.

기는 만물을 관통하고 만물을 연결한다.

전체로서의 유기체 이론을 채택하고 있는 중국 전통의학에서는 인간, 사회 제도, 자연계가 유기체적 합일을 이룬다고 주장한다. 자연계에 살고 있는 사람은 자연환경의 변화와 밀접한 관련이 있다. 계절의 변화, 주야의 변화, 다양한 지리적 위치가 모두 인체와 건강의 조건에 영향을 준다. 중국 전통의학에서는 심리학과 같은 분야가 없다. 중국 전통의학은 전 인격을 다룬다. 그리고 정서의 치유에 관여하는데, 정서는 질병의 주요 원인이기 때문이다. 오행[26]이론과 음양이론을 토대로 한 중국 전통의학은 인간이 조화와 균형을 달성하여 전 인격이 되도록 돕는 데 목표를 둔다.

(1) 한 개인에서 전체로서의 유기체를 구성하는 정(精), 기(氣), 신(神)

중국 전통의학은 전체로서의 유기체 이론을 토대로 실천하며 인간성을 우주적인 것으로 본다. 사람은 대우주가 창조되는 과정 속의 하나의 소우주다. 사람은 태어날 때 삶의 세 가지 기본 요소를 부여받는다. 즉, 골수 안에 저장되어 있는 신체적 본질인 정(精, essnce), 흉강 내의 호흡인 원기(元氣, energy) 그리고 두뇌의 정신적 활동과 심장의 정서인 신(神, spirit)이다. 형이상학적으로 보면, 이 세 가지는 하늘, 땅, 사람의 세 가지 힘에서 시작된다. 신은 하늘에서 오고 정은 땅에서 온다. 사람은 원기라고 부르는 에너지를 가지고 태어나는데, 이 원기는 땅의 정과 하늘의 신을 흡수하도록 하며 신체와 정신, 마음(心)[27]에서 드러난다.

정은 인체의 기본 구성을 나타낸다. 즉, 골격, 혈액, 살, 내분비 호르몬, 효소, 신경전달물질, 내분비 체계 그리고 신진대사 속의 다양한 화학물질의 작용들을 나타낸다. 정은 생성을 위한 우주적 힘으로, 수정될 때 부모로부터 받는 것이다. 태어나면서 주된 정은 다음 세대에게 물려주기 위해서 콩팥, 생식기관 내에 저장된다. 출생 후의 정은 양식과 물로부터 합성되고 정제된 영양분으로부터 파생된다. 이것은 간, 혈액, 골, 골수에 저장된다. 정은 인간의 생명력으로 나타난다.

중국 전통의학에 의하면, 건강한 사람은 정, 기, 신의 조화와 균형의 자발적 상태를 유지하고 있다. 이들은 기가 아무런 장애 없이 각 신체기관 안의 경락 사이를 자유롭게 유동하는 것을 즐긴다. 이들은 외부 사회, 자연계, 정신적 세계와 소통하는 데 방해물이 없다.

기(氣)는 우주세계에 있는 물질적인 것과 정신적인 것, 유기체와 무기체, 보이는 것과 보이지 않는 것을 형태와 기능을 가진 하나의 유기체적 시스템으로 합일되게 해 준다. 이 체계는 도(道) 또는 길이라고 부른다. 도를 따르면 번성하고 도로부터 일탈하면 괴멸한다.

기는 각각의 세포와 조직을 스며드는 보이지 않는 요소를 나타내며 이들의 활력적 기능을 활성화한다. 기는 에너지로서 순환계, 내분비계, 소화기, 근육, 신경계를 활성화한다. 기는 개인적인 영역에서 두 가지 기본 원천으로부터 나온다. 하나는 태어날 때 부모로부터 물려받은 타고난 원기다. 또 다른 하나는 자연계의 식물과 신선한 공기로부터 얻은 것이다. 이러한 것으로부터 유래된 기는 내부 기관을 경유하여 전화(轉化)되어서 인체의 기가 된다. 기의 형성과정은 다음과 같다.

타고난 원기는 두 개의 콩팥 사이에 있는 명문(命門)에서 시작하여 위쪽으로 운행하여 중초(中焦)에 도달한다. 그곳에서 지라로부터 온 식물의 영양과 결합하고, 계속 위쪽으로 올라가 허파에서 들이마신 맑은 공기와 결합하여 마침내 기로 변한다. 인체의 기는 콩팥, 지라, 위, 허파, 부모로부터 물려받은 타고난 원기와 자연으로부터 얻은 물과 식물, 신선한 공기가 협동 작업하여 생성되는 것이다.

신(神)은 정신과 그 기능의 모든 측면을 일컫는다. 인간은 태어날 때 원신(元神)을 가지고 태어난다. 이것은 인식의 영원한 원천인 도(道)로부터 온다. 신은 만사를 포용하며 영원한 것이다. 출생 후 신은 음극과 양극 두 가지로 나누어진다. 음극은 두뇌에 자리 잡은 생각으로, 양극은 심장에 자리 잡은 정서로 간주한다. 신은 인간의 타고난 영특함과 지혜로 이해되며 이것은 신체에 활력소와 에너지를 준다.

중국 전통의학에서는 신체에서 기와 신이 화합하여 기능한다고 보았다. 왕성한 기와 활력적인 신을 가진 건강한 신체는 건강을 유지할 수 있다. 기와 영적 활력이 허약한 신체는 여러 가지 질병을 일으킨다. 중국의 전통 한의사들은 신체에게 기와 활력적 신을 공급하고, 이 양생(養生)의 기와 활력이 사라지지 않도록 고무함으로써 건강관리를 하도록 한다.

① 정(精)의 본질과 기능

정은 신과 기를 저장하고 또 영양을 공급해 준다. 이것은 신체적 인간 존재의 토대다. 정은 양생의 기를 제공한다. 출생 시의 정은 다음 세대를 번식하는 생식기관에 저장된다. 출생 후의 정은 액체에 의해 구성된다. 적혈구와 백혈구를 가진 혈액, 호르몬, 림프 그리고 점액 등이 그 예다. 모든 액체는 소화된 식물에서 발원된다. 정은 또한 여러 기관과 내분비선에서 생산된 효소들을 통해 기로 전화될 수 있다.

② 기(氣)의 본질과 기능

기는 네 가지 다른 부류로 나누어진다. 원기(元氣)는 태어날 때 물려받은 것으로 콩팥에 저장된다. 종기(宗氣)는 흉강(胸腔)에 저장된다. 이것은 허파로부터 들이마신 신선한 공기 및 자연에서 얻은 지라와 위장의 식물과 물의 양분으로 조성된다. 영기(營氣)는 섭취한 음식과 수분에서 얻은 것으로 혈액과 밀접한 관련이 있다. 그것은 폐경(肺經)을 따라 혈관으로 들어가서 혈액의 구성요소가 된다. 이것은 몸 전체를 따라 순환하면서 영양분을 제공하는데, 그 속에는 오장육부가 포함된다. 위기(衛氣) 역시 영양분 섭취에 근원한다. 이것은 병균의 공격으로부터 피부를 보호하며, 내장과 근육조직을 따뜻하게 하고 양육하는 데 기여한다.

기는 승(升), 강(降), 출(出), 입(入)의 네 가지 방식으로 운행된다. 승은 위쪽으로, 강은 아래쪽으로 운행하는 것이다. 그리고 출은 내부에서 밖으로 나가고, 입은 외부에서 안으로 들어오는 것이다. 이러한 기의 운행은 대단히 중요하며, 기가 없다면 생명은 끝나는 것이다.

이러한 네 가지 방식을 빌려 기는 내장의 기능과 혈액순환을 촉진한다. 하지만 모든 신체기관이 네 가지 방식의 운행을 가지는 것은 아니다. 예를 들어, 지라의 기는 위로 움직이고, 위장의 기는 아래로 움직인다. 그러나 기의 네 가지 운행방식은 반드시 조화와 균형을 이루어야만 건강한 삶을 확보할 수 있다. 기는 건강을 보장해 주는 데 유효하다.[28] 체내의 활력적 기는 병원체 요소의 공격을 막아 준다. 질병은 활력적 기[29]의 부족 때문에 생기는 것이다.

③ 신(神)의 본질과 기능

신은 정신과 마음의 모든 측면을 가리킨다. 모든 사람은 타고난 원신(元神)을 가지고 태어난다. 원신은 신의 궁극적 측면이고, 도가 존재하는 곳이며, 의식의 최초 근원이다. 이러한 타고난 원신은 태어난 후 우세해지는데, 사회와 개인의 제약하에 묻혔다가 의식적 인식으로부터 사라진다.

출생 후 신은 음 에너지인 정신적 활동〔靈〕과 양 에너지인 정서〔情〕로 나누어진다. 정신적 활동은 두뇌에, 정서는 심장에 자리 잡는다. 전자는 물 에너지와 관련되고, 후자는 불 에너지와 관련된다. 이것은 『황제내경(Yellow Emperor's Classic on Medicine)』의 「소문(素問, Simple Questions)」 16장에서 언급되고 있다. "머리(두뇌)는 정신적 활동의 원천이다." 이후 청나라 의사였던 왕청임(汪淸任)은 다음과 같이 말했다. "정신적 활동과 기억은 심장에 저장되는 것이 아니라 두뇌에 저장된다." 정신적 활동이 발생하면 투명해지고 평온해지며 차가워진다. 이것은 인간으로 하여금 최초의 도, 즉 인식의 본원과 연결되도록 해 준다. 불 에너지는 예측 불허하고 폭발적이며 쉽게 흥분한다. 그리고 반응이 신속하다. 정화된 불 에너지의 무한한 열정은 만물의 어머니인 도의 무조건적 사랑과 연결된다. 도가는 이 둘의 균형을 증진하여 평정, 조화, 안정, 명료, 활력 그리고 건강한 상태를 달성하고자 한다.

중국 초기 의학서적인 『황제내경』은 정, 기, 신의 통합을 강조한다. 이에 대해 「소문」 5장에서 언급하고 있다. "신은 심장에, 백(魄)은 허파에, 혼(魂)은 간에, 의(意)는 지라에, 지(志)는 콩팥에 자리 잡는다." 백, 혼, 의, 지는 모두 신의 측면이다. 신은 각각의 내장 속에 존재한다. 고대부터 중국 전통의학은 신체를 심리적 활동을 위한 물질적 토대로 간주하였다. 정신과 마음은 신체활동을 통제한다. 그것들은 신체의 변화를 일으키고, 특히 오장육부에 영향을 준다.

(2) 중국 전통의학에서의 음양이론

음양이론은 내장의 기능과 특징을 설명하는 데 사용된다. 오장은 음이고, 육부는 양이다. 음성 기관 중에 콩팥, 지라, 간은 음이고 허파와 심장은 양인데, 그것은 신체의 상부와 하부에 근거해서 나뉘어진다. 각 기관 내에서 기능은 양이고 실체는 음이다. 경락 역시 음과 양으로 나누어진다.

음과 양이 상대적인 균형과 조화를 이룰 때 건강이 보장된다. 정, 기, 신의 음양이 평형을 이룰 때 사람은 행복감을 경험한다. 질병은 일반적으로 음양의 불균형으로 인해 나타난다.

질병의 근본 원인은 임상적 증상과는 관계없이 음양의 불균형 때문이다. 음양이론은 질병의 진단과 치료에 사용된다. 예를 들어, 감기 증상을 치료할 때는 따뜻한 성질의 약초를 사용하고, 발열 증상을 치료할 때는 시원하거나 차가운 성질의 약초를 사용한다.

열병은 음의 부족, 즉 원기가 과도하게 소진된 결과다. 양이 왕성한 것은 음이 허약해서 발생된 것이므로 음을 보충해 주는 약은 반드시 양을 제어하는 것이어야 한다. 바꾸어 말하면, 음양이 모두 손상되었을 경우, 동시에 음과 양 두 가지를 조절해야 한다.

전통적인 중국문화에서는 과도한 반응, 쉽게 흥분하는 것, 뜨거움, 움직임, 강함, 밝음, 보이는 것, 뚜렷한 것, 실체 및 유형의 것은 모두 양에 속한다. 그리고 억눌리는 것, 차가움, 약함, 어두움, 무거움, 혼탁함, 보이지 않는 것, 비실체 및 무형의 것은 모두 음에 속한다.

신체는 보이고 실체이며 유형인 반면, 기는 보이지 않고 비실체이며 무형이다. 따라서 신체는 양이고 기는 음으로 볼 수 있다. 음과 양은 공존하며 상호 영향을 준다. 그 어느 것도 상대방이 없이는 존재할 수 없다.

마찬가지로, 정서는 비실체이고 무형이며 보이지 않는 기체(氣體)로 간주할 수 있다. 반면에 유형이고 볼 수 있는 실제 행위와 신체 증상은 실체다. 신체에 일어나는 것은 무엇이든지 기에서도 발생할 수 있다. 우리는 심리적 · 정서적 문제를 치료할 때 기를 직접적으로 치료하고 동시에 신체를 치료한다. 미술, 음악, 무용, 드라마의 창작 과정을 통해서 보이지 않는 것을 보이게, 무형을 유형으로 만들어 간다. 한 단계 한 단계 비실체를 실체화하고 정서를 관찰할 수 있는 것으로 변화한다. Yi Shu가 다른 유형의 심리치료와 다른 점은 유형의 신체와 무형의 기를 동시에 치료할 수 있다는 것이다. Yi Shu의 치료과정에서 기와 신체는 모두 동시에 치유된다.

case study

사례 1: 두려움이 원인인 야뇨증

50대 초반의 여성이 치료를 받으러 와서 자신을 학대하는 남편이 두렵다고 말했다. 이혼을 하지 못하는 이유는 두 사람 모두 기독교인이고 같은 교회에서 일을 하기 때문이라고 했다. 나는 그녀가 남편을 직면하도록 격려했다. 그렇게 하기 전에 우선 두 발을 바닥에 단단히 고정하고 숨을 깊게 들이쉬도록 했다. 두 손은 둔부에 놓고 낮은 부위의 단전(丹田)[30]으로부터 '하' 소리를 내도록 했다. 이렇게 함으로써 그녀는 스스로 힘을 부여받기 시작했다. 이러한 연습은 분노감을 표현하고 에너지 경로를 통하도록 도왔다.[31] 또한 자신감이 내면화될 때까지 여러 차례 무대 주변을 자신감 있는 사람처럼 걸어다니도록 했다.

보조자가 남편 역할을 맡았다. 남편을 만나자, 그녀는 두려움에 차서 자세가 흐트러졌다. 그녀는 남편을 향해 분노감을 표현하지 못했다. 나는 이렇게 물었다. "예수님이 화를 낸 적이 있었나요?" 그러고 나서 하나님께 화를 내도록 허락해 달라고 요청하도록 제안했다. 이후 그녀는 분노를 표현하고 나서 심하게 울기 시작했다. 그러고 나서 집단원들이 그녀를 요람에 넣어 위로해 주었다.

심리극이 끝나고 집단 안의 모든 사람은 그녀에게 스스로를 돌볼 수 있을 정도로 강하다고 말하도록 격려되었다. 다시는 학대를 당하게 스스로를 내버려 두지는 않을 것이라고 말했다.

2년 후, 그녀는 자신에게 야뇨증 문제가 있어 치료를 받으러 왔음을 집단에게 말하기가 매우 수치스러웠다고 말했다. 결혼 후부터 이 문제가 나타났으며 거의 20년 되었다고 한다. 그런데 치료 이후에 그 증상이 없어졌고, 현재는 이혼을 생각하고 있다고 한다. 나는 부부치료를 받도록 격려해 주었다.

논의 두려움은 콩팥의 기가 줄어들고 흩어지게 하는 원인이 된다. 『황제내경』에 다음과 같이 적혀 있다. 만성적 공포는 콩팥 기능에 영향을 준다. 콩팥의 기 결함은 뼈, 청각, 두뇌 골수, 생식기 계통의 기능 부전의 원인이 된다. 그리고 이것은 방광에 영향을 준다. 내담자의 야뇨증은 만성적 공포로 인한 콩팥의 기 결함 때문이다.

(3) 건강에서의 오행이론

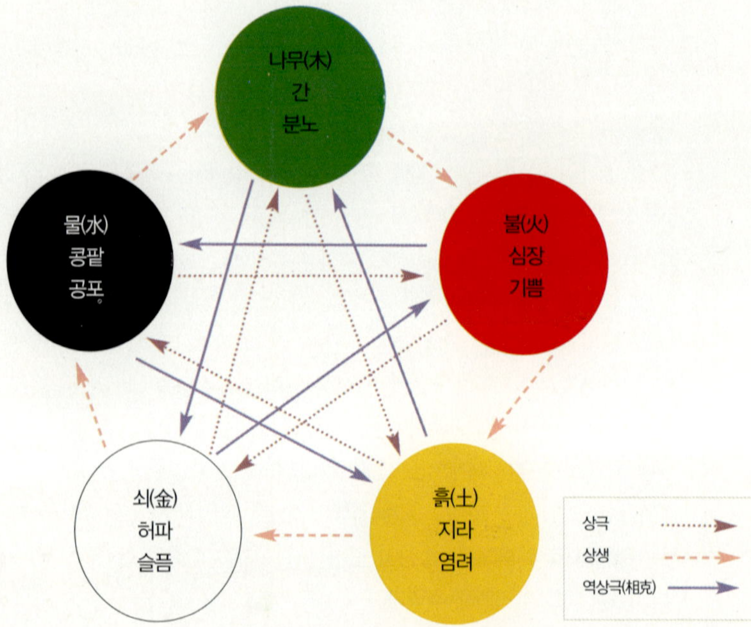

그림 5-1 오행의 상생상극

중국 전통의학에서 오행이론은 사람의 건강과 질병을 해석하는 데 사용된다. 이것은 진단과 치료에도 사용된다. 오행의 생성과 억제는 다섯 가지 음성 기관과 여섯 가지 양성 기관 간의 상호의존적 관계를 설명하는 데 사용된다.

각각의 내장 기관은 모두 오행으로 분류할 수 있으며, 진화과정에서 상생상극한다. 예를 들어, 콩팥은 수(水)에 속하며, 목(木)에 속하는 간에 영양을 공급한다. 이것이 바로 수생목(水生木)이다. 목(木)에 속하는 간은 혈액을 저장하여 화(火)에 속하는 심장에 영양분을 공급한다. 이것이 바로 목생화(木生火)다. 화(火)에 속하는 심장은 토(土)에 속하는 지라를 따뜻하게 한다. 이것이 바로 화생토(火生土)다. 토(土)에 속하는 지라는 식물의 양분을 전환하고 또 금(金)에 속하는 폐에 영양을 공급한다. 이것이 바로 토생금(土生金)이다. 그리고 금(金)에 속하는 폐는 수도(水道)를 소통시켜서 수(水)에 속하는 콩팥을 도와준다. 이것이 바로 금생수(金生水)다.

상극의 과정은 다음과 같이 설명된다. 허파(金)는 간(木)의 성장을 저지하는데, 즉 금극목(金克木)이다. 간(木)은 굼뜬 성질의 지라(土)를 제거, 조정하는데, 곧 목극토(木克土)다. 지라(土)는 영양소의 전달을 책임지며 수분대사를 촉진하고 콩팥(水)의 물이 가득 차 넘치는 것을 예방하는데, 바로 토극수(土克水)다. 콩팥(水)은 심장(火)이 과도하게 왕성해지는 것을 견제하는데, 바로 수극화(水克火)다.

오행과 서로 대응되는 오장육부는 각각 대응되는 다섯 가지 색상(청, 적, 황, 백, 흑), 다섯 가지 소리(외침, 웃음, 한숨, 울음, 신음), 오음(五音) 그리고 칠정(七情)을 가지고 있다. 허파는 불안과 슬픔과 관련된다. 심장은 기쁨과 충격과 관련된다. 간은 분노와 관련된다. 콩팥은 공포와 관련된다. 지라는 강박적 사고와 염려와 관련된다. 중국 전통의학은 다섯 가지 진화단계이론을 채택하여 신체와 자연환경의 관계를 연구하였다. 〈표 5-1〉은 중국 한의사들이 본 이들의 상관관계다.

표 5-1 **건강과 오행**

요소	음 기관	양 기관	오관	정서	소리
목	간	담낭	눈	분노	외침
화	심장	소장	혀	기쁨, 충격	웃음
토	지라	위	입	강박, 염려	한숨
금	허파	대장	코	불안, 슬픔	울음
수	콩팥	방광	귀	공포	신음

문진(問診)과 진맥을 사용하여 병상을 진단하는 것 이외에 색상과 맛을 내부기관과 연결할 때 역시 진단과정에 도움이 된다. 예를 들어, 청록의 얼굴색을 하고 있고 신맛을 선호하는 환자의 경우 간 질환이 의심된다. 붉은 얼굴색에 쓴 맛을 좋아하는 환자는 화병이 의심된다. 지라에 기 결함이 있는 환자는 청록 얼굴색을 보일 수 있다. 이것은 '나무가 흙을 억제할 때(木克土)' 다. 검은 얼굴색은 심장에 문제가 있음을 말한다. 이것은 '물이 불을 억제할 때(水克火)' 의 예다.

(4) 정서- 질병의 내적 원인

정서는 외부세계에 대한 반응이거나 내적 이미지, 꿈, 환상에 대한 반응이다. 이러한 정서적 반응은 장기의 기능에 영향을 주며 다양한 호르몬 생성을 촉진한다. 또한 기의 움직임에도 영향을 준다. 예를 들어, 기쁨은 기의 움직임을 느리게 한다. 분노는 기를 상승하게 한다. 슬픔과 불안은 기가 흩어지게 한다. 공포는 기를 하강하게 한다. 충격은 기가 흩어져 사라지게 한다. 염려와 강박적 사고는 기를 침체시킨다.

서양의 용어로는, 정서와 심리 요인으로 야기된 질병을 심리신체적 질병이라고 부른다. 한편 중국 전통의학에서는 질병의 원천이 외적 혹은 내적이라고 본다. 외적으로 야기된 질병은 외부 병원체의 침투 결과로서 계절 변화에 따른 열기, 냉기, 바람 또는 습기나 환경으로부터 온 유행성 질병의 병원체 때문이다. 내적으로 야기된 질병은 정서적 불균형의 결과다. 정서는 외적인 자극 또는 내적인 이미지와 호응한다. 앞에서 언급한 것처럼, 사람의 신(神)은 음과 양 두 측면을 가진다. 음 측면은 두뇌에 정신활동으로 자리 잡고, 양 측면은 정서로서 심장에 자리 잡는다.

중국 전통의학에 의하면, 신은 사람의 모든 인지와 정서를 다스린다. 과다한 정서는 관련된 오장육부에 영향을 주기 전에 우선 심장에 손상을 준다. 예를 들어, 심장은 사랑과 기쁨을 주관한다. 심장은 슬픔을 억제할 뿐 아니라 모든 과다 정서를 억제한다.

정서와 건강 이론은 중국 전통의학에서 5,000년 전에 언급되었다. 오장육부는 정신활동의 기관 내 조직의 근원이다. 정서활동에서 이상한 변화는 이런 오장육부의 기능에 빈번히 영향을 준다. 돌발적이고 폭력적이거나 혹은 지속적인 정신적 자극은 이런 내장에 있는 기의 기능을 손상시킨다. 이러한 기의 손상은 혈액을 혼탁하게 만들고 기관 내 음양의 균형을 혼란시킨다. 중국 전통의학에 의하면, 분노는 간을 손상시키고, 지나친 기쁨은 심장에, 염려와 강박은 지라에, 불안과 슬픔은 허파에, 공포와 놀람은 콩팥을 손상시킨다.[32] 기쁨과 즐거움은 기혈의 순환을 도모하고 정신을 북돋운다. 이것은 슬픔과 우울을 치료할 수 있다.[33]

전통적인 한의사들은 여덟 종류의 정서적 변화가 질병을 일으킨다고 지적했다. 그것은 비애, 불안, 근심, 분노, 공포, 격렬한 기쁨, 강박적 사고 그리고 염려 등이다. 뒤이어 이러한 정서가 건강에 미치는 영향에 대해 간단하게 설명할 것이다.

음양오행이론에 영향을 받은 중국 한의사들은 다양한 방법으로 환자의 특정 정서를 일으킴으로써 기타 과다한 정서를 억제하거나, 또는 내담자의 경맥 속의 음양 에너지의 균형을 맞추고자 하였다.

다음은 전통적인 한의사들이 오행의 상생상극으로 정서적 문제를 해결하는 것을 기술한 것이다. 슬픔을 기쁨으로, 분노를 슬픔으로, 불안을 분노로, 공포를 강박적 사고로, 격렬한 기쁨을 공포로 억제한다. 정서를 가지고 정서를 억제하는 과정은 기혈의 순환을 촉진하고, 나아가 신체의 각 계통 간의 조화와 균형을 유지하는 데 있다. 정서를 적절하게 풀어 주는 것은 바로 정서를 적합하게 조절하는 것이다. 중국 전통의학에서는 오행의 상생상극이론을 사용하여 정서를 조절하였다.

사회환경과 대인관계는 정서활동에 영향을 준다. 정서는 언제나 타인과의 접촉, 갈등, 다툼 속에서 나타난다. 강렬한 기쁨, 분노, 슬픔, 불안, 공포 등의 정서는 질병을 악화시킨다.[34] 격렬한 정서적 자극이 있는 환경 속에 지속적으로 노출되면 개인의 정서적, 심리적 부조화를 초래할 수 있다.

case study

사례 2: 심리치료에서 음양오행이론의 사용

1982년 정신치료센터 입원부에서 일을 했을 때 성에 대한 일련의 세미나가 있었다. 나는 성에 대한 영상이 나올 때마다 한 내담자가 잠이 드는 것을 보았다. 그가 나의 미술치료 시간에 들어왔다. 그의 문제는 사회적 소외와 우울이었다. 그의 그림 중 하나는 방 한가운데 태아의 자세를 하고 숨어 있는 슬픈 소년의 모습이었다. 나는 그에게 소년의 역할을 맡도록 하였고 그에게 몇 살인지 물었다. 아이는 아홉 살이라고 말했다. 이완과 유도된 이미지를 가지고 아홉 살 아이의 시간과 공간에 있도록 워밍업을 하였다. 그 과정에서 내담자는 아버지와 삼촌이 모두 성적으로 그를 추행했던 사실을 알게 되었다. 어머니에게 위로를 받고자 갔을 때 어머니 역시 아이를 추행했다. "그때 어떻게 했어요?"라고 내가 물었다. "나는 3층 다락방에 숨어서 울었어요." "지금 몇 살이에요?" "서른다섯 살이에요."라고 그가 말했다. "얼마나 오랫동안 숨어 있었나요?" 나는 상담실에 있는 벽장에 가서 숨도록 하고 말했다. "자, 거기 가서 그대로 있어요." 그는 벽장에 들어가 울기 시작했다. 나오고 싶어 하지 않았다. 나는 음양의 역설을 이용했다. "거기 그대로 있어요. 나오지 마세요. 당신은 지금 서른다섯 살밖에 되지 않았어요. 26년을 더 기다려도 돼요. 그래도 예순한 살밖에는 되지 않을 거니까요. 그래도 늦진 않지요."라고 내가 말했다. 그는 매우 화를 내며 내게 소리쳤다. "선생님이 뭔데요?" 벽장에서 뛰쳐나와 벽장문을 힘껏 닫은 후 계속 울었다. 이전에 흘렸던 것보다 훨씬 더 많은 눈물을 흘렸다. 그러고 나서 나는 내담자에게 벽장을 보도록 했다. "이제 아홉 살로서 무엇을 하고 싶니? 지금 저 아이를 위해 무언가 해 줄 수 있는 유일한 사람은 바로 너야." 그는 자기 자신에게 잘해 주기로 결심했고 사람들을 피하는 대신 친구들을 만들기로 결정했다.

논의 잠이 든다는 것은 성에 관한 이슈에 대한 불안, 공포, 분노, 우울이라는 고통을 피하는 하나의 방법이었다. 내담자는 부모 모두에게 성적으로 학대당했다. 보호를 받을 장소는 없었다. 표현되지 않은 정서들이 그의 에너지를 가라앉고 흩어지고 사라지게 만들었다.

이 과정을 오행이론으로 설명할 수 있다. 분노는 간, 나무 요소와 관련되고 슬픔은 허파, 쇠 요소와 관련된다. 쇠가 나무를 다스리는 것처럼, 슬픔은 분노를 압도시킨다. 내담자는 우울증으로 치료센터에 왔다. 슬픔으로 압도되어 있었다. 그리고 그는 종종 멍해 보였다. 그의 기는 간과 허파에 침체되어 있었다. 분노의 표현은 그의 에너지를 상승시켰고, 기와 혈액순환 모두를 증진시켰다. 분노와 슬픔의 정서가 해소된 후 그의 얼굴은 빛이 났다. 평온한 상태, 균형과 조화의 상태에 도달한 것이다. 치료센터에서 다른 입소자들과 더 잘 교류할 수 있었다. 지금 그는 매우 행복했고, 많은 친구를 사귀며, 미술작업을 지속하고 있다.

비애(grief)는 음 기관인 허파를 손상시키고, 신(spirit)을 담는 심장에 영향을 주며, 양 기관인 소화 대사의 모든 단계를 조절하는 삼초에 영향을 준다. 슬픔은 기의 흐름을 심하게 방해할 수 있다. 따라서 불감증과 만성 변비는 슬픔의 결과일 수 있다.

불안과 슬픔(sadness)은 음 기관인 허파를 손상시키고, 양 기관인 대장에 영향을 주며, 기 체류의 원인이 된다. 그 결과, 천식과 과민성 대장 증상이나 변비 등의 현상이 나타날 수 있다.

Yi Shu은 내담자가 스스로 정서를 조절하도록 돕는다. 이 과정을 보여 주는 몇 가지 사례가 있다.

case study

사례 3: 비애, 불안, 분노가 원인인 변비

52세의 이혼녀인 판 씨 부인은 심리치료를 받으러 나를 찾아왔다. 그녀는 심리극 집단에 들어왔다. 그녀가 내놓은 문제는 아들이 사춘기를 거치면서 다루기 어렵다는 것이었다. 아이는 종종 무단결석을 하고 새벽 2, 3시까지 밖으로 돌아다녔다. 아이가 남편으로부터 학대를 받았었기 때문에 그녀는 어떠한 방법으로든 아이를 야단치거나 훈계하는 것을 회피했다. 그러나 아이의 상황이 점점 악화되었다. 아이는 학교에서 성적도 떨어지고 그녀에게 신랄하게 대했다. 그녀는 분노, 불안, 슬픔을 계속 삼켜 왔다.

판 씨 부인은 만성 변비로 고생하고 있었다. 치료를 시작했을 즈음 변비가 심했다. 중국의 한의사와 서양 의사들을 찾아다녔고 수술을 할 참이었다. 항문에 돌처럼 단단한 덩어리가 박혀 있는 것을 느꼈다. 얼굴색은 잿빛이었다.

나는 유도된 심상을 이용하여 바닥에 눕도록 하였다. 숨을 깊이 쉬도록 하고 양손으로 위 부분을 문지르도록 하였다.

치료과정은 그녀의 삶 속에서 상처를 주었던 전남편과 타인들에게 향한 분노를 표현하도록 인도되었다. 분노 표현 후, 그녀는 깊이 흐느낄 수 있었다. 나는 그녀의 척추 주위의 독맥(督脈)에 작업을 하면서 수년간 삼켜 왔던 모든 소리를 뱉어 내도록 하였다. 이후, 집단원 중 부모 역할을 선택하도록 하였고 그들이 그녀를 안고 위로했다.

회기가 끝나고 그녀는 활기를 느꼈다. 얼굴색이 잿빛에서 분홍빛으로 변했다. 다음 날 변비가 나았다고 말했다. 2년 후 추적조사에서도 그녀는 여전히 변비로부터 자유로웠다.

논의 그녀의 슬픔, 불안, 분노는 경맥 내에 기의 흐름을 차단했고 허파, 간, 대장 내에 기가 체류하게 만들었다. 흐느껴 울면서 허파에 막힌 기가 뚫렸다. 분노 표현은 간에서 기의 흐름을 조화롭게 했다. 복부를 둥글게 문지르는 것은 장기의 기 흐름을 도와주는 기공 동작이다. 독맥[35]은 신체의 모든 경맥을 연결해 준다. 이 경락을 뚫어 줌으로써 신체의 모든 기 기능을 원활하게 만들었다. 심리극 과정에서 가족과의 미해결된 문제를 다루도록 도왔고, 상황에 대한 지각을 바꾸도록 했다. 역할 훈련을 통해 가족원들에게 어떻게 자기 표현을 할 수 있는지도 배웠다. Yi Shu 과정은 그녀의 정서를 조절하도록 했고 대인관계에 익숙하게 했다. 위로는 그녀의 심장에 기쁨을 가져왔고 정서를 조화롭게 해 주었다.

분노는 음성 기관인 간과 양성 기관인 담낭을 손상시킨다. 과도하고 만성적인 분노는 기가 상승하도록 만들 수 있으며 고혈압, 현기증, 두통 등을 초래할 수 있다.

case study

사례 4: 과도한 분노가 원인인 두통

집단원 한 사람이 엄청난 두통을 호소했다. "머리가 터질 것 같아요." 그녀는 가슴이 조이고 호흡에 어려움을 보였다. 그녀는 35세의 장애 여성이었고, 일어나고 걸어다니는 데 어려움이 있었다. 나는 그녀를 바닥에 앉힌 후 뒤로 젖혀지는 의자에 기대도록 했다. 그리고 등, 목, 머리를 베개로 지탱하게 했다. 최대한 아주 큰 소리를 지르고 외치도록 했다. 그녀는 소리 지르고 외치고 욕을 하면서 바닥을 오른쪽 주먹으로 두들겼다. 왼손으로는 눈을 가리고 말했다. "빛이 보기 싫어요. 사람들이 보기 싫어요." 그러고 난 후, 나는 누구에게 소리쳤는지 물었다. 그녀는 대답하지 않았다. 집단원 중 그 사람 역할을 뽑도록 했다. 나중에서야 삼각관계의 상황이 있었고 그 사람이 집단 내에 있음을 알게 되었다. 그녀는 그 상황이 노출되는 것을 어려워했다. 분노를 뱉어 낸 후, 그녀는 다른 집단원의 도움을 받아 엄청난 슬픔을 표현했고 많은 눈물을 흘렸다. 심리극이 끝난 후, 두통과 가슴조임이 사라졌다.

논의

분노는 간과 관련이 있다. 과도한 분노는 간의 기를 심장과 머리로 상승하게 하여 심한 두통을 일으킨다. 때로 과도한 분노는 심장마비의 원인이 되기도 한다. 슬픔은 허파에서 기의 흐름을 막는다. 주인공은 호흡에 어려움을 보였다. 소리치고 외치고 바닥을 두들기면서 분노를 뱉어 내게 하여 그것을 줄일 수 있었다. 슬픔은 허파, 즉 쇠 요소와 관련이 있다. 정상적 상황에서 이것은 간, 즉 나무 요소를 통제한다. 슬픔은 종종 분노를 억제하는데, 마치 쇠가 나무를 조각나게 하는 것과 같다. 비정상적 상황에서 나무는 쇠를 압도한다. 이 경우 슬픔을 억제하는 것은 분노다. 분노가 해소된 후 그녀는 흐느꼈다. 슬픔 역시 해소되었다. 이후 심리극에서의 만남을 통해 집단 내의 당사자와의 관계에 대해 해결할 수 있도록 도왔다. 집단원 중에서 좋은 친구 역할을 하게 하여 그녀를 안아 주게 한 것은 매우 중요한 과정이었다. 사랑과 관심은 모든 정서를 주관하는 심장에 속한다. 안겨서 위로를 받는 것은 그녀의 고통과 정서적 동요를 완화시켰다.

두려움은 음성 기관인 콩팥, 의지는 양성 기관인 담낭과 관련이 있다. 아동기 야뇨증은 콩팥의 기가 허약해진 결과일 수 있다.

case study

사례 5: 아동기 트라우마와 만성적 공포가 원인인 야뇨증

43세의 여성이 남편과 함께 치료를 받으러 왔다. 그녀는 그 나이에 아직도 야뇨증이 있다는 것을 수치스러워했다. 나는 음악과 자유로운 몸동작으로 고통스러운 기억을 드러내도록 유도했다. 그녀는 다섯 살 난 자신이 삼베로 만든 부대 안에 들어가 대들보에 걸려 있는 것을 보았다. 엄마가 내려놓을 때까지 울거나 소리를 내면 안 되었다. 왜 벌을 받아야 하는지 기억할 수 없었다. 그때부터 아이는 어둠과 버림받고 혼자 남겨지는 것에 대한 두려움으로 가득 차게 되었다. 그녀의 남편은 실험실에서 일했는데 종종 새벽 1, 2시에 귀가했다. 남편의 관심 부족, 늦은 귀가 시간은 그녀의 상태를 악화시켰다.

그녀는 치료를 통해 자신의 두려움에 직면하게 되었다. 방 안의 모든 불을 껐고 그녀 역할을 하는 보조자를 커다란 침대보로 감쌌다. 다른 집단원에게 엄마 역할을 하도록 하고 아이 역할을 하는 보조자 옆에서 나무바닥을 두들기며 때리는 소리를 내고 소리를 치게 했다(이 소리는 실제로 때리는 것보다 더 중요하다. 보조자가 다치지 않도록 하는 것에 유의해야 한다.).[36] 내담자는 눈물을 흘리며 멍해졌다. 두 발을 똑바로 서게 하고 심호흡을 하게 한 후, 단전[37]으로부터 '하' 소리를 내도록 했다. 이렇게 함으로써 에너지 통로를 뚫는 힘을 부여받을 수 있었다.

이후 그녀에게 물었다. "아이를 이런 식으로 다루는 것이 어머니로서 공평한 건가요? 다섯 살짜리는 이것에 대해 아무것도 할 수 없었어요. 지금 몇 살이지요? 이 아이를 보호하기 위해서 지금 무엇을 할 수 있지요?" 내담자는 매우 격노하며 엄마를 장면 밖으로 내몰았다(엄마 역할을 하는 보조자가 다치지 않도록 주의해야 한다.).

분노 표현 후, 그녀를 침대 매트리스에 엎드리게 했다. 그녀의 독맥에 작업을 함으로써 경락 내의 차단된 모든 기를 뚫었다. 입을 벌리고 비탄의 소리로 슬픔을 뱉어 내도록 했다. 그러고 나서 그녀에게 집단원 중 한 사람을 그녀의 긍정적 엄마 역할을 하도록 선택하게 했고, 그 엄마는 자장가가 들리는 가운데 그녀를 안고 있었다. 이후 그녀는 다섯 살짜리 자기 자신을 안고 위로할 수 있었다.

이 회기는 그녀의 신체적 자세와 소리에 집중하는 역할 훈련으로 마무리되었다. 그녀는 눈을 마주치며 매우 자신 있게 집단원 한 사람 한 사람과 인사를 하도록 격려되었다.

다음 날에는 치료에서 남편과의 관계를 다루도록 도왔다. 그녀의 두려움은 일반적으로 분노 형태로 표현되었다. 남편은 그녀의 나쁜 기질과 아이들에 대한 심한 처사에 대해 불평해 왔다. 장남은 가출했다. 추후 가족치료 회기에서 가정 내 대인관계에서의 기 차단을 치료했다. 부부치료 역시 권해졌다. 2년 후 추적조사에서 그녀의 야뇨증이 사라졌고 가족관계가 호전되었음을 보았다.

> **논의** 내담자는 어린 시절로부터 만성화된 두려움을 가지고 있었다. 중국 전통의학에 의하면, 두려움은 콩팥 내의 기를 흩어 버리거나 침체되도록 하며 성장과 발달에 영향을 준다. 특히 담낭에 영향을 준다. 오행의 상생상극이론에 의하면, 분노는 나무 요소이고 두려움은 물 요소다. 마치 물이 나무에게 영양분을 주는 것처럼, 두려움은 종종 분노를 만든다. 내담자가 분노를 표현하도록 격려함으로써 간과 콩팥에 있는 기 차단을 해소하게 도왔다. 사랑, 즉 심장 내의 순수한 에너지는 모든 것을 치유한다. 누군가가 그녀를 위로하고 안아 주게 함으로써 그녀를 진정시키고 그녀의 정서를 조화롭게 해 주었다. 역할 훈련은 두려움에 직면하고 또 다른 역할 행동을 맡도록 격려하였다.

충격은 갑작스럽고 예기치 않은 공포이며, 음성 기관인 심장과 주로 관련이 있다. 이것은 갑작스러운 심장마비의 원인이 되기도 한다. 충격을 그대로 두면 만성적 공포와 통증이 되며 음성 기관인 콩팥에 피해를 준다.

과도한 기쁨은 심장과 직접적인 관련이 있다. 여기서 과도한 기쁨은 과잉 흥분과 조증 상태를 말한다. 과잉 흥분과 조증을 가진 사람들은 종종 과다 활동의 심장 증상을 경험하고 불면이나 사고장애가 쉽게 유발된다.

강박적 사고와 염려는 음성 기관인 지라와 관련이 있다. 지라는 생각(意)을 담아둔다. 또한 양성 기관인 위와 관련이 있다. 염려의 결과는 피로감, 소화불량, 위통이다.

정서는 질병의 주요 원인이다. 전통적인 한의사들은 오행의 상생상극 원칙과 칠정(七情) 내상(內傷) 원칙을 믿는다. 이들은 행위와 여러 가지 책략을 사용하여 내담자의 정서 변화를 자극하여 오장육부 간의 불균형과 부조화를 바로 잡고자 한다.

- **기쁨으로 슬픔 누그러뜨리기** 이것은 내담자를 위로하고 즐겁게 일을 할 수 있도록 도와서 내담자가 평온해지는 결과를 낳는다. 고대 노래자(老萊子)라는 사람에 대한 이야기가 있다. 그는 기원전 599~479년 초나라 사람으로 유명한 도가 철학자였다. 72세가 되었을 때도 화려한 옷을 입고 어린 아이처럼 부모를 즐겁게 했다고 한다. 그는 이러한 효심의 행동으로 유명하다.

  심장은 인간의 정서 및 정신 활동을 다스린다. 어떠한 과도한 정서라도 늘 심장을 먼저 손상시키고, 그다음에 그 밖의 오장육부를 손상시키며 다양한 정서장애의 원인이 된다. 심장은 기쁨의 정서를 담당하는 책무를 지고 있다. 따라서 기쁨은 슬픔을 억제할 뿐 아니라 두려움, 불안, 분노 등의 과도한 정서를 바꿀 수 있다. 기쁨은 또한 기혈의 순환을 촉진하며, 정신(spirit)을 고무시킨다. 우울증과 같은 다양한 정서 또는 정신장애는 기쁨으로 치료될 수 있다. 그러나 극도의 기쁨은 심장마비의 원인이 된다. 정서적 균형과 조화야말로 가장 중요한 것이다.

- **슬픔으로 분노 누그러뜨리기** 치료자는 내담자의 과도한 분노를 확인하기 위해 슬프고도 비탄적인 말을 사용할 수 있다. 슬픔은 분노를 누그러뜨린다. 슬프고 비통한 말을 해 주는 것은 내담자를 움직이는 데 유용하다. 우울과

정서적 흥분은 종종 분노로 말미암아 생긴다. 내담자로 하여금 실컷 울게 해 주면 간 속에서 끓고 있는 분노에게 출구를 마련해 주는 것이 된다. 중국 전통의학에서는 격노가 간의 기 흐름을 위로 치솟게 하므로 슬픔이 기 흐름을 진정시키고, 심장마비나 편두통의 발작을 줄일 수 있다고 믿는다.

• **분노로 불안 누그러뜨리기** 치료자는 때때로 내담자에게 모욕을 주고 격노케 하여 내담자의 정체된 기를 원활하게 흐를 수 있도록 도울 수 있다. 이 과정은 내담자의 우울과 불안을 완화해 줄 수 있다. 목(木)에 속하는 노기는 토(土)에 속하는 불안을 억제할 수 있다. 침체된 기가 움직이면 불안은 감소된다. 이러한 방법을 사용할 때는 내담자의 자존심에 상처를 주지 않도록 유의해야 한다. 이때는 내담자의 사회적 지지체계를 사용하는 것도 대단히 중요하다.

• **강박적 사고로 두려움 누그러뜨리기** 이 과정은 내담자의 두려움을 완화시키기 위해서 내담자가 현재 상황에 대해 강박적으로 생각하도록 유도하는 것이다. 강박적 사고는 두려움을 억제한다. 치료자는 여러 가지 방법으로 내담자가 두려워하는 일에 직면하도록 유도한다. 목표는 내담자가 자립 능력과 자신감을 개발하도록 돕는 데 있다. 내담자는 내면의 힘을 끌어내서 두려움에 직면하고 자기 회의를 말소할 때 자연스럽게 두려움으로부터 자유로워진다. 중국 전통의학에서는 두려움이 기를 침체시키고 흩어지게 하며, 불안은 기를 침체시킨다고 믿는다. 그래서 불안으로 두려움을 막아 내는 것은 바로 뿔뿔이 흩어진 원기를 모으는 것이다.

• **두려움으로 과도한 기쁨 누그러뜨리기** 두려움을 사용하여 기쁨을 막아 내는 것은 내담자의 극도의 흥분을 감소시키는 방법이다. 이때도 역시 내담자의 자존심에 상처를 주지 않도록 주의해야 한다.

하나의 정서로 다른 정서를 막아 내는 방법을 사용하기 전에 치료자는 내담자의 신체적, 정서적, 심리적, 사회환경적 조건에 대해 잘 알아야 한다. 이 방법이 수세기 동안 중국 전통의학에서 임상연구를 통해 입증되어 왔으나 이 방법을 기계적으로 적용하는 것은 위험할 수 있다. 하나의 정서는 다른 여러 정서를 다스리면서 동시에 이들에 의해 통제된다. 예를 들어, 기쁨은 슬픔, 염려, 강박, 불안, 두려움, 분노의 여섯 가지 정서를 다스린다. 한편 두려움은 기쁨, 분노, 슬픔, 염려, 강박, 불안 등을 다스린다.

① 꿈은 마음의 균형을 맞추기 위한 시도다

최초의 진단 교과서인 「소문(素問, Simple Questions)」 17장에서는 다음과 같이 말한다. "음 에너지가 과도하면 두려움과 충격으로 가득 찬 많은 물을 건너는 꿈을 꾼다. 양 에너지가 과도하면 불에 타는 꿈을 꾼다. 음과 양이 모두 과도하면 서로를 죽이고 파괴하는 꿈을 꾼다……. 간 에너지가 과도하면 분노에 대한 꿈을 꾼다. 폐 에너지가 과도하면 흐느끼는 꿈을 꾼다……."

② 꿈 드라마는 마음의 균형을 맞추기 위해 사용될 수 있다

나는 내담자가 마음의 균형을 회복하도록 음악을 가지고 유도된 심상을 이용하여 공상의 과정을 진행하거나 상징 드라마를 사용한다. 꿈을 드라마로 행위화하는 것도 동일한 목적을 달성한다. 나는 꿈 드라마(dream theater)에서 내담자가 경험했던 꿈을 재연하도록 한다. 드라마로 행위한 후에 내담자는 잠 속으로 들어가 새롭고 조화롭고 균형 있는 장면을 창조한다.

③ 조울증은 고대 중국의 최초 의학서에서 발견되었다

1995년 여름, 나는 많은 학자가 주석을 단 『황제내경(Yellow Emperor's Classic on Medicine)』[38]이라는 중국 의학서를 발견했다. 그리고 여기서 5,000년 전 황제(Yellow Emperor)[39] 이전 시대부터 심리장애의 진단과 치료가 시작되었음을 발견했다. 조울증은 제22장 「영추(靈樞)」편에 기록되어 있었다. 우울은 일종의 긴장, 통제할 수 없는 슬픔, 실망, 권태나 정신이 산만한 상태 등으로 기술되어 있다. 조증은 정서적 흥분 상태, 들뜬 상태, 격노, 외침, 과도한 동작 또는 분노의 상태로 기술되어 있다. 이러한 두 가지 정서적 상태는 일반적으로 동시에 나타나거나 빠르게 교체되면서 나타난다. 황제와 그의 대신들은 내부 기관이나 경맥 내의 음양의 불균형을 조울증의 원인으로 보았다. 음이 과도하면 우울이고, 양이 과도하면 조증이다. 명나라 때, 우백(羽伯)이라는 의사는 우울이 심장 내의 혈액 부족 때문이라고 보았다.

④ 사랑은 모든 정서를 조화롭게 만든다

어느 날 저녁식사 중 알린이라는 내 친구가 갑자기 심한 두통을 호소했다. 그녀의 남편 밥은 자리를 떠나 밖으로 나가서 빨간 장미 한 송이를 가지고 돌아왔다. 그리고 아내에게 다가가 입을 맞추고 장미를 건네주었다. 그러자 기적처럼 알린의 두통이 사라졌다. 사랑이 알린을 치유한 것이다. 이것은 생물학적,

심리적, 사회적, 정신적 과정이다.

중국 전통의학에 의하면, 모든 정서는 심장과 관련이 있다. 심낭은 심장 주위의 막으로서 심장이 과도한 정서적 상처를 받지 않도록 보호한다.[40] 심장은 또한 양의 기운과 음의 기운을 담는다. 양의 기운은 창조성의 원천이자 고도의 의식, 지능 그리고 상징을 만들어 내는 능력이다. 음의 기운은 심장을 사랑의 신령한 성질, 즉 도의 정신과 연결해 준다. 심장의 기쁨은 양기이며 사랑은 음기다. 과도한 기쁨은 기를 느리게 하고 정신을 흩어지게 한다. 과도한 기쁨은 심장에 부조화를 가져올 뿐 아니라 기타 내부 기관을 불균형하게 만든다. 사랑은 심장의 음기로서 심장 내 기와 기타 내부 기관의 정서를 조화롭게 한다. 이것은 면역체계 내의 기 흐름을 촉진시키고 신체의 방어 체계를 증강시킨다. 정서가 균형을 잃으면, 심장이 먼저 영향을 받고 기타 내부 기관보다 먼저 손상을 입는다. 바꾸어 말하면, 사랑은 심장에 조화를 가져오는 동시에 기타 내부 기관에 정서의 균형을 가져온다. 그러므로 사랑은 모든 것을 치유할 수 있다.

(5) 에너지와 신체 체계의 주재자

① 심낭: 음의 기관

서양 의학에서는 심낭을 별개의 내부 기관으로 간주하지는 않는다.[41] 이 부분은 심장 주위에 자리 잡고서 과도한 에너지 파동으로부터 심장을 보호한다. 과도한 에너지 파동은 간으로부터의 분노, 콩팥으로부터의 두려움, 지라로부터의 불안, 허파로부터의 슬픔과 같은 정서적 동란(upheavals)이 원인이다.

② 삼초: 양의 기관

삼초(三焦)는 서양 생리학에서는 내과적 체계로 간주되지 않는다. 이론적으로 보면, 삼초의 실제적 성격은 불확실하다. 이것은 인체 내의 전체 에너지 체계의 기능을 조절하는 하나의 에너지 체계로 생각할 수 있다. 삼초는 상초, 중초 그리고 하초 세 가지로 나누어진다. 이 기관은 영양분 흡수(유동체, 공기, 음식물), 전화(소화, 순환) 그리고 배설을 관리한다. 상초는 혀 안쪽에서부터 위 입구까지 위치하며, 심장과 허파의 에너지를 조절한다. 중초는 위 입구에서부터 유문까지 위치하며, 지라, 위, 췌장의 에너지를 조절한다. 하초는 유문에서부터 항문, 요로, 생식기까지 위치하며, 간, 콩팥, 방광, 대장, 소장, 생식기의 에너지를 조절한다. 삼초의 에너지는 신체 내부와 체표(体表)를 순환하는 영기(營氣)와 위기(衛氣)다.

2) 요 약

전체로서의 유기체 이론을 적용하고 있는 중국의 전통적인 의사들은 인체를 우주적인 것으로, 그리고 오행(五行)의 진화과정과 음양의 교체로 조절되는 것으로 본다. 그들은 일곱 가지 정서의 관계를 관찰하고자 오행의 상생상극의 특성을 사용하였다.

인간의 정서는 오장육부와 밀접하게 관련되어 있다. 「영추」 8장, 본신(本神)에서는 다음과 같이 말한다. "간의 에너지가 흩어지면 두려움을 경험하고, 가득 차면 분노를 경험한다……. 심장의 에너지가 흩어지면 슬픔을 경험하고, 가득 차면 웃음을 참지 못한다……." "두려움, 슬픔, 불안, 강박은 신(神)에 손상을 주며, 손상된 신(神)은 끝없는 두려움을 만들어 낸다. 안에서 동요하는 슬픔은 생명의 상실을 가져올 수 있다."[42] 정서와 꿈은 질병의 내적 원인에 대한 중요한 정보를 알려 준다.

앞에서 언급한 바와 같이, 정(essence), 기(energy), 신(spirit)은 밀접한 관련성을 가진다. 음양의 균형과 조화는 건강에 필수적이다. 날씨의 춥고 더움, 달의 차고 이지러짐, 지구의 운행, 태양의 위치 등과 같은 환경의 변화는 모두 인간 정서와 내부 기관에 영향을 미친다. 중국인들은 최초로 생체 리듬(biorhythm)을 알아냈다. 사람은 각각 신체적 · 정신적 속성이 다른 개성을 타고나지만, 후천적 생활방식은 그들의 운명에 영향을 끼칠 수 있다. 심리적 부조화는 사회적 요소, 생리적 요소 및 내부 기관의 불균형에 근원한다.

황제와 그 전후의 중국 성현은 『주역(周易)』의 영향을 받았다. 그의 『황제내경』은 『주역』의 전체로서의 유기체 개념을 채용한 것이다. 이 경전에 의하면, 신체는 그 자체를 통합적 단위로 볼 수 있을 뿐 아니라 사회체계와 분리할 수 없는 관련성을 가진다. 그것은 자연계의 한 부분이자 전 우주 진화의 일부분을 형성한다. 우주 사이의 운행은 끊임없이 순환한다. 이러한 음양의 운행과정은 자연계의 변화와 인간사에 영향을 주는 것으로 보인다.

바람직한 건강은 덕(德)[43]의 표현 또는 진정한 자아의 자연스러운 통합이다. 덕은 원(元), 형(亨), 이(利), 정(貞)의 특질, 즉 진선미의 본질을 드러낸다. 이러한 것들은 도의 운행과정, 즉 우주적 에너지와 역량을 나타낸다. 건강한 사람은 정, 기, 신 및 내부 기관과 경락이 모두 균형과 조화의 상태에 있다. 그들은 타인, 자연계 그리고 우주 사이에 조화로운 관계를 유지한다.

칠정(七情)은 칠사(七邪)로 간주된다. 정서적 불균형은 내적 요인이 주된 원인이다. 많은 치유과정이 이 칠정의 균형에서 일어나며 정, 기, 신의 균형과 조화를 만들어 냄으로써 일어난다. 오행이론에 의하면, 정서를 가지고 정서를 제어함으로써 내담자가 정서를 배출하거나 분산하도록 적절하게 격려하는 것은 정서를 조화롭게 해 주는 방법이다.

중국 전통의학에서 정신적인 문제는 개인의 내부 기관이나 정, 기, 신 또는 사회와 자연계의 관계 내에서 조화와 균형의 부족이 원인이라고 본다. 사랑(음기)과 정서(양기)가 자리 잡고 있는 심장은 모든 정서를 조절하고 건강을 도모해 준다.

기공

기공(氣功)은 중국의 전통적인 치료방법의 하나다. 기공은 호흡하기, 관상(觀相) 그리고 우주로부터의 기를 양성하고 신체 내의 독소를 제거하여 체내의 독소를 배출시키는 데 도움이 되는 운동/동작의 형태다. 기공은 몸과 마음 그리고 정신의 음양의 요소를 균형 있게 한다. 그리고 건강한 개인의 마음, 사람과 사람 사이, 초개인적 관계를 촉진시킨다. 기공의 목표는 우주의 평정과 조화를 창조하는 것이다. 기공은 대략 두 가지 종류로 나눌 수 있다. 첫째는 동공(動功) 혹은 활동적 기공이고, 둘째는 정공(靜功) 혹은 명상적 기공이다. 태극권(太極拳)은 활동적 기공의 형태다. 명상적 기공은 심재(心齋, 몸과 마음 비우기)와 좌망(坐忘, 조용히 앉아서 모든 것을 잊기)으로 불린다. 명상적 기공은 한나라(B.C. 202~A.D. 220) 말기에 성행하였으며, 당나라(618~907)까지 천 년 이상 계속되었다. 이러한 명상적 기공은 깊은 침묵의 한 방법이다. 수세기를 통하여 기공의 대가들은 건강을 촉진시키는 활동적 기공의 다양한 형태를 창조하였다. 기공은 중국에서 5,000년 이상 행해져 왔다.

기공은 중국 전통의학 치료의 진보된 형태다. 앞서 중국 전통의학 부분에서 서술한 것과 같이, 기공은 침술에 의존하지 않고 기의 움직임을 위한 통로인 경락에서의 기의 흐름을 증대시킨다. 기공은 병을 치료하고 제거하기 위해 기의 흐름을 조절하고 균형을 찾도록 한다. 기공은 에너지, 호흡 그리고 운동 그 자체를 의미한다. 고대 성현에 의해 빈번하게 사용되었던 기공의 종류는 명상적 기공 이었다. 예를 들어, 장자는 현자의 경지에 도달하기 위해 또는 진인(眞人)이 되기 위해 명상적 기공을 사용하였다. 이처럼 중국의 현자들은 천인합일(天人合一)을 이루기 위하여 명상적 기공을 사용하였다. 이러한 합일은 바로 자발성과 창조성이다.

명상적 기공인 좌망(坐忘)에는 7단계가 있다. 첫째는 대통(大通)으로, 이러한 사람은 우주와 전적으로 하나가 되어 모든 걱정을 뒤로 할 수 있다. 장자는 대통한 사람이 이러한 경지에 이른다고 생각하였다. 둘째는 자연의 순리를 따르는 것(法自然)으로, 동요나 간섭 없이 삶의 자연적 순리대로 살아가는 것이다. 마음의 동요가 없으므로 도를 수련할 수 있다. 셋째는 마음 비우기(心齋)로, 조용히 앉아서 방해 없이 심신을 비우면 도가 되돌아올 것이다. 넷째는 부와 명예를 놓는 것(返樸歸貢)으로, 부와 명예가 몸을 다치게 하지 않고 사회적 지위가 초심을 잃지 않게 해야 한다. 단순함을 추구하며, 어떤 것에서도 마음이 흔들리지 않아야 한다. 다섯째는 진정한 지각(眞觀)으로, 노자는 "늘 바람이 없으면 그 묘함을 본다."라고 했다. 욕망을 포기하고 마음이 공(空)에 머물 때 올바르게 볼 수 있다. 여섯째는 커다란 태정(太定)으로, 장자는 "마음이 도에 머물 때 공(空)과 무(無)에 도달한다. 이때 도와 지혜가 우리에게 오는 것이다."라고 했다. 일곱째는 득도(得道)로, 장애 없이 사는 삶을 득도라 한다. 개개인이 모든 것으로부터 해방되어 휴식을 취할 때에는 정신과 함께하고 활동할 때에는 기와 함께하는 것이다. 몸과 정신은 일체다. 심신이 도와 함께하고 영혼이 몸을 떠나지 않을 때 모든 것을 보게 되며, 장애 없이 만물과 함께 상호 연결되고 서로 의사소통할 수 있을 것이다.

중국에는 활동적 기공 또는 동공 운동의 형태가 많다. 태극권은 활동적 기공의 한 형태다. 기공의 모든 형태는 자연과 조화를 이루고 건강과 행복을 얻고 몸과 에너지, 마음, 정신적 통합을 위해 작용한다.

각각의 치료적 회기가 시작될 때 나는 내담자의 정신을 조화롭게 하고 에너지를 조절하는 명상적 기공을 사용한다. 회기의 중간 부분에는 종종 내담자의 에너지 장애를 완화시키기 위해 활동적 기공을 사용한다.

음악

고대 중국에서 음악은 원시적 강신회(降神會, Shamanic seances)에서 혼백을 불러오는 데 사용되었다. 음악은 춤과 밀접한 관계를 가지고 있었다. 하 왕조(B.C. 2205~B.C. 1776) 시기에 음악이 왕실에 소개되었다. 음악은 경건하게 숭배되었고 신에게 기도하는 종교 의식에서 이용되었다. 음악은 감정을 조화롭게 하고 정신을 정화시키는 힘을 가지고 있는 것으로 알려져 왔다. 왕실 의사들은 치료예술로서 음악을 사용할 수 있다는 것을 알고 있었다. 고대 중국의학 이론에 따르면, 5개의 음계는 5개의 음성 기관(간, 허파, 심장, 지라, 콩팥)과 상호작용하며, 12개의 리듬은 신체의 12개의 에너지 경로 또는 12개의 경락에 열려 있다. 고대 중국 지도자들 역시 적군을 진압하는 데 음악을 사용한 것으로 알려져 있다. 또한 다양한 음계는 많은 질병을 치료하는 데 사용되었다. 특정 악기와 그 음파는 특정한 질병을 치료하기 위해 신체 주요 기관에 침투하여 자극한다. 예를 들어, 목관악기의 음파는 간을 자극하여 불안과 불면증 그리고 간의 에너지 불균형으로 생기는 병의 치료를 돕는다. 음양의 균형에 대한 개념은 인간 정서를 다루는 데 필수적이다. 고대 중국 의사는 종종 환자의 슬픔을 치료하기 위해 분노를 유발하기도 했다.

춤과 동작

고대 중국에서 춤은 음악과 밀접한 관련이 있다. 원시적 강신회의 기원에서 춤은 태곳적부터 치료예술의 형태로 사용되어 왔다. 음악과 같이 춤은 사람의 정서를 조절하고 기를 조화롭게 하였다. 우리 모두는 건강하고 조화로운 삶을 살아갈 수 있도록 선천적인 능력을 부여받았다. 건강한 아이는 자신의 신체에 대한 감각, 감정 그리고 생각을 충분히 경험할 수 있다. 그러나 환경과의 상호작용에서 우리는 주위환경으로부터 요구되는 특정 부분만을 발달시키는 동작을 배우며, 그렇게 함으로써 우리의 성장과 발전에 동등한 중요성을 지닌 다른 부분을 무시하게 되었다. 많은 성인이 자발적인 움직임을 상실하고 타고난 삶의 리듬을 간과하였다. 그들의 자연적인 동작은 사회적 규준과 규칙에 의해 제한되었다. 전체가 되기 위해서 그리고 우리의 모든 부분을 발달시키기 위해서 우리는 자신의 내면과 외면에 대해 알 필요가 있다. 자발적인 신체 동작과 춤은 우리 삶의 자연적인 리듬을 회복하는 데 도움을 준다. 또한 창조적인 성장을 필요로 하는 신체에 자신의 전자장(電磁場, electro-magnetic fields)을 조정하는 데 도움을 준다. 기공과 중국의 태극[44] 동작에서 음악에 따라 움직이는 자발적인 신체 동작은 인간과 세상의 관계를 회복하고 조화롭게 하는 춤과 동작 치료의 한 형태로 이해될 수 있다.

미술치료

1) 미술치료는 우리의 욕구와 충동을 명확하게 보여 준다

앞 장에서 언급한 바와 같이, 완전한 자각(awareness)은 창조성과 성장에 있어 중요한 역할을 한다. 자각을 방해하는 장애요소들은 다양한 갈등을 초래하고 성장을 저해하는 원인이 된다. 자각은 개인이 '지금-여기(here and now)'와 관련이 없는 사고와 개념에 과거와 미래에 대한 에너지가 고착되었을 때 봉쇄되는 것이며, 이때 사람들의 본능적인 충동과 욕구는 무시된다. 이렇게 무시되고 관심을 받지 못한 욕구와 성향은 '내재된 자각(implicit awareness)'의 한 내용으로 불리는 것이다. 이러한 내재된 자각은 완전한 자각으로부터 가려지기 때문에 자신의 자각이 분명하게 표현되지 않는다. 자각은 초기 경험에서 억압되어 그 후에는 기억에서 사라지거나, 최초의 명확한 상황에서 명확하지 않은 수준으로 역행한다.

이렇게 억압되고 거부된 감정과 욕구가 명확해지기 위해서는 자기 자신이 이러한 기억과 감정에 대해 참여하고 경험해야 한다. 이때 분명치 않거나 무질서하게 남겨져 있던 감정이나 욕구와 같은 것이 비로소 확실해지는 것이다. 불분명하고 무질서한 것을 살아 있는 경험 혹은 명백한 상태로 끌어올릴 수 있는 방법이 바로 창조적 과정인 것이다.

미술치료의 창조적인 과정은 자신의 '미해결된 상황'인 내재된 자각을 그들이 다룰 수 있는 완전한 자각으로 변환할 수 있도록 돕는 것이다. 치료 효과의 주요한 이점은 상징적인 예술 형태의 창조를 통해 더욱더 충분한 자각으로 내담자가 회복된다는 것이다. 이 형태는 바로 불투명한 자각의 한 부분이 감정적 표현의 형태로 표출되는 것이다.

가슴속의 응어리, 위통, 두통, 설사 등과 같이 신체적인 불쾌감을 초래하고 에너지를 구속하는 외상 경험에 대한 잊혀진 이미지는 미술매체를 이용하는 창조적 과정을 통해 내담자가 완전한 자각에 도달할 수 있도록 한다. 비록 미술작품을 만드는 과정이 치료과정 그 자체라 할지라도 미술치료에서 드러난 이미지는 중국 전통의학 이론에서 설명하는 에너지와 심리극의 실연에서 심도 있게 탐색될 수 있다.

예술가의 작품과 구별되는 미술치료는 기법, 미술매체 그리고 완성된 작업의 질보다도 창조적 과정 그 자체에 더욱 관심을 두고 있다. 예술가들의 기준과 양식은 훈련과 교육의 결과이기 때문에 그들의 예술적 감각의 결과물은 본질적 감정, 미해결된 상황 등의 에너지가 속박되어 있는 내재된 자각 상태의 표현을 오히려 방해하게 되는 것이다. 매슬로는 "위대한 작품은 신선함과 최고의 경험적 영감뿐만 아니라 힘든 작업, 오랜 훈련, 거침없는 비판, 완벽주의자의 기준도 함께 요구된다."라고 지적하였다(Maslow, 1959, p. 92). 모레노가 진술한 기법인 문화보존성(culture conserve)은 불안한 심리적 내용을 방출하기보다는 내용과 형태의 통제를 요구한다.

예술가들은 미술치료 과정에서 격려되는 자발적인 감정 표현이 결핍될 수 있는 인위적이고 학습된 내용과 형태의 표현을 추구하는 면이 있다. 하지만 미술치료 과정에서 내담자는 자신의 내면에 불분명하게 자리 잡고 있는 감정을 직접적으로 표현할 수 있다. 이러한 내담자의 표현은 모레노가 설명한 문화보존성의 결과물인 형태와 형식에 대한 의식으로부터 가려지고 걸러지지 않은 순수하고 자발적인 산물이다.

예술가들은 형태와 디자인 그리고 구성의 표현방식을 더 많이 배움으로써 더욱더 여과된 예술작품을 만들어 낸다. 그들이 찾는 형태는 오랜 훈련 혹은 자기수양 그리고 이미지 완성과정에서 단련되는데, 이때 그들은 예술적 전통의 문화보존성에 의해 더욱 방해받게 된다. 따라서 예술작품은 예술가의 참되고 완전히 자발적인 실제 감정의 표현이라고는 할 수 없다. 또한 예술작품은 본래의 감정과 직관의 모든 '가공되지 않은 요소(raw material)'를 내포하지 않을 수 있다.

미술치료 과정에서 내담자들은 아리에티(Arieti, 1976, pp. 210-214)가 설명한 바와 같이, '초기과정 메커니즘'의 조절되지 않은 분출과 같은 표현을 하도록 격려받는다. 이러한 조절되지 않은 '초기과정 메커니즘의 분출'은 작품을 심판하는 문화보존성에 의해 가려지지 않은 내담자의 생활 내에서의 모습이다.

미술치료사는 내담자의 자각과 표현을 촉진하는 작업을 하고 에너지 방해물(경직, 위축, 불안 등)을 깨뜨리도록 돕는다. 매개물에 대한 지식과 예술적 특성은 내담자에게는 상관이 없는 요소들이다. 작품으로서의 미적 질보다는 완전한 자각과 순조로운 기능 수행을 방해하는 내담자의 억압된 감정 표출을 가능하게 해 주는 과정과 자각 상태 그리고 표출적인 면이 더욱 강조된다. 창조적인 과정을 통해 내담자들은 그들의 에너지를 봉인하고 있는 어떠한 장애물에서 벗어나고 그것을 움직이고 끄집어내 표현하게 되는 것이다.

이러한 창조적 과정에 있어서 미술치료사의 역할과 내담자의 경험은 명확히 구분된다. 내담자와 미술치료사 모두 공동의 창조적 과정에 몰입한다. 미술치료사의 관점은 내담자의 자각과 개인적 성장을 증진시키는 것이다. 이 과정에서 미술치료사는 지지자와 촉진자의 역할을 한다. 미술치료사는 창조적인 과정에 내담자의 자각을 촉구하고 안내한다. 미술치료 과정 후, 내담자에게는 각각의 창조된 이미지에서 어떠한 역할이 주어질 것이다. 이 경우 미술치료사

또한 내담자의 진행을 촉진시키는 자원으로서 치료사의 자발성이라고 불리는 창조적 경험이 이루어진다.

이제 이러한 창조적 과정에서 내담자의 경험을 더욱 자세히 알아보자. 창조적 미술치료 과정에서 '내재된(implicit)'이라는 말은 정신적 내용(psychic contents)에 있어 내담자의 명확한 상태 이전의 모든 부분을 이르는 말로 사용된다. 이때는 명확한 창조에 대한 결정적인 단계를 밟지 못한 상태인 것이다. 이러한 불분명한 상태는 조직력이 부족하거나 산만하고 불명확하며 막연하다. 이러한 상태의 변화는 우리가 분명히 인지하지 못할 때 일어난다. 존 리빙스턴 로스(John Livingston Lowes)는 이러한 상태를 '표현되지 않은 소용돌이치는 혼돈(the surging chaos of the unexpressed)'이라 했다. '혼돈(chaos)'은 역동적이고, 끊임없이 변화하고, 긴장감으로 가득 차 있으며, 비현실적인 성향이다. 각 개인은 무엇이 존재하는지, 자신이 무엇을 느끼는지 그리고 자신의 자각 상태 내면에 무엇이 있는지를 정확히 알 수 없는 상태에 있다. 시인 스티븐 스펜더(Stephen Spender)는 이러한 모호한 상태에 관하여 "희미한 구름과 같은 생각은 소나기와 같은 말로 간결하게 표현되어야 한다."라고 언명했다(Spender, 1962, p. 53). 이것은 창조적 과정에서의 세 가지 기본 단계를 시인의 해석으로 적절하게 표현한 것이다. 첫째, 정리되지 않은 내용물(contents)은 명확한 인지 상태에까지 도달하지 못하지만 그들만의 역동성에 따라 우리의 자각과 행동에 영향을 준다. 그다음, 내용물이 연합하여 자각 상태까지 명확해지는 단계에 이른다. 마지막으로, 이미지와 의식을 형성하는 단계인데 이때 내용물은 우리가 보고 느끼고 인정할 수 있는 형태로 변화하게 되는 것이다. 수잔 랭어(Suzanne Langer)

는 이 과정을 다음과 같이 서술하였다.

> (지적인 사상에 대한 생각, 산만한 기록 혹은 이성적인 질서가 없는 생각을 포함하는) 우리의 감정에 대한 통찰의 적절한 상징적 투사는 예술적 표현이다……. 예술작품의 요소는 모두 창조된 모습으로, 이것은 우리의 유기체와 정서적 긴장의 유형을 표면적으로 반영하였다. 이를 통해 사람들이 '공간적 긴장(space tension)'과 '조화적 긴장', 두 무용수 사이, 심지어 두 예술작품 사이에서의 긴장을 말할 때 사람들은 자신들이 형상에 대해서만 묘사하고 있다는 것을 알지 못한다(Langer, 1967, pp. 103–104).

불명확한 자각은 창조 작업에서 경험이라는 매개물을 통해 표현된 것이다. 그런 과정을 통해서 창조적 표현은 분명하고 명확하게 지각할 수 있는 역동적인 성향들로 그 내용을 만든다. 미술 표현은 그 자체가 직관적이며, 경험적·지각적 과정 전체를 포함한다. 따라서 이전에 인식되지 않은 차단된 내용들을 인정하고 이러한 미술치료 과정을 통해 참여자는 더욱더 빠르고 쉽게 완전한 자각 상태에 도달할 수 있는 것이다. 미술 표현 자체는 자발적인 과정이며 그 내용은 모레노가 정의한 것처럼 문화보존성을 띠게 된다. 창조된 이미지는 창조자의 심적인 실재를 상당히 드러낸다. 랭어는 이미지에 대해 다음과 같이 말한다.

> 이미지는 본래 대상(object)의 외관을 추상화한 것으로 우리가 직관적으로 인

> 지한 것이다……. 만약 우리가 정서, 감정, 관념 그리고 특히 후설(Husserl)의 제자들이 '순간(moments)'이라고 부르는 것과 같은 중요한 정신적 세계의 현상을 연구하려면 가장 유망한 방법은 예술 연구다……. 소수의 사람만이 예술에서 우수한 자료를 습득할 수 있다는 것을 알고 있다……. 하지만 지금까지 아무도 발표되지 않았던 문제성 있는 사실들을 폭로하려고 하지 않았으며, 삶의 감정에서 필수적인 관계일 수도 있는 순수예술에서의 중요한 패턴을 인지하지 못하고 있다……. 본질적으로 예술적 구성의 직관적인 과정은 예술적 이해의 과정인 만큼 흥미로운 심리학적 문제다. 하지만 아직 아무것도 이해되지 않았다……. 점차적으로, 체계화되지는 않았지만 삶의 형태의 이미지들은 이것의 창조적 요건으로부터 성장할 것이다(Langer, 1967, pp. 68-79).

예술가와 미술치료를 경험하는 내담자도 마찬가지로 그들의 정서, 동기 그리고 규준이나 규칙 및 문화보존에 대해 '해야 하는 것'과 '해서는 안 되는 것'으로 인해 억압되고 억눌린 미해결된 과제에 관하여 명확하지 않고 모호한 상태에 있다. 이때 창조성이 시작된다. 콜리지(Coleridge)가 '하늘에 떠 있는 먹구름'이라 일컫는 것처럼, 마음은 개인의 마음속의 궁핍에 굴복하고 억압을 드러내며, 그것을 경험하는 것으로부터 내용을 토해 낼 준비가 되어 있다. 하늘에 떠 있는 먹구름과 같은 미해결된 상황들은 느끼고 표현된 감정의 창조적 과정을 통해 내담자의 지각 상태로 바뀐다. 이를 통해 그들은 더욱 분명하고 명확한 예술적 형태로 머물게 된다.

2) 지각의 연속체를 유지하는 방법으로서 세상을 체험하는 도가적 방식

앞에서는 치료사가 내담자들의 미해결된 상황을 인지하고 해결할 수 있도록 그들을 완전한 자각 상태로 이끌어 주는 예술치료에서의 창조적 과정에 대해 설명하였다. 그 순간 내담자들은 현재에 대한 자각을 막는 에너지를 방출할 수 있다. 중국 회화의 창조과정에서 참여 방식으로서 보는 것(seeing)의 도가적 방법은 참여자가 자발적으로 변하도록 돕는다. 세상을 경험하는 것과 그림 그리는 것은 예술가와 그를 둘러싸고 있는 환경적인 요소들을 조화롭게 하는 창조적인 과정에서 함께 어우러진다.

오랜 시간 동안 중국에서 그림은 영적인 운동 형태로 사용되어 왔다. 그림은 생활의 도(道)로부터 분리된 적이 없다. 그림은 하늘과 땅의 조화의 표현이며 진인(authentic person)의 본질에 대한 표현이다. 그리고 영적 존재의 표현이다. 그림 그리기 과정은 내적 경험을 가시적 형태로 변형한 것이다. 이 과정은 그림 그리기와 지각으로 구성된다.

그림을 그리기 전에 중국 예술가들은 고요함과 현상세계의 조화를 계획하면서 명상하였다. 그들이 연마해야 하는 지각은 진인에 관한 것이었다. 예술가들은 도가적 태도로 현상세계를 지각하는 법, 즉 '욕구 없이' 현상을 보는 법, 존재의 본질을 허용하거나 도를 스스로 드러내는 법을 배웠다. 예술가는 각종 경험의 형태 속에 잠재되어 있는 정신을 붙잡는 것이다. 이런 경험으로부터 유출된 그림은 지각의 거울 이미지(mirror image)다. 중국 그림의 첫 번째 규준은 기운생동(氣韻生動)이다. 영적인 조화와 삶의 움직임, 그리고 이러한 삶과 같이 자유로운 기의 움직임을 표현하는 것이 바로 '기운생동'이라는 규준이다. 그림에 담긴 기는 정신적 힘의 불가피함과 삶 그 자체를 반영한다. 8세기의 예술가 왕유(王維)는 이에 대해서 자신만의 방법으로 설명하였다. "어떤 대상의 형태는 먼저 영적인 것과 함께 융합되어야 하고, 다음으로 마음이 다양한 형태로 이것을 변형하는 것이다. 확실히 정신은 형태가 없다. 하지만 이러한 어떠한 대상의 형태로 이동하고 변형되는 것이 형태가 존재하지 않는 정신이다."(Quoted in Sze, 1959, p. 39)

우선 예술가는 대상(object)에 존재하는 정신을 지각해야 한다. 장면을 응시할 때, 중국 예술가들은 종이에 이미지를 그리지 않는다. 그들은 단순히 작품을 통하여 부는 바람, 공기 속의 음악, 끊임없이 변화하는 빛과 같은 장면 속에서 다양하고 계속해서 변화하는 장면을 흡수하기 위한 충분한 준비와 함께 단지 서 있을 뿐이다. 중국 예술가들은 완전한 존재적 실체의 순간에 민감하다. 그들은 어떤 특정한 것을 보기를 기대하지 않는다. 그들의 모든 감각기관은 자신의 움직임을 절제하면서 신비의 순간을 체험할 수 있게 해 주고, 전체적이고 통합적인 성질을 관찰하기 위해 곤두서 있다. 장중위엔(張種元)은 그의 저서 『창조성과 도교(Creativity and Taoism)』에서 예술가에 대해 다음과 같이 설명한다. "그들의 창조적 직관은 그들 내면의 실재, 사물의 외부 모양을 통찰했다. 그는 이미지가 없고, 말이 없으며 아주 고요한 본래대로의 자연을 경험하였다. 그러므로 형태와 색채 또는 운(rhyme)과 리듬(rhythm) 어느 쪽이든 간에 감각으로 모습을 나타내지 않는 완전 미의 실체를 만들 수 있다."(Chang Chung-Yuan, 1963, p. 202)

그림 그리기에서의 지도방침은 순수 반영(pure reflection)이다. 장자는 이 상황을 다음과 같이 설명한다. "마음이 편안할 때 마음은 우주의 거울이 되고, 모든 창조물의 반사경이 된다."(Siren, 1963, p. 52) 예술가가 모든 사물과 우주와 하나가 될 때, 그들의 붓은 모든 형태를 만들어 내는 창조적인 역할을 담당하게 된다. 예술적인 매개물은 때때로 예술가에게 제한을 주지만 그들의 정신적 자유는 매체의 제한을 초월할 수 있게 한다. 17세기 중국 예술가 석도(石濤)는 그의 책 『화어록(畵語錄)』에서 다음과 같이 말한다.

> 물질주의자는 세상의 모든 일에 관여한다. 물질적 세상에 사로잡힌 사람은 항상 긴장 상태에서 산다. 긴장해서 그림을 그리는 사람은 그 과정 자체가 그를 파괴하는 것이다. 세상의 대소동과 북적거림에 따라 움직이는 그는 붓과 잉크를 조심하고 자제하여 조종한다. 그러므로 한 사람에게 부딪히는 환경은 불행한 결과를 초래하고 그에게 상해를 줄 수 있다. 하지만 나는 세상의 움직임에 따라 움직이고, 조급한 사람에게 양보하며, 그리하여 마음의 평화를 찾는다. 마음의 평화와 함께 그림은 완성될 수 있다……. 예술작품에서 가장 중요한 것은 명상이다. 어떤 사람이 한 가지, 즉 모든 것의 통합체에 관해 명상할 때, 그 사람은 그것을 경험하게 되고 그것이 그 사람을 행복하게 만들 것이다. 결과적으로 그 사람의 명상에서 얻은 산물인 그림은 깊이를 헤아릴 수 없는 신비스러운 것이다.
>
> 진부한 사람들은 무지함을 따르고 그 무지함은 완전히 베일에 덮인 마음을 갖게 한다. 베일과 무지함을 제거할 때, 현명해질 수 있는데 이것은 진부한 사람이 오염되지 않고 그의 마음이 순수함으로 남는 경우다. 그는 시각적 스케치 없이 그들을 다루고 전혀 눈치 없이 세상일에 반응한다. 그의 잉크는 그 자체로 거기에 있는

> 것 같고 그의 붓은 아무것도 하지 않는 것처럼 움직인다. 그러므로 작은 붓놀림은 모든 대상의 창조를 조절한다. 마음의 고요를 유지하는 사람은 무지가 지혜로움으로 바뀌고 진부함이 마음의 순수함으로 변한다(Lin, 1967, pp. 152–153).

이와 같이 중국 예술가는 사회의 규율이나 관습 그리고 규준을 따르지 않고 그들만의 것을 찾으려 노력한다. '욕구 없이' 세상을 지각하는 것은 자연의 성장과정을 배우는 것이다. 지각하고 창조하는 과정에서 예술가는 삶의 성장과 자각을 성취한다. 그들은 각 자연현상을 분류한다. 이러한 지각의 성격에 대해 설명함과 동시에 석도는 인식론상의 윤리성에 대해 설명하였다.

> 하늘은 많은 역할을 산에게 맡겼다. 산의 몸체는 그곳에서 나오며, 정신에서 영성성, 성장과 변화에서 기분 변화, 투명함에서 성장〔孟陽〕과 최초 자각, 고요에서 숨겨진 가능성, 평화로운 성향에서 산만한 태도가 나온다. 산은 이러한 것들을 지탱하고 기능하는 것으로 보이며, 변화되거나 대치될 수 없다. 그러므로 진인은 진실의 가림을 벗어날 수 없고 산을 즐긴다.
>
> 물도 이와 같은 것이다. 물은 많은 일을 한다. 다음은 물이 하는 일이다. 물은 미덕과 같은 이로움을 펼치는 거대한 강과 호수 안팎에 도달한다. 그것은 예의와 같은 겸손한 것을 추구한다. 물을 도와 같이 끊임없이 밀물과 썰물을 극복한다. 그것은 힘과 같은 요란한 소리의 파도 안팎을 부순다. 그것은 법과 같은 동등함을 찾고 절정에서 소용돌이친다. 그것은 원대한 힘처럼 모든 장소에 미치고 있다. 그 본질은 선량함과 같이 투명하고 순수하다. 그것은 목표와 같은 동쪽으로(중국 해협)

방향을 바꾼다. 물의 기능을 알지 못하고 산의 기능을 아는 것은 방대하게 넓은 공간에 대한 지식 없이 해안가에 서 있거나 혹은 해안에 대한 지식 없이 바다에 가라앉는 사람과 같은 것이다. 그러므로 슬기로운 사람은 그의 마음을 즐겁게 하고 그로 인해 흐르는 물에 대한 경계와 해안을 안다(Lin, 1967, p. 155).

중국 예술가들은 자연계의 욕심 없는 태도를 통해 도와 그들 자신을 이해한다. 그들이 이해하는 것처럼 지각하는 법을 배우는 것은 도의 과정을 따르는데, 이때 자연스러운 지각에서 예술가는 생활과 생명 법칙을 자신과 관련시키고 이해한다.

관(觀)은 창조과정의 최초 단계다. 중국 예술가는 자신과 자연이 함께할 수 있도록 조정한다. 자연과의 단일성(aloneness)은 '명상'으로 빈번히 오역(誤譯)된다. 그러나 그것은 '생각 또는 사고, 숙고, 묵상'과 같은 사전적 의미의 명상이 아니다. 오히려 예술가는 예상과 기대를 버리고 자신의 모든 에너지를 집중시켜 에너지를 모두 소모하지 않고도 현상적인 세상을 체험할 수 있다. 이 같은 방법만이 예술가가 자연의 진정한 본질을 흡수하고 각 대상에서 덕의 정신, 즉 사물에 대한 완전성으로 존재를 볼 수 있게 해 준다.

우주에서 어떠한 사물도 영원하지 않다. 우주의 불변의 잠재 능력을 보면, 우리는 곧 영원히 존재하는 것을 보는 것이다. 자연현상의 지속적인 흐름과 개체의 영원 속에서의 지속적인 변동을 보고 중국 예술가는 항구불변과 변화의 진실성, 즉 생명의 변화 속에서 항구불변한 과정을 체험한다.

예술가의 본분은 자신 내의 덕(德)을 실현하는 것, 즉 그들의 가능성을 드러내는 것이다. 그것은 예술가의 임무다. 비록 이러한 덕은 개개인의 것이지만 이것은 모든 존재의 실체인 도의 필요불가분한 부분으로 해석된다.

사물의 내부 실체를 자연 대상의 출현(형세)으로 알고 자연의 과정을 이해할 때 도가의 그림을 창조할 수 있다. 그런 그림은 "내부로부터의 제한과 혼란에 의해 왜곡되지 않고 외부로부터의 독단적인 규칙에서 벗어난 개인의 내적인 실체의 자발적인 반영이다. 이런 자발적인 반영에서 인간의 가능성은 자유로워지고 그리하여 위대한 창조성은 인위적인 노력 없이 성취된다." (Chang, 1963, p. 203)

덕을 창조하는 과정에서 개인은 자연의 성장과정인 도를 반영하고 우주의 모든 가능성을 동반한다. 그러므로 많은 중국 그림 중 한 송이 매화꽃에서도 무궁한 잠재성을 펼쳐낸다. "자연과 함께하는 화가가 붓을 들고 어떠한 특정한 것을 만들어 낼 때에는 우주의 모든 생명력이 그의 창조적인 행위를 도울 것이다." (Chang, 1963, p. 204)

그러므로 창조의 정지된 과정(모호함)을 통하여 '깨움(개화, 개몽)'에 대한 개인적인 예술가의 성취는 도가가 덕이라고 일컫는 것이다. 인간이 말하는 덕이 이루어지는 때는 최초의 자연으로 되돌아가는 것이다. 창조과정에서 예술가들은 흰 종이나 실크 위에 경험에 대한 지각을 그들의 '욕구 없이' 쉽게 투사한다. 이러한 창조과정은 성장의 외면적인 수단이 아닌 자아실현의 하나다.

이런 과정에서 화가는 성장의 모든 가능성을 이용하여 능력을 연마하는 것이다. 그것은 중국 예술가가 자연계의 색채와 형태를 통하여 찾고 있는 도 또는 덕이다. 이런 도 또는 덕을 중국 예술가는 한 그림의 창조에 있어 색채와 형태로 나타내며 찾으려고 시도한다. 찾고 드러내는 과정은 참여자가 진인이 될 수 있도록 해 준다. 이런 과정은 심리학적 과정의 '개별화' 혹은 매슬로가 일컫는 '자아실현'과 비슷하다. 먼저 '보는 것', 다음으로 그림 그리기 과정과 같은 창조적인 과정 순간순간이 예술가에게는 순수경험 또는 매슬로의 말과 같이 최고의 경험이 된다.

우리는 지금 이러한 사고를 요약할 수 있고, 그들이 어떻게 치료의 한 방법으로 삼는지 설명할 수 있다. 도가적 사고에서 보는 것(觀)에 대한 창조적 태도는 "늘 바람이 없으면 그 묘함을 본다(無欲以觀其妙)."의 태도로 현상을 보는 것이며, 사물로 하여금 그 내재된 진실한 정신을 드러내게 한다. 예술가는 그들이 사물을 보고 수용하는 것처럼, 자각의 연속체(continuum of awareness)를 유지한다. 이것은 매슬로가 창조적인 태도에 대한 논문에서 설명한 그 태도다(Maslow, 1968, p. 96). 자각에 있어서 방해가 되는 사물은 분해되고 소멸될 것이다. 거기에는 실재에 대한 예술가의 표현을 방해하는 욕구 또는 사고에 관한 장면은 존재하지 않는다. 이러한 욕구는 없지만 주의하는 태도를 통해 예술가는 모든 사물과 함께 하나가 된다. 자연과 조화를 이루어서, 개인은 방해되는 바가 없는 전체 자연의 성장과정 속의 살아 있는 참여자가 되는 것이다.

전통적인 중국 그림은 도가철학을 기초로 하고 있다. 이러한 그림은 자발성과 창조성을 촉진하는 수련방식으로 사용되어 왔다. 그것은 생활 속의 도(道)로부터 결코 분리되지 않았다. 중국 그림은 정신적 실체에 대한 표명, 진인의 본질에 대한 표현, 하늘과 땅의 조화를 나타낸다. 그것은 지각된 형태의 내면 경험을 미술과 같은 시각적인 형태로 변형한다. 중국 화선지는 붓의 작은 터치,

심지어 한 방울의 물까지 모든 것을 기록한다. 물 한 방울이 종이 위에 떨어지는 순간 영원한 흔적으로 남겨질 것이다. 결과적으로 예술가는 충분히 집중하여 의무를 다한다. 또한 인생은 붓의 스트로크와 같다는 것을 배운다. 지울 수 없고 또 묻어 둘 수 없으며 단지 새로운 형태로 개발할 수만 있다. 매체는 너무 감각적이기 때문에 그리기 위해 '지금-여기' 현재에 대해서만 집중해야 하며 몸과 마음이 편해져야 한다.

이런 과정은 내담자의 자각 능력을 강화하고 기대감 없는 경험을 격려한다. 그리고 자연과 환경을 이해하는 자세 또한 존중된다. 이런 실행은 에너지 장애의 가능성을 줄인다. 내담자는 변화하는 내면적 존재에서 융통성과 개방성 그리고 완전한 참여를 배울 것이다.

우리는 세상을 지각하는 도가적 방식이 어떠한 미해결 과제의 에너지에 집착하지 않고 실재로 나아가는 데 방해물이 없는 자각의 연속체로 내담자를 돕는 것을 안다. 내담자는 더욱 자발적으로 그리고 자유롭게 성장하고, 자연스럽게 자신을 표현하고 느끼며, 자발적으로 보고 반응할 수 있다.

심리극과 사회측정학

1) 심리극

모레노는 개개인을 문화보존성의 굴레에서 자유롭게 할 목적으로 집단과

정 형태의 심리극(Psychodrama)을 개발했다. 이것은 사회적 원자치료의 과정으로, 대인관계를 치료하는 것이다. 이 치료의 목적은 개인으로 하여금 자발성과 창조성을 얻도록 하는 것이다. 심리극 과정은 내담자가 과거에 내면화된 메시지나 현재 상황에서는 도움이 되지 않는 학습된 행동들을 발견하도록 돕는다. 그리고 현재에 대한 인식을 가로막고 창조성과 자발성을 가로막는 기억을 발견하도록 돕고, 몸이나 정신 혹은 정서 속에 남겨 둔 이전의 경험을 발견하도록 돕는다. 디렉터는 내담자가 이러한 욕구에서 표현되는 느낌을 확인하는 데 협조함으로써 내담자로 하여금 다시 활력을 얻고 자발성으로 향하도록 한다.

모레노는 자연스러운 자발성과 창조성을 촉진할 목적으로 비엔나에 '자발성 극장'을 열었다. 자발성 극장은 배우들이 스스로 연기할 수 있게끔 용기를 북돋아 주었다. 자발성 극장에는 전통적인 감각을 가진 배우는 없다. 이곳에서 배우는 각본 없이 연극을 하며, 전통적인 감각을 가진 역할도 없다. 장면은 과정 동안에 자발적으로 정해진다. 관객은 연출에 참여하며, 그들은 배우이자 군중이며 디렉터다. 전통적인 관중은 이미 존재하지 않는다. 모든 사람이 배우다.

자발성 극장에서 모레노는 자발성이 테스트될 수 있을 뿐만 아니라 훈련될 수 있다는 것을 알게 되었다. 따라서 각 개인은 스스로 자발적으로 문화보존성의 굴레로부터 벗어날 수 있다는 것을 배우게 된다. 그들은 다양한 방식으로 실존 상황에 대응하는 법을 배운다. 자발성 훈련은 배우들로 하여금 보다 유연하고 일상적이며 습관적인 반응에 덜 의존적이 되도록 한다. 이러한 과정은 시간이 걸리지만 오히려 더 효과적이다.

자발성 훈련과 밀접하게 관련 있는 것은 역할 테스트(role test)의 발견이다. 역할 테스트는 자신의 문화에 한 개인이 얼마나 열중하는지를 측정한다(Moreno, 1953, p. 89). 이 역할 테스트는 인성검사의 한 형태로, 개개인의 문화 연령을 신체연령으로 나누어 문화지수를 측정한다. 역할 테스트는 역할 지각(role perception)과 역할 실연(role enactment)을 구별하려는 시도이지만 이 둘은 완전히 분리될 수 없다. 역할을 충분히 이해했다는 것이 역할을 충분히 실연했다는 의미는 아니다(Moreno, 1985, pp. 161-175). 비록 역할 테스트가 한계를 가지고 있지만 다른 성격 테스트보다는 낫다. 역할 테스트는 구체적이고 관찰이 가능하기 때문이다.

모레노는 연출가, 분석가, 감독자와 연기자로서의 훈련기술과 정신과 의사로서의 전문성을 가지고 치료 극장을 만들었다. 그리고 심리극과 사회극을 하기 위해 자발성 극장을 설립하였다. 자발적 배우들이 치료적 행위자와 보조자가 된다. "배우와 협력자로서 우리는 전 우주에 관한 상호 책임이 있으며 진정한 치료의 절차는 전 인류만큼이나 객관적이다."라고 모레노는 말한다.

모레노는 자기(self)의 발전은 역할 획득, 역할 연기, 역할 창조에서 자발성과 개인의 수용 능력에 의존한다고 본다. "자기는 마치 강(river)과 같으며 자발성에서 발원한다." (Moreno, 1983, p. 8) 자기는 문화보존의 저장소도 아니고 중요한 타인의 흔적도 아니다.

모레노는 유아는 분별이 없는 우주에 살고 있다고 생각한다. 유아는 '자기'

의 개념이 없다. 역할은 자기 이전에 존재한다. 모레노는 사람에게는 생명 속의 모든 국면과 차원을 통해 역할의 개념을 수용할 수 있는 능력이 있다는 것을 발견했다. 역할은 사회적 차원을 표현하는 사회적 역할, 심리적 차원을 표현하는 정신신체적 역할, 자기에 대한 심리적 차원을 표현하는 심리적 역할의 세 가지 차원을 포함하고 있다(Moreno, 1985, pp. ii – v).

모레노에 의하면, 모든 역할은 개인적인 원소와 집합적인 원소의 복합체인데, 이러한 요소는 문화적 공통점의 한 부분이며 개인적인 다양성의 일부분으로 구성되어 있다. 자발성이 역할 실연에 관여하면 할수록 더욱 창조적인 자기계발이 이루어질 것이다. "만일 잠재되어 있는 자발성이 무한하다면 잠재되어 있는 자기 또한 무한하다." (Moreno, 1983, p. 8)

2) 사회측정학

사회측정학(Sociometry)은 모레노가 사람들과의 관계를 측정할 목적으로 개발하였다. 사회측정학은 집단의 갈등을 다루어 집단의 응집성을 만드는 데 이용된다. 모레노는 인간을 사회적 동물로 보았고, 모레노가 '텔레(tele)' 라고 한 것은 사회조직의 망이다. 그는 텔레를 '개인 간에 전달되는 감정의 가장 작은 단위' 라고 정의했다(Moreno, 1953, p. 314). 모레노는 텔레가 공감이나 전이와는 다름을 발견했다. 공감은 주로 심리적인 현상이며, 자아(ego)의 사적인 세계에 대해 가지는 일방적인 느낌이다(Moreno, 1953, pp. 311–312). 그리고 전이는 '텔레의 이상심리의 한 부분이고, 공감은 텔레의 정서적 한 부분' 이라고 정의했다. 모레노는 "텔레와 공감은 훈련될 수 있고, 전이는 훈련될 수 없다."라고 말한다(Moreno, 1953, p. 16).

텔레는 사회적 현상이고, 일종의 추상적 개념이며, 사회적 존재감이 없다. 텔레는 사회원자와 모든 집단의 사회정서적 구조 속에서 이해되는 과정이다(Moreno, 1953, p. 317). 사회원자는 사회를 구성하는 인간조직의 가장 작은 단위이고(Moreno, 1969, p. 371), 수많은 텔레 구조로 구성되어 있는 사회측정학적 모체의 가장 작은 단위다(Moreno, 1953, p. 721). 사회원자는 그들의 텔레적 관계에 따라 개개인으로 구성되는 큰 집단을 묶기도 하고 또 분산시키기도 하는 사회측정학적 관계망으로, 여전히 보다 큰 패턴의 부분이 된다. 사회측정학적 관계망은 공동체의 사회측정학적 배치인 보다 큰 단위의 부분을 차지한다. 이러한 공동체는 인간사회 그 자체에 있어 사회측정학의 모든 것을 뜻하는 가장 큰 구조에 종속된다(Moreno, 1953, p. 54).

모레노는 인간사회가 물질의 원자구조와 유사한 원자구조를 가지고 있다고 보았다. 그는 사회적인 분야를 사회적 현실, 외적 사회, 사회측정학적 모체(sociometric matrix)의 세 부분으로 나누었다. 사회적 현실은 사회측정학적 모체와 외적 사회의 동력이 결합된 것이다. 외적 사회는 눈으로 볼 수 있고 명백하며 관찰되는 집단들로 구성되어 있다. 외적 사회는 비록 분류되지 않고 조직화되지 않았지만, 모든 중립적인 집단을 포함해 법적으로 인정된 집단과 위법으로 거절되는 집단 모두를 포괄한다. 이러한 집단들은 문화적 원자들인 것이다. 이 집단들이 외적 사회구조를 형성하기 위해 통합하게 된다(Moreno, 1953, p. 80).

사회측정학적 모체를 인지하는 것은 어렵다. 사회측정학적 모체는 사회측정학에 의해 보여질 수 있으며 끊임없이 변화하고 있다. 사회측정학적 모체는 견고한 사회측정학적 관계망(sociometric networks) 형성을 위해서 다양한 모임, 텔레 관계, 사회원자, 인간관계의 원자 사슬로 이루어져 있다(Moreno, 1953, p. 80). 변증법적 합성을 통해 이러한 구성요소는 불가피하게 현실적인 지금과 같은 사회를 형성하게 된다. 개개인의 창조성과 문화보존성 사이에서 갈등이 야기될 수 있으며, 이러한 갈등은 개인의 수준과 사회적 수준 모두에서 발생할 수 있다.

문화보존성은 창조적 활동의 모든 형태의 기초가 되지만 또한 방해의 원인이 되기도 한다. 물론 문화적인 연속성이 중요하지만 오래된 문화적 형태는 역기능적으로 변하며 이때 시대를 지나 버린 문화적 패턴은 새로운 사회 상황의 요구를 더 이상 수용할 수 없다. 사회적, 문화적 보존성은 특히 위기 상황에서 필요한 지원을 한다. 하지만 사람들은 점점 문화보존성과 같은 의지물에 사로잡히게 된다(Moreno, 1953, p. 47).

3) 심리극의 절차[45]

심리극은 워밍업, 실연, 나누기의 세 부분으로 구성되어 있다. 워밍업 과정은 주변에서 중심으로 나아가는 것이다. 워밍업은 주인공의 삶에서 가장 덜 위협적인 사건에서 시작한다. 디렉터의 책임은 내담자(주인공)가 장면을 만드는 것, 보조자를 선택하는 것, 워밍업 중에 주인공을 도와주는 것이다. 주인공은 심리극이 진행되는 동안 시간, 장소, 장면 그리고 필요한 보조자를 선택하는 데 도움을 받는다. 디렉터와 주인공은 한 팀으로 움직인다. 때때로 디렉터가 보다 적극적일 수도 있지만, 주인공은 장면을 바꿀 권리를 가지고 있다.

최소한의 심리극 집단은 디렉터와 최소한 한 명의 훈련된 보조자로 구성된다. 그러나 보조자가 없을 때, 디렉터가 보조자처럼 행동하기도 한다. 내담자(주인공)는 1인칭으로 그리고 현재시제로 말한다. 내담자는 사건이 발생한 실제 장소와 상관없이, 그리고 사건이 순전히 내담자의 상상이나 환상에서 비롯된 것인지에 상관없이 마치 그 사건이 '지금-여기' 일어나고 있는 것처럼 실연한다. 내담자는 사건에 대해 이야기하기보다는 행위화한다. 행위화는 주인공이 이러한 상황을 어떻게 내면화하고 있는지를 보여 주고, 사건에 대한 자신의 감정, 인지, 심리적 반응을 알 수 있다. 또한 분노, 슬픔, 걱정 그리고 다른 감정들과 같은 정서와 인지가 어떻게 신체에 남아 있는지를 알게 해 준다.

디렉터는 내담자의 모든 주관적인 지각을 받아들일 필요가 있고, 내담자가 자신의 표현을 최대화할 수 있도록 도와주어야 한다. 먼저 실연을 하고 필요하다면 나중에 재훈련을 한다. 주인공의 착각, 환상, 독백, 생각 그리고 투사는 드라마의 일부분이 된다.

비록 심리극의 규칙이 자발성과 표현의 최대화일지라도 때때로 표현을 최대화하려는 것은 오히려 주인공이 자신에 대해 표현하지 못하게 할 수 있다. 디렉터는 주인공의 속도를 따라야 하고 서서히 그들이 자신의 속박으로부터 자기 자신을 해방할 수 있도록 도와야 한다. 내담자의 자발성 부족은 심리극의 연출에 대한 저항이 아니다. 디렉터는 내담자를 도와서 서서히 에너지 장애를 풀어야 한다.

초보 디렉터는 천천히 진행되는 드라마의 과정에 성급함을 느껴 빨리 진행시키려 한다. 하지만 이러한 시도는 드라마의 자발적인 흐름을 방해할 것이다. 디렉터는 연출에 있어 가장 자발적인 사람이어야 하고 그 과정을 따라야 한다. 심리극에서 통찰은 행위화, 행동 배우기, 카타르시스에서 온다. 심리극은 통합하는 과정이다. 설명은 말로 표현하기보다는 장면을 구성함으로써 이루어진다.

심리극적 행위를 위한 워밍업에 있어 디렉터는 문화적 차이를 존중해야 한다. 각각의 문화는 심리극을 시작하는 그 문화만의 방식을 가지고 있다. 또한 주인공들은 (설령 그들이 일반적인 문화적 환경에 속해 있을지라도) 자기 자신의 문화적 규범을 가지고 있다.

주인공들은 그들이 내면화한 불균형과 기억에 대한 왜곡을 극복하기 위하여 그들에게 중요한 사람들과 역할 교대를 하는 것이 중요하다. 이러한 방법으로 주인공은 새로운 수준으로 그 역할들을 재통합하는 것을 배우게 된다. 역할 교대는 주인공으로 하여금 불행했던 과거에서 벗어나게 하며, 자발성을 드러내도록 한다.

디렉터는 드라마 진행과정을 통해서 내담자의 의식에 대한 장애의 실마리를 찾게 될 것이다. 워밍업은 주인공이 즉각적인 감정과 욕구에 주목하도록 하기 위해서 필수적인 준비동작이다. 워밍업은 주인공이 과정에 집중하도록 하고 보다 더 자발적으로 되게 한다. 이 과정은 지속적인데, 집단은 먼저 워밍업을 통해서 주인공이 선택된다. 주인공은 표면에서 중심으로 가듯, 양파 껍질을 벗기듯 그들의 에너지를 묶고 있는 내면 깊숙이 오랫동안 자리잡고 있는 문제들을 접촉할 수 있도록 워밍업한다.

드라마는 주인공이 문제를 표현함으로써 시작된다. 디렉터는 주인공의 창조적 에너지를 묶고 있는 미해결된 문제들과 연결시켜 줄 수 있는 감각적 자각(sensory awareness)과 같은 상황의 세부적 요소에 주의를 기울이며 내담자들이 장면을 만들 수 있도록 한다. 디렉터는 주인공이 장면에서 중요한 대상들을 식별할 수 있도록 여기에 누가 사는지, 이 장면에서 누가 존재하고 존재하지 않는지를 분명하게 인식하도록 돕는다. 그러고 나서 주인공은 장면에서 중요한 타인의 역할을 실연할 수 있는 보조자를 선택한다. 현재 장면에서 역을 맡고 있지 않은 중요한 역할들은 의외의 필요에 대비해서 선택된다. 종종 이러한 보이지 않는 사람들은 현재 존재하는 사람들만큼이나 중요하다. 보조자에 대한 설명은 말로 표현하기보다는 행동으로 보여 주어야 한다. 주인공은 바뀐 역할에서 이 과정을 수행하는 것이다.

보조자는 주인공이 원하는 시간, 장소, 현실에 잘 도달하도록 워밍업하여 행위화를 더 잘하도록 한다. 보조자는 중요한 사람들뿐만 아니라 이 방에 있는 대상들, 가치, 도덕, 미덕을 의미할 수도 있다. 또한 신(God), 악마, 선과 악을 연기할 수도 있다.

때때로 보조자는 이중자아 역할을 하는데, 이중자아는 주인공 자신을 연기하는 것이다. 여러 종류의 이중자아와 이중자아의 활용방법이 있다. 반대 역할을 하는 이중자아는 주인공의 양극화를 심화한다. 이중자아는 주인공의 많은 면모, 역할 그리고 경향을 묘사하는 데 이용된다. 이중자아로서의 보조자는 주인공의 입장에 서서 주인공이 느끼는 것을 지각한다. 이중자아는 또한 주인공이 가장 심층의 느낌, 말로 표현하기에는 무서운 감정을 탐색하는 데 도움을 줄 수 있다. 이중자아는 주인공이 그들의 감정을 정의할 수 있도록 돕고 표면에서 중심으로 천천히 다가갈 수 있도록 하기 위해서 문장 완성(sentence-completion), 부호보다는 감정에 대한 힌트 혹은 역설적인 표현과 같은 기술을 사용한다. 디렉터는 이중자아 역할의 정확성을 주인공과 함께 확인해야 한다. 이중자아는 반드시 편견 없이 주인공의 정신세계를 탐색해야 한다.

이중자아는 주인공의 신체적인 자세를 따라 그들이 말로 표현하는 것을 도와 감정을 표현하게 한다. 이중자아는 감정을 과장하게 되고 점점 주인공의 세계에 빠지게 되어 주인공의 신뢰를 얻게 된다. 이중자아의 점점 더 강렬하고 과장된 부정적인 독백에 따라서 주인공의 감정이 변화한다. 역할 교대는 주인공으로 하여금 이중자아의 역량을 통합할 수 있도록 해 준다.

심리극에서 중요한 기술 중 하나는 주인공이 중요한 타인이 되는 역할 교대다. 역할 교대는 심리극에서 전략적으로 사용된다. 디렉터는 드라마의 과정에서 보조자와 주인공을 도와주기 위해서 역할 교대의 개념을 충분히 이해해야 한다. 역할을 교대하기 전에 다른 사람의 역할에 대해 주인공이 워밍업을 하는 것은 중요하다. 보조자가 주인공과 역할을 바꾸고 또한 그 사람의 신체적 자세를 따르는 것 역시 중요하다. 이러한 과정은 주인공이 더 많은 행위화를 하도록 한다.

역할 교대는 다음과 같은 상황에서 활용된다. 첫째, 정보가 필요할 때, 둘째 주인공이 다른 사람의 섬세한 감정들을 느끼고 이해하도록 하기 위해서, 셋째 주인공이 자신을 통찰하는 거울의 형태로 다른 사람의 눈을 통해서 자신에 대해 알게 하기 위해서, 넷째 주인공의 자발성을 돕고 그들의 방어를 제거하기 위해서, 다섯째 주인공은 이러한 질문들에 대해서 답하고 조언해 줄 수 있는 유일한 사람이기 때문이다. 심리극에서 주인공이 다른 사람의 역할을 하는 동안 행한 그의 결정과 선택에 따른 책임은 그 자신의 것이다. 보조자가 주인공을 대신해서 답해서는 안 된다.

거울기법(mirror scene)은 주인공이 관객과 함께 지켜보는 동안 자신이 어떤 행동을 하는지를 지각하게 한다. 주인공은 이 과정을 통해 더욱 객관적이 된다. 때때로 거울기법은 주인공의 감정을 심화시키는 데 이용되는데, 특히 주인공이 감정에 다가가는 데 어려움을 겪을 때 효과적이다. 거울기법을 이용한 성공적인 예는 7장의 조지(George)의 사례연구에서 찾을 수 있다.

드라마는 집단 나누기로 끝난다. 집단의 참가자들은 주인공의 드라마를 통해 일깨워진 자신들의 경험을 나눌 수 있는 용기를 얻게 된다. 아무도 나누기를 하지 않는다면 디렉터는 자신의 경험을 주인공과 나누어야 한다. 주인공은 자신만이 문제를 가지고 있다는 느낌을 버려야 한다.

4) 사회측정학의 절차

모레노가 구상한 대로 사회측정학은 이론, 철학, 방법론과 실천을 전체적으로 통합한 것이다. 그는 인류와 사회를 변화시키는 데 사회측정학을 사용하려고 시도했다. 그리고 그는 사회적 이론가나 분석가처럼 세상을 이해하는 것만으로는 충분하지 않다고 믿었다. 중요한 것은 세상을 변화시키는 것이다. 모레노는 자발성과 창조적인 문화적 질서를 가진 치료 공동체를 만들고자 했다. 사회측정학은 행위를 지향하는 실천이다. 집단을 평가하거나 측정하는 것이 아니라 집단 응집력과 집단 역동성을 확장시키는 것을 목적으로 한다. 집단 구성원은 '지금-여기' 에서 행동을 통해 시너지 커뮤니티(상승 공동체)의 공동 창조자가 된다. 이러한 과정은 집단 구성원이 적극적으로 서로를 선택하도록 장려함으로써 시작된다. 대인관계의 선택은 사람들 사이에서 흐르는 감정에 따라 이루어진다. 모레노는 이러한 감정을 '현재의 텔레' 라고 불렀다. 텔레는 대인관계의 선택에 있어서 기본이 된다. 모레노는 사회체계를 끌림-반감-중립의 과정이라고 생각하였다.

구성원은 집단 내의 관계에서 그리고 그들이 선택하는 위치를 통해 시각화될 수 있다. 갈등이 생겼을 때, 만남은 그 상황을 다루기 위해서 사용된다. 심리극 실연과 마찬가지로 직면, 역할 교대, 이중자아가 사용된다. 만남은 여러 명의 주인공 드라마로 묘사될 수 있다. 디렉터는 만남이 이루어지고 있는 모든 주인공에게 주목한다. 이러한 만남은 두 사람 간의 또는 한 사람과 집단의 많은 사람과의 만남일 수 있다. 심리극과 마찬가지로 워밍업, 실연, 나누기는 만남의 과정에서 중요한 요소다.

미주

1) 기(氣)는 호흡으로 번역할 수 있다. 그러나 여기서는 에너지가 더 적합한 번역이다. 기는 우주의 움직임, 자연계의 생동, 인간의 생동감, 건강 상태와 관련된 다양한 에너지를 일컫는다.

2) 삼초는 인체의 세 강(腔), 즉 흉부, 복부, 골반에 위치하는 세 가지 기 영역을 말한다. 삼초는 체액과 고체의 흡수, 변형, 제거 등을 조절한다. 또한 영양을 제공하는 기와 보호를 해 주는 기를 생산하고 순환하는 책임을 맡는다.

3) Pert, C. B. (1997). *Molecues of Emotion: Why You Feel the Way You Feel*. New York, NY: Scribner. p. 143.

4) 위의 책, p. 189.

5) 맥스웰(Maxwell) 공식 참고문헌: Feynman, R. P., Leighton, R. B., & Sands, M. (1971). Chapter 18. *The Feynman Lectures on Physics* (Volume II). Addison-Wesley Publishing Company, Inc.

6) 우선 선생은 의사 집안에서 태어났다. 그는 의학 분야에서의 가족적 전통을 이어받아 고대 중의학 문헌 탐구에 몰입했다. 그 결과 약 3,000년 전에 귀족들이 사용하고 즐기던 치료법을 회생시키고 발전시킬 수 있었다. 그가 가지고 있던 내적 기 에너지가 이제는 우주와 함께하는 에너지가 되었다. 그는 중국에서 수많은 환자를 도운 후 미국으로 가서 많은 환자를 도왔다. 특히 말기 환자와 만성 질환자들을 많이 도왔다. 환자들은 고통과 통증이 해소되었고 삶의 질이 향상되었을 뿐 아니라, 질병

이 퍼지는 것을 막을 수 있었다. 또한 질병으로부터 회복하도록 도운 사례도 있다. Walt Disney Memorial Cancer 연구소의 부인과 암 전문의인 네일 핑클러(Neil Finkler) 박사는 이러한 고대 치료법과 현대 의학기술을 조합함으로써 많은 혜택이 있을 수 있다고 믿는다.

7) Capra, F. (1975). *The Tao of physics*. Berkely. CA: Shambhala. p. 81.

8) 『하도낙서(河圖洛書)』는 송나라 때 쓰인 책이다. 전설에 의하면, 하(河)의 그림이 용마에 그려져 있고, 낙(洛)의 그림은 신성한 거북의 등에 그려져 있다고 한다. 복희(伏羲)라는 전설적인 통치자는 하(河)의 그림 구도를 가지고 나라를 다스렸으며, 이 그림은 현재 팔괘로 알려져 있다. 하 왕조 시대의 우왕은 낙(洛)의 도해를 사용하여 강의 위치를 가리켰다고 한다.

9) 색은 중의학에서 매우 중요하다. 중국 의사는 환자의 얼굴색과 냄새를 토대로 진단을 한다. 콩팥의 기가 부족한 환자의 경우 기를 보충하려면 검은색의 음식을 섭취하도록 한다. 기공 전문가 역시 환자의 신체 주위에 있는 기운의 색깔을 보고 진단을 한다.

10) James, W. (1894). *Essays in Radical Empiricism*, pp. 13, 48, and Fung Yu-Lan, (1952). *History of Chinese Philosophy*, Vol. 2, p. 239.

11) ekstasis는 그리스 어원에서 '~로부터 나온' 이라는 뜻을 가진다. 샤르트르(Jean-Paul Sartre)는 그의 저서 『존재와 무(Being and Nothingness: Consciousness)』에서 ekstasis의 유형에 대해 적고 있다. 그가 일컫는 'Being-for-itself' 는 자기(self)로부터 세 가지 연속적인 ekstasis 형태로 분리된다. 첫째는 속계(temporality)로, 과거, 현재, 미래(세 가지 시간적 ekstasis)라는 삼차원에서 for-itself는 in-itself(어떤 면에서는 아직도 속해 있는 곳)를 전멸시킨다. 둘째는 반성(reflection)으로, for-itself는 외부로부터의 견해를 받아들이고자 한다. 셋째는 Being-for-Others로, for-itself는 스스로 SELF for-the-other가 있음을 발견하는데, 이것은 깨닫거

나 붙잡을 수 없는 self다.

12) 1934년 노벨문학상을 수여한 이탈리아 작가로서 '드라마와 무대를 대담하고 화려하게 변형한 바' 있다. 피란델로의 연극은 부조리 연극의 선구자로 알려져 있다. 그의 연극은 일반적으로, 허구가 어떻게 현실과 어우러지는지, 사람들이 어떻게 사물을 달리 보는지를 보여 준다. 그에게 있어 예술은 모순이다. 현실은 진실이자 동시에 오류이며, 환상을 벗겨낼 때 종종 폭력이 나타난다. 피란델로는 소설과 수백 편의 단편소설 및 40편의 극본을 썼으며, 그중 몇 편의 극본은 시실리 방언으로 쓰였다.

13) 형태는 없으나 완전한 것이 있으니, 有物混成,
그것은 천지 이전에 존재했다. 先天地生.
소리도 없고 형체도 없건만, 寂兮寥兮,
홀로 변함없이 우뚝 서 있다. 獨立不改.
그것은 온통 넘쳐나고 부족함이 없으니, 周行不殆,
천하 만상의 어머니라고 할 수 있다. 可以爲天下母.
우리는 그 이름을 알지 못하나, 吾不知其名,
그것을 도라고 일컫는다. 字之曰道.
(도덕경 25장)

14) 인간은 땅을 본받고, 人法地,
땅은 하늘을 본받고, 地法天,
하늘은 도를 본받는데, 天法道,
도는 스스로 그러함을 본받을 뿐이다. 道法自然.
(도덕경 25장)

15) 도는 만물을 낳고, 道生之,
덕은 만물을 양육한다. 德畜之.

물질은 만물에게 형상을 주고, 物形之,
타고난 경향성을 완성케 한다. 勢成之.
이에 수만 가지의 것들이, 是以萬物,
예외 없이 도를 경배하고 덕을 귀하게 여긴다. 莫不尊道而貴德.
누구도 그렇게 하라고 명령하지 않았다. 夫莫之命.
이 과정은 영원토록 자발적인 것이다. 而常自然也.
(도덕경 51장)

16) 심재와 좌망은 명상적인 기공의 형태로서, 신체를 흐르는 독(督)과 임(任) 에너지 통로를 열어 준다. 이 두 가지 통로는 신체의 모든 경혈을 연결해 준다.

17) '이것' 과 '저것' 의 분리가 없어질 때, 彼是莫得偶,
이것을 가리켜 도의 정지점이라고 부른다. 謂之道樞.
그 구심의 정지점에서 樞始得其環中
영원(infinity)을 말한다. 以應無窮.
영원은 옳고도 그르다. 是亦一無窮 非亦一無窮也.
그러므로 말하기를 이보다 더 분명한 것은 없다. 故曰莫苦以明.
(장자 제물론 2장).

18) 맹자는 기원전 4세기에 살았던 유명한 유학자다. 공자의 손자인 자사(子思)에게 가르침을 받았다.

19) *Mozi Taiwan Ancient Text*, p. 19, Mozi "Dye".

20) 모레노는 자기가 다양한 역할로부터 발달한다고 본다. 역할은 문화보존성을 지닌다. 사람은 사회문화적 환경에 영향을 받으며, 자신의 주변환경 내에서 맡아야 하는 역할들에 영향을 받는다.

21) 『서경(書經 혹은 *Book of History*)』(기원전 6세기)에서 이윤(伊尹)은 자신의 후계자에게 다음과 같이 말한다. "오! 오래전부터 하 왕조의 왕들은 성실하게 자

신의 덕을 쌓았고, 그래서 하늘로부터 재앙이 없었도다. 산과 강의 정령은 모두 평온하였고, 새와 짐승과 물고기와 거북이가 모두 자연의 순리대로 삶을 즐겼도다……. 천도는 불변하지는 않는도다. 선을 행한 자에게 모든 축복을 내리고, 악을 행한 자에게 모든 비참함을 내리는도다. 그대는 적든 많든 덕을 행하고 덕이 있어야 온 세상이 기쁨을 누릴 수 있을지어다. 적든 많든 덕이 없을 경우, 그대는 선조의 사원을 황폐하게 할 것이니라." (James Legge, trans, *The Sacred Books of China: The Texts of Confucianism*, in F. Max Mueller, ed., *The Sacred Books of the East*, 50 vols., (Oxford: Clarendon, 1879~1910), Vol. 3. pp. 92-95, reprinted. in Alfred J. Andrea and James H. Overfield, *The Human Record: Sources of Global History*, Vol. 1, 2nd ed., (Boston: Houghton Mifflin, 1994), pp. 25-27).

22) 도교인들의 도에 대한 중심 개념이며 장자의 진인 혹은 노자의 순진무구한 갓난애다.

23) 프랑스 철학자(1859~1941)로 파리에서 태어났으며, 유태계 폴란드인인 부유한 음악가 아버지와 앵글로 아일랜드계 어머니 사이에서 태어났다. 베르그송은 1927년 노벨문학상을 수상했다. 그는 직관이 지능보다 더 깊이 있는 것이라고 주장했다. 그의 저서 *Creative Evolution*(1907)과 *Matter and Memory*(1896)는 생물과학의 연구 결과를 의식이론과 통합하고자 한 것이다. 베르그송의 업적은 자연에 대한 기계학적 관점에 큰 도전으로 간주된다. 차후에 나올 상대성이론과 인간 정신의 현대과학 이론들을 예측한 것으로 간주되기도 한다.

24) 앞에서 인용된 노자의 『도덕경』 51장에서 언급된 바 있는 각자 타고난 덕을 상기하게 한다.

25) 모레노가 서술한 바와 같이, "이러한 장애물과 저항 뒤와 아래에는 시적인 영감과 제작의 진실되고 위대한 극장이 있다."(Moreno, 1983, p. 49)

26) 오행이란 물, 나무, 쇠, 불, 흙을 말한다. 인간의 내장은 이 요소들로 설명된다. 다섯 가지 음성 기관, 즉 물은 콩팥, 나무는 간, 쇠는 허파, 불은 심장, 흙은 지라다. 여섯 가지 양성 기관으로는 대장, 담낭, 위, 방광, 소장 그리고 삼초가 있다.

27) 심(心)은 영어로 마음 또는 심장이라고 번역되는데, 이로 인해 중국의 철학사상을 이해하는 데 많은 논란과 혼란을 겪고 있다.

28) 『황제내경(黃帝內經)』「소문(素問)」 72장.

29) 위의 책, 33장.

30) 단전(丹田)이란 말 그대로 신체의 정수를 의미한다. 여기에는 세 가지 정수가 있다. 상단 정수는 영혼이 위치하고 있는 곳으로 두 눈썹 사이의 중심점 아래를 말한다. 중간 정수는 가슴 부위에 위치하는데 그곳은 호흡, 맥박, 언어와 관련된다. 하단 정수는 정(essence)이 위치하는 곳으로서 배꼽 뒤편 아래쪽이다.

31) 과도한 공포감은 분노를 일으키며, 분노는 종종 슬픔으로 인해 완화된다.

32) 『황제내경』「소문」 5장, '음양 원리와 자연 만물 및 현상과의 관계에 대한 논고'.

33) '웃음'은 심장에 기쁨을 가져다준다. 따라서 웃음치료는 정서적 상처를 치유하는 데 영향력이 있는 매체다.

34) 『황제내경』「소문」 19장.

35) 독맥(督脈)은 머리 끝에서부터 척추 끝 부분까지 운행한다. 신체의 모든 경락을 연결해 준다.

36) 이것을 거울 장면이라고 부른다. 트라우마 경험을 보조자들이 시연한다. 주인공은 밖에서 관찰하도록 한다. 트라우마 재경험에 대한 두려움으로 인해 학대 장면에 들어갈 수 없는 피해자의 경우 활용한다.

37) 미주 30) 참조.

38) 『황제내경』은 황제가 각료 대신들과 대화하는 식으로 쓰여졌다. 이 저서는 지금까지도 중국 전통의학을 연구하는 학생들에게 필수 교재로 사용된다. 놀랍게도,

5천 년 이상 황제의 의학이론이 꾸준히 연구되어 오고 있으며, 그의 이론 대부분이 시대의 검증에 잘 견디어 오고 있다.

39) 전설에 의하면, 황제는 기원전 2696~2598년까지 통치했다.

40) 이것은 음성 기관으로, 서양 의학에서는 이 기관의 정신적 기능에 대해서 인정하지 않고 있다.

41) 이것은 심장의 한 부분으로 간주된다.

42) 是故怵惕思慮者則傷神, 神傷則恐懼淫而不止. 同悲動中者, 竭地而失生.

43) 개인의 도(道)를 덕(德)이라고 부른다. 사람은 도의 우주적 과정과 연결해 주는 이러한 속성을 타고난다. 노자는 『도덕경』 51장에서 이것에 대해 설명하고 있다(미주 157 참조).

44) 태극권은 종종 움직이는 기공 혹은 동공이라고 불린다.

45) Moreno, Z. (1975/1969). Chapter V: Overview of psychodramtic techniques, *Psychodrama*, Vol. III, pp. 233-246 참조.

제3부

Yi Shu의 실제

골의 하느님은 죽지 않는다. 이를 일컬어 가믈한 암컷이라고 한다.

가믈한 암컷의 아랫문은 바로 하늘과 땅의 뿌리라 한다.

이어지고 또 이어져 있는 것 같다. 아무리 써도 마르지 않는다.

谷神不死, 是謂元牝. 元牝之門, 是謂天地根. 綿綿若存, 用之不董.

–도덕경 6장–

ㅣ제6장ㅣ

Yi Shu의 과정

집단치료로서의 Yi Shu 과정

미술치료, 심리극(psychodrama), 문화 드라마 그리고 중의학에 대한 나의 경험은 모두 Yi Shu의 임상적 활동을 개발하기 위한 중요한 준비 작업들이다.

Yi Shu는 집단 심리치료의 한 형태다. 하지만 개인 심리치료에도 사용될 수 있다. Yi Shu는 개인, 집단 또는 집단 간의 차단된 에너지를 활성화하는 데 목적을 둔다.

Yi Shu 과정은 심재(心齋, 마음을 한 생각에 모으는 것)와 좌망(坐忘, 아무런 생각 없이 앉아 있는 것), 경락을 통해 에너지의 거침없는 흐름을 시작하게 해 주는 고대의 명상적 기공(氣功)에서 시작한다. 주요 두 경락을 활성화시키는 호흡과 공상을 이완으로 사용한다. 독맥(督脈)[1] 또는 등뼈의 꼭대기부터 등뼈를 따라서 위로 향해 있는 머리의 꼭대기인 백회(百會, 정수리의 숨구멍)까지 흐르는 통제 코스, 얼굴 앞쪽 아래를 향하는 임맥(任脈)[3] 또는 옥당(玉堂)을 지나 윗입술로부터 하향하는 코스, 그리고 가슴의 중앙인 단중(膻中), 아래를 향해 복부의 아래쪽인 기해(氣海, 배꼽 아래 한 치쯤 되는 곳)를 통과하여 등뼈의 꼭대기까지다. 이것은 거대한 혈 순환 코스로 대주천(大周天)이라고 불린다. 작은 순환 코스인 소주천(小周天)은 가슴 부분의 가상적 중앙인 심장에서 시작하여 배꼽 또는 콩팥의 아래쪽 배의 중앙인 기해까지 아래쪽으로 움직인다.

더 작은 혈 순환 코스는 물과 불의 요소가 균형을 이루도록 한다. 이는 음과 양, 양극을 통합시키고 심장과 콩팥의 에너지를 조화롭게 한다.

대주천은 한 사람의 우주적인 생명 에너지(氣)의 순환을 연결해 준다. 사람이 호흡한 우주로부터 받은 에너지는 몸을 통과하여 발의 중앙인 용천(湧泉)을 통해 땅으로 되돌아간다. 이론적으로 명상적인 기공과정은 매일의 하찮은 일상, 피상적인 일들의 속박으로부터 자유로워지게 해 주고, 부여받은 무한한 가능성에 도달할 수 있게 해 준다. 고대 현자들은 고요함이 병을 낫게 한다고 믿었다. 이 과정은 도교학자 또는 진인(眞人)이 되도록 수양하는 데 도움을 줄 수 있다. 장자(莊子)는 「대종사(大宗師)」 편에서 다음과 같이 말했다. "옛날의 진인은 잠을 잘 때 꿈을 꾸지 않고 깨어 있어도 근심이 없었다. 음식은 좋은 것(단 것)만을 탐하지 않고 깊게 숨쉰다(숨쉬는 데에 여유가 있었다.). 진인은 발꿈치로도 숨쉬지만 일반 사람들은 목구멍으로 숨쉰다(古之眞人, 其寢不夢, 其覺無憂, 其食不甘, 其息深深. 眞人之息以踵, 衆人之息以喉.)."

두 번째 과정에서는 호흡을 용이하게 하고 음악과 함께 몸을 자유롭게 움직인다. 찬불가나 명상적인 소리로 시작하고, 점차적으로 집중하도록 하면서 고유한 아메리칸인디언, 오스트레일리아, 발리 또는 서부 아프리카의 트랜스 음악과 함께 감정을 불러일으키며, 종족의 북과 노래로 참석자들을 최면 상태로 이끈다. 북소리는 심장박동과 공명하면서 내적 리듬을 규칙적으로 만든다. 그리고 자발적으로 몸을 자유롭게 움직이도록 만든다. 트랜스 음악은 집단으로 하여금 그들의 영혼이 무의식으로 여행하도록 이끈다. 음악은 깊은 트랜스 음악에서 다시 명상적인 멜로디로 부드럽게 바뀐다. 참석자들은 징소리를 듣고 천천히 깨어난다. 이것은 참석자가 차단된 에너지 상태에서 벗어나 깨어날 수 있도록 도와준다.

이런 과정 다음에 참석자들은 화선지에 붓으로 그림을 그리는 과정으로 들어가게 된다. 전통적인 중국 회화는 자발성과 창조성을 기르기 위한 영적 훈련에 사용되곤 했다. 이것은 음악을 들으며 춤을 추는 동안 경험한 내부 변화과정을 외현화하는 것을 가능하도록 했다. 화선지와 붓은 민감성 때문에 선택된다. 참석자들은 매 순간 손의 떨림조차도 흔적을 남긴다. 종이 위의 물 한 방울조차도 영원히 흔적으로 남겨질 것이다. 이 과정은 우리에게 붓으로 선을 한 번 긋는 것이 마치 인생과 같다는 것을 함축적으로 가르쳐 준다. 한 번 흔적을 남기면 그것은 지울 수 없다. 여기서부터 단지 나아갈 수만 있고 더 이상 되돌아가는 길은 없다. 따라서 그림은 그리는 사람의 심리를 형태로 남긴다.

다음 단계는 그들 개개인을 위한 글과 동작, 말하는 소리, 그림에서 각각의 이미지와 색깔을 행동으로 나타내는 것이다. 내담자는 이런 각각의 동작과 소리의 이미지와 색깔을 통해 그 안에 들어 있는 의미와 감정에 친밀해질 것이다.

이때 내담자나 주인공은 각각의 색깔과 형태를 행동으로 나타내는 동안 '나는…… 느낀다. 나는…… 필요하다. 나는…… 두렵다.'[2] 등을 강조하는 문장을 완성하도록 요청받게 될수도 있다.

집단 구성원들은 색깔과 형태를 재연하기 위해 보조자 역할을 맡게 된다. 그들은 내담자에 의해 만들어진 완성된 문장과 동작, 소리에 집중해야 할 뿐만 아니라 내담자가 보여 준 그들의 입장과 관계, 역할의 관계에도 집중해야 한다. 내담자는 자신의 이야기가 마치 다른 사람의 일인 것처럼 실연되는 것을 보기 위해 청중들 가운데 앉을 것이다. 역할 관계의 양식, 동작과 소리는 주인공의 심리 형태(게슈탈트)를 형성한다.

음악, 춤, 몸동작과 그림은 종종 내담자들이 자각하고 있는 의식에 의해 억압된 충동과 선천적 기질, 숨겨진 욕구의 이미지에 접근하는 것을 가능하게 한다. 특히 그림은 내적으로 부족한 것을 외부로 드러나게 한다. 마치 지도처럼 내담자에게 감정적, 신체적, 심리적 어려움으로 인한 차단된 에너지가 흐르도록 이끌어 준다.

더 나아가 탐색은 내담자의 차단된 에너지가 흐르도록 도와주는 에너지 작업과 함께 역할 교대, 이중자아, 거울기법, 독백과 같은 심리극 과정의 실시를 통해 마무리된다. 막힌 에너지가 흐르도록 하는 작업을 할 때, 특별히 집중해야 하는 것은 척주(spinal column)[3]와 각각의 몸의 정중앙을 따라 흐르는 통제 코스인 독맥과 담당 코스인 임맥이다. 독맥은 모든 양(陽) 경락을 연결해 주는 반면에 임맥은 모든 음(陰) 경락을 연결해 준다. 중국 에너지 경락은 몸동작과 목소리, 음성을 사용하여 차단된 에너지가 흐르도록 하는 방법을 알려 준다. 종종

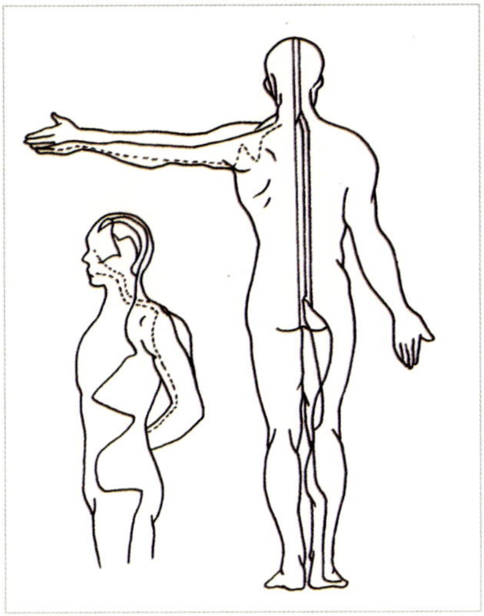

그림 6-1 독맥

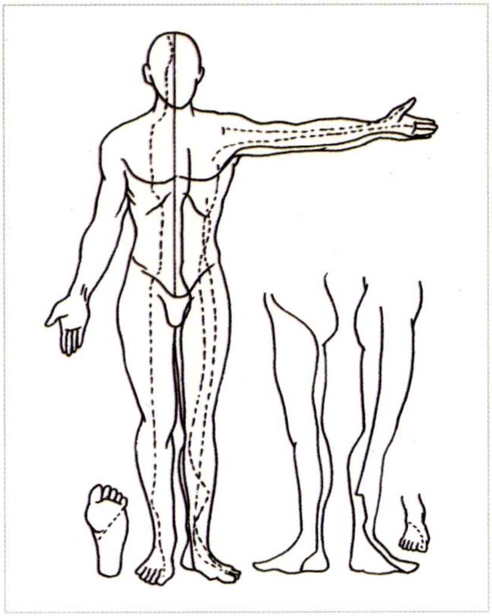

그림 6-2 임맥

심리극을 멈추고 에너지 경로에 따른 활동에 전념할 필요가 있다.

차단된 에너지에 대한 활동을 하는 데 있어서 중국 전통의학의 오행과 그것에 관련된 이론들은 중요하다. 앞서 논의된 바와 같이, 오행과 그것들의 상생상극의 관계는 다른 감정을 억제하거나 발생시키기 위해 하나의 감정을 사용하는 것에 적용될 수 있다.[4]

적절한 때 유머와 웃음이 사용될 수 있다. 웃음은 심장 경락과 관련된다. 심장 경락은 종종 병의 경과를 더욱 좋게 변화시킬 것이다. 노먼 커즌스(Norman Cousins)는 『질병 분석(Anatomy of Illness)』에서 그가 찰리 채플린 비디오를 지켜보면서 생명을 위협하는 질병에서 소생한 것을 기록했고, 실제로 웃음을 통해 건강해졌다고 밝혔다(Pert, 1997, pp. 166-167).

중국 전통의학에 의하면, 사랑[5]은 몸에서 엔도르핀을 만들어 내는 감정으로 면역체계를 강화시키고 병으로 인한 고통을 치료해 준다.

앞에서 언급한 알린과 밥의 이야기를 기억해 보라. 밥은 알린의 두통을 빨간 장미와 키스 한 번으로 치료했다. 사랑이 아픔을 치료한 것이다. 이것이 생물학적, 심리적, 사회적, 영적 과정이다. 정서적 지지는 내담자를 건강하게 하는 비결이다. 각 세션의 마지막에 내담자는 자신에게 의미 있는 사람이나 집단의 구성원들로부터 긍정적 지지를 받는다.

문화 드라마로서의 Yi Shu 과정

Yi Shu는 개인 내적, 인간관계 및 인간관계를 초월한 관계뿐 아니라 다른 문화, 인종의 화합을 성취하기 위한 작업이다. 문화 간 갈등을 해결하기 위해 우리는 문화 드라마를 사용한다. 문화 드라마는 문화와 인종의 차이로부터 생기는 갈등을 해결하는 것이 목표다. 또한 문화 드라마 과정은 미술, 음악, 동작, 모레노학파(Morenean)의 사회측정학, 역할이론, 전통적인 중국의 기 치료이론을 통합한다.

Yi Shu 과정은 워밍업(준비작업), 행위화와 같은 심리극의 형식을 상당 부분 적용한다. 하지만 Yi Shu의 기공, 중국 회화, 주술적인(샤머니즘) 음악 사용은 심리극과 다르다. 인체의 내부 장기와 감정의 조화에 따른 기를 조정하는 경혈

(經穴)을 사용하는 것도 다른 점이다.

문화 드라마의 워밍업은 문화와 환경에 따라 변화한다. 그것은 앞에서 언급한 다양한 문화와 인종의 환경에 맞게 선택한 음악에 맞추어 춤/동작을 하는 명상적인 기공으로 시작한다. 춤/동작을 하고 난 다음, 다양한 문화집단에게 배가 난파되어 인적이 없는 섬에 함께 버려졌다는 상상을 하게 하면서 참석자들에게 커다란 하얀 시트 위에 집단화를 그리도록 한다. 그들은 선택의 여지가 없다. 단지 섬에 머무르며 함께 살아야만 한다. 각자는 살아남기 위해 할 일들을 그림으로 표현한다. 종종 같은 문화나 같은 인종의 사람들이 모여드는 일이 일어난다. 그들은 처음에는 상호작용이나 협동작업을 하지 않을 것이다. 사람들은 각자 한 순간 동안이나마 견디기 위한 방법으로 자신만의 상징을 그린다. 그들이 자신의 상징을 행동으로 나타내고 자신의 이야기를 말할 때, 문화적 주제나 인종의 차이가 나타난다. 이러한 문화 드라마는 여러 해를 거치면서 다양한 문화에서 사용되어 왔다.

| 제7장 |

사례연구[6]를 통한 Yi Shu 과정

사례연구 A: 제인
(1998년 겨울)

만성변비

제인은 45세의 중국 여성이다. 그녀는 아주 여러 해 동안 만성변비로 고통받고 있었고, 서양 의사와 중국 의사 모두 그녀의 만성변비 증상을 낫게 해 주지 못했다.

나는 그녀에게 자유롭게 춤을 추면서 자신의 몸을 음악의 리듬에 맡기도록 권했다. 음악은 꽤 조용하고 명상적인 불교음악에서부터 시작하여 점차 아프리카, 오스트레일리아 종족의 음악으로 이끌어 갔다. 그리고 다시 명상적인 분위기로 천천히 가라앉혀 마무리했다. 몇 분 동안 휴식을 취한 후에 그녀에게 춤에서 나타났던 이미지를 그림으로 그리도록 요구했다. 나는 그녀의 그림에 나타난 각각의 색깔과 이미지를 실연하도록 요구했다. 그리고 그녀가 감정과 친밀해질 수 있을 때까지 각 색깔의 동작 또는 소리를 나타낼 것을 제안했다. 그림은 항상 현재 상태를 형상(게슈탈트)으로 나타낸다.

그녀는 각각의 색깔을 실연할 집단원들을 선택했고 그림은 생생하게 살아났다. 그녀는 청중 속에 앉아서 그녀를 위한 거울장면으로서 그림의 동작들을 지켜보도록 요청받았다. 이것은 그녀에게 약 여섯 살 때의 가족 상황을 생각나게 했다. 그녀는 현재 가정에서의 상황이 매우 혼란스럽다고 말했다. 그녀는 남편으로부터 이혼을 당했다. 남편이 여섯 살 된 딸을 성적으로 괴롭혔다고 말했다. 심리극 실연은 여섯 살 때인 어린 시절로 그녀를 데려다 놓았다. 그녀는 가족이 모두 나가 버린 빈 집에 혼자 있었고, 삼촌이 그녀를 침실로 데려가 폭행했었다는 것을 기억해 냈다. 삼촌은 그녀에게 다른 사람들에게 말해서는 안 된다고 했고, 말하면 죽이겠다고 했다. 엄마가 직장에서 돌아왔을 때, 그녀의 이상한 행동을 알아채고 그녀에게 일어났던 일들을 물었다. 그녀는 엄마에게 일어났던 일에 관해 말했다. 엄마는 그녀를 믿지 않았을 뿐만 아니라 가족에게 부끄럽다는 이유로 아무에게도 말하지 말라고 했다.

앞에서 언급한 바와 같이, 슬픔(悲)과 근심(愁)은 허파를 손상시키고, 영혼이 자리 잡은 심장과 창자기관 그리고 소화를 돕는 신진대사의 모든 체계를 통제하는 삼초(三焦, 상초, 중초, 하초)에 영향을 준다. 슬픔은 에너지(氣)가 흐르는 것을 심하게 방해할 수 있으므로 만성변비의 원인이 될 것이다. 또한 우리는 슬픔과 분노의 감정이 연관이 있다는 것을 안다. 슬픔은 분노의 표현을 억누를 수 있다. 소리는 이런 감정들의 표현과 관련이 있다.

나는 그녀에게 큰 소리로 '그 남자'라고 따라하게 하는 것에서부터 시작했다. 또한 그녀에게 바타카(bataka, 운동경기 배트)[7]를 이용하여 신체적으로 분노를 표현하도록 권장했다. 분노를 표현한 후에 그녀는 슬픔에서 빠져나올 수 있게 되었다. 그동안 나는 그녀를 눕히고 그녀의 위에서 물방울이 떨어지는 소리를 만들어 내면서 그녀의 척추 주위 독맥[8]이 열리도록 도왔다.[9] 그러자 그녀는 소리 내어 울부짖고 아기처럼 울 수 있었다.

- **사랑치료** 심장 경락은 마음과 모든 감정과 연관이 있다. 사랑과 즐거움은 심장 경락에 속한다. 나는 그녀에게 진정으로 돌봐 줄 누군가가 있느냐고 물었다. 그녀는 한 친구를 말했다. 나는 그녀에게 친구를 연기할 집단 구성원을 선택하게 했고, 친구 역할을 맡은 보조자에게 계속해서 주인공을 지지하게 했다. 심리극이 실연되는 동안 평화로운 음악이 흘러나오도록 했다. 이러한 지지를 받은 후에 그녀는 심리극 실연 장면에서의 엄마, 아빠, 남편을 직면할 수 있었다.

마지막 세션을 고찰해 보면, 그녀의 변비는 정서적 불균형과 내부 기관의 에너지 차단과 관련이 있었다. 정서적 표현 이후 차단된 에너지가 흐르게 되었다. 분노와 슬픔의 표현은 그녀를 지지해 주었고, 자신과 딸을 인정하고 양육할 수 있게 해 주었다. 세션은 약 4시간 동안 진행되었다. 세션 끝 부분에서 그녀의 얼굴은 놀라울 정도로 밝았다. 다음 날 그녀는 나에게 왔고, 변비가 치유되었다고 말했다. 여섯 살 때를 되돌아본 것이 그녀의 변비 증상을 끝내게 했음을 알수 있었다.

• **논의** ① 예술표현의 치료적 사용은 내담자로 하여금 암시적인 것부터 명백하게 인식하는 미해결 상황들을 쉽게 기억해 내도록 한다. ② 명상적 기공인 심재(心齋, 마음을 한 생각에 모우는 것)는 자발성을 촉진시키는 데 도움이 된다. 그리고 내담자가 의식을 유지하도록 도와준다. ③ 중국 전통의학인 경락학(經絡學)은 몸, 마음, 영혼의 차단된 에너지가 흐르도록 해 준다. ④ 그림 이미지들과 함께 심리극의 역할 연기, 역할 교대는 차단된 에너지가 흐르도록 하기 위해 내담자가 미해결 과제를 해결하도록 이끌어 준다.

도가의 명상적 기공 또는 심재는 그녀를 '지금–여기' 에 머물도록 해 준다. 그녀는 한순간에 집중할 수 있게 된다. 이는 미해결 과제를 일시적으로 중지시켜 주는 경향이 있지만 부정하는 것은 아니다. 만약 도가의 명상적 기공과정을 오랫동안 수련한 사람이라면 미해결 과제를 다루게 되는 일은 없을 것이다. 비록 도가에서는 심재의 과정에서 미해결 과제를 다루는 것을 권장하지 않지만, 그것은 마음을 더 이상 억압받지 않도록 돕는다. 이 과정은 한 사람의 내재된 의식에서 좋은 것을 더 많이 의식하도록 도와준다. 미해결 과제는 자발적인 그림에 투사될 수 있다. 이런 그림들은 미해결 과제를 다루는 에너지 표출작업과 실연으로 이끌 수 있을 것이다.

한 걸음 나아가, 인식과 이들 욕구에 대한 두려움은 심재에 의해 제거될 수 있다. 중국 회화 그리기 과정과 함께 심재는 내부 세계와 마찬가지로 외부 세계와 조화를 이루도록 도와준다. 심재는 선천적인 성장과정을 깨달을 수 있도록 돕는다. 이와 같이 어떠한 감정이나 미해결 과제도 억압할 필요가 없다는 생각을 내면화시킨다. 그녀는 있는 그대로의 자기 자신을 받아들이는 것을 배운다. 자신을 그대로 인정하면서 주위 세계에 대한 하나의 로봇이나 반응자보다는 자발적인 사람이 된다.

사례연구 B: 조이스

(2001년 여름)

글쓴이: 조이스

1부

나는 11세 때 HDB 빌딩의 외진 계단에서 낯선 사람에게 성폭행을 당했다. 성장해 가면서 그 심리적 외상이 내 인생에 끼친 영향을 서서히 깨닫게 되었다. 폭력과 희생양의 환각과 악몽뿐만 아니라 내 개인적인 안전에 대한 두려움과 육체적 친밀감에 대한 혐오는 나의 성장기에 고통을 주었으며, 연상의 남성과 극도로 불안정한 관계를 형성함으로써 정신적 혼란에 빠졌다.

마침내 나는 심리적 외상을 겪은 지 5년이 지나서 전문적인 도움을 받고자 시도하였다. EMDR(Eye Movement Desensitization and Reprocessing) 요법과 인지행동치료 등을 포함한 개인치료는 외상후 스트레스 장애(PTSD)의 증상을 치유하는 데 효과적이었다. 그러나 안전과 친밀감에 대한 두려움은 나의 독특한 경험과 함께 내면에 여전히 남아 있었다.

작년 6월 나는 비로소 치료자의 초대로 싱가포르에서 열린 심리극 공개 워크숍에 처음으로 참석하였다. 이것을 계기로 나는 유년시절의 심리적 외상을 거의 극복할 수 있게 되었다.

나는 아무것도 예상치 못한 채 4일간의 공개 워크숍에 참석했다. 그리고 치료사를 제외하고는 모두 낯선 참석자들에게 나의 과거를 즉석에서 공개하게 되었다. 정서적인 문제로 어려움을 겪은 사람들의 사회적 불명예를 나타내는 참가자의 말이 나의 문제를 해결하는 데는 도움이 되지 않았다. 치료사는 이러한 공개 워크숍이 나의 과거를 드러내어 말할 수 있는 가장 안전한 환경이라고 강하게 확신했다. 내가 모든 공포로부터 벗어나기를 간절히 바라는 치료사의 소망 때문에 나는 워크숍에서 주인공으로 나서기로 했다. 나는 이 결정을 후회하지 않는다.

워크숍 감독자인 공수 박사가 내가 신뢰할 수 없는 어떠한 사람과 역할을 바꾸어서 연기하도록 하고, 또 그 상대방에게 비밀을 지키고 받아들인다는 확인을 얻도록 해 주었을 때, 모든 의구심은 사라졌다. 침침하고 조용한 방에서 내가 해결하고 싶은 것이 무엇인지에 대해 질문을 받았고, 나는 전율하면서 "저는 저의 안전을 전적으로 통제하고 싶습니다. 저는 다시는 성폭행을 당하고 싶지 않습니다."라고 대답했다. 나는 공수 박사에게 그 당시 사건에 대해서 간략하게 말해 주었다. 그러자 공수 박사는 심리극 훈련을 받은 두 사람에게 성폭력 장면을 재연해 줄 것을 부탁했다. 나는 극 중의 성폭력자를 나의 보조자로부터 떼어내 방 밖으로 끌고 나오도록 부탁받았다. 이제까지 속수무책으로 무력했기 때문에 내가 잘해 낼 수 있을지 의문이었다. 나는 공수 박사의 격려와 내 마음속에서 솟구치는 모든 아픔과 분노 그리고 부정(不正)으로 온 힘을 동원해서 극 중의 성폭력자를 그녀로부터 떼어내 방 밖으로 내보낼 수 있었다.

다음에는 11세의 나(나의 보조자)와 18세의 내가 역할을 바꾸었다. 11세의 나 역할을 맡은 그녀는 그녀가 느낀 모든 것을 다음과 같이 말했다. "나는 순결하지 않아. 나는 잘못했어. 성폭행범이 출감할 때 그를 보면 두려울 것 같아." 한참 후에 나는 단호하게 대답했다. "나는 세상에서 가장 순결한 영혼을 가진 사람이야. 나는 당신을 보호할 수 있어."

내가 말한 것이 뜻하는 바를 확신하기 위해서 방 안에 있는 모든 사람에게 내가 내 자신을 보호할 수 있다는 것을 약속하도록 했다. 나는 깊은 호흡과 떨리는 감정으로 그렇게 했다. 그러고 나서 무릎을 꿇고 딱딱한 덧베개를 땅바닥에 세게 치면서 지칠 때까지 '하' 라고 고함을 질렀다. 매우 지쳤음에도 불구하고 거의 10~15분 동안 덧베개를 세게 치자, 마음속에 묻혀 있었던 감정들이 조금씩 표출되는 것을 느꼈다. 내가 멈추자, 공수 박사는 "당신의 신체는 많은 분노와 상처로 축적되어 있어요. 결과적으로 당신의 호흡과 소화에 영향을 주었을 수도 있어요. 당신이 슬플 때 누구와 그 슬픔을 나누시나요?" 나는 "제 자신이요."라고 대답했다. "당신은 모든 아픔과 슬픔을 억눌러 참아 왔어요. 그 밖에 누구와 그런 감정을 나누시나요?" 내가 친구의 이름을 말해 주자, 방 안에 있는 사람 중에서 그 친구 역할을 할 만한 사람을 한 명 선택하라고 했다. 나는 나의 치료사를 선택했다. 감미로운 음악이 연주되는 가운데 매트리스 위에서 나는 친구에게 몸을 기대어 편하게 쉬었다. 나는 비로소 나의 피로한 숨결과 마음속에서 솟아나는 격렬한 감정들이 정화되는 것을 느꼈다. 친밀함은 수많은 세월 동안 친숙한 육체적 접촉으로부터 멀리 소외되어 있었던 사람에게는 매우 상쾌하게 느껴졌다.

나는 내 눈가에 눈물이 고였을 때 친구—현실에서는 치료사—가 흐느끼는 것을 느꼈으며 매우 놀랐다. 내가 알기로는 평온하고 냉정하면서 침착한 치료사가 나와 함께 나를 위해 눈물을 흘리고 있었던 것이다. 그 기분은 무척 감동적이었다고 말하는 것으로는 너무나 부족했다.

내가 차분해지자 공수 박사는 다음에 하고 싶은 것이 무엇인지를 물어보았다. 나는 포옹을 원했다. 공수 박사는 나를 포옹하고 싶은 사람이 있으면 앞으로 나오라고 청했다. 줄이 형성되기 시작했고 모든 사람이 오랫동안 나를 강하게 껴안자 눈물이 흘렀다.

우리는 심리극의 중요한 부분이라고 할 수 있는 나누기 세션(sharing session)으로 들어가기 전에 짧은 휴식을 취했다. 드라마에 대해 언급하거나 주인공에게 조언이나 격려를 하는 것은 아무에게도 허용되지 않았다. 나누기 세션은 단지 참가자들의 경험이나 드라마에 의해 촉발된 감정을 함께 공유하는 것에 의미가 있다. 이것은 나를 보호하는 것이고 내가 혼자가 아니라는 것을 느끼게 해주는 것이었다. 긴 휴식시간이 지난 후, 참가자들은 자신의 경험담을 나누기 시작했다. 어떤 이는 목욕하는 동안 누군가가 자신을 훔쳐보았으며, 어떤 이는 세관 검색대에서 알몸 수색을 받기도 했다고 한다. 내가 생각하기에 전혀 근심걱정이 없어 보이는 한 소녀는 근친상간의 과거 경험을 이야기하는 도중에 쓰러지기도 했다. 나는 심리적 외상 이후 처음으로 공동체 속에서 힘을 발견했다. 나의 고독감은 영원히 사라졌다.

다음 날 아침 나는 다시 태어난 기분으로 과거의 영향에서 벗어나 새로운 삶을 시작할 준비가 되어 있었다. 3개월 내내 그리고 오늘까지, 나는 상처받았다고 느낄 때 공수 박사와 나의 치료사를 포함한 27명의 참석자에게 약속했던 것을 상기시킨다. 그렇게 많은 사람 앞에서 공언해 놓고서 어떻게 내 자신을 적극적으로 보호하지 않을 수 있단 말인가? 건장한 그 성폭행자를 내 방 밖으로 끌어낸 것은 스스로를 보호할 수 있는 나의 힘에 대하여 커다란 신뢰를 갖게 해주었다. 나에게 가장 중요했던 것은 한 동료 참석자의 도움이었다. 우리 둘은 이후에 매우 돈독한 친구가 되었다. 그리고 과거에 대해 공유한 내용은 상호 간에 공감대를 형성해 주었다.

2부(조이스의 집필이 계속됨)

심리극은 나에게 완전히 새로운 것이었다. 단순히 집단 심리치료의 효과적인 형태라고만 알고, 개인적 성장에 대한 갈망으로 싱가포르에서 열리는 심리극 공개 워크숍에 처음으로 참석하게 되었다. 나는 치유와 함께 삶을 새롭게 바꾸는 힘에 놀라움을 금치 못했다.

참석자 모두는 워크숍 시작 전에 비밀서약서에 서명을 해야 했다. 이것은 참석자들의 사생활을 기탄없이 서로 이야기할 수 있는 안전한 환경을 조성하는 데 필수적 요건이다. 워크숍은 웜업으로 시작되었는데 참석자들이 각자 1인칭으로 다른 한 명의 참석자를 소개하는 방식이다. 소개를 할 때에는 그 사람의 몸짓과 말투로 해야만 했다. 이것은 차후에 심리극에서 역할 교대를 할 때 서로에게 부담을 적게 주기 위해서였다. 그다음 단계는 음악과 미술치료의 결합이었다. 그래서 주인공의 심리적 감정, 바람, 두려움과 욕구 등을 밝히기 위해 색깔을 이용한 첫 번째 심리극이 시작된다. 무대 장면, 역할 교대, 역할 연기(role play) 등과 같은 드라마의 다양한 요소는 에너지 통로에 작용하는 다른 심리치료 요소와 함께 이루어져 있다. 그리고 나누기 세션으로 각각의 드라마를 마무리한다. 이것은 다른 참가자들이 그들의 비슷한 경험을 공유하고 주인공에게 유대감을 가지도록 해 주는 데 의미가 있다.

주인공으로서 나는 심리극에서 실연한 과거의 문제점에 대하여 새로운 해결책을 모색하는 데 확실히 도움을 받았다. 다른 심리극의 딸, 친구 또는 주인공의 이중자아로서 나는 내 인생에서 일찍이 간과했던, 그리고 미처 깨닫지 못했던 사각지점을 확인하게 되었다(보조자는 참석자 중에서 요구가 있을 때 아무나 선택하여 그 사람의 인생 속의 인물들을 표현한다.). 단순한 참관자로서 나는 특정인에 대한 인간의 증오가 어떻게 다른 사람에게 투사되어 문제를 이끌어 가는가를 보았으며, 역할 교대에서는 상대방의 입장을 인식하고 그의 행동에 대해 이해하는 것을 배웠다.

일련의 과정이 계속 진행되는 동안 심리극의 가능성은 매우 무궁무진했다.

공수 박사의 심리극의 특징인 드라마와 미술치료, 심리치료, 중국 전통의학 및 철학의 혼용(amalgam)은 단순히 인간의 세상 걱정(worldy care)을 덜어 주는 것만이 아니다. 내가 참석했던 타이완[10] 심리극 워크숍에서는 유년 시절의 행복했던 순간과 지금까지 우리가 했던 의미심장한 일들을 부드럽게 떠올려 보고 그것들을 재연해 보도록 했다. 드라마 장면과 소도구들을 준비하고, 참석자 중에 연기자(playmate)를 선정하고, 그네를 타면서 놀던 행복한 유년 시절을 회상하면서 위안을 받았을 때, 나의 유년 시절이 내가 생각했던 것만큼 어둡고 슬프지만은 않았다는 것을 알기 시작했다. 나의 유년 시절에도 기쁜 순간이 아주 많이 있었지만, 그때까지 나는 불행한 순간에만 몰두했던 것이다.

내가 참석했던 지난 세 번의 심리극 워크숍은 불과 2개월 전이었지만 나의 깊은 두려움, 욕구와 갈망은 계속해서 재생되고 있었다. 심리극에서는 치유하고 재생하는 힘이 무한하며, 이는 나이, 성별, 언어 그리고 다른 구분되는 특징도 그다지 문제가 되지 않는다. 대학교 저학년을 거의 벗어난 내가 가장 젊은 참가자였으나 거기에서 많은 것을 얻었다. 가장 중요한 것은 고정관념과 습관적인 반응에 대해 기꺼이 변화하고자 하는 개인의 의지다. 나는 새로운 아이디어와 해결책, 워크숍 감독자가 지도해 준 것에 대한 믿음에 매우 심취되어 있었기 때문에 심리극을 통해서 나의 인생을 새롭게 설계할 수 있게 되었다. 이러한 진취적인(pro-active) 접근방법은 심리극에서 내 자신을 성장시킬 수 있었다.

나는 심리극이 개인의 성향, 강점과 약점을 뚜렷이 묘사해 준다는 것을 알게 되었다. 가령 천조각이 주인공 허리 주위에 감싸져 있고 그녀의 완벽한 보조자가 한쪽 끝에서 그녀를 속박하는 존재의 상징으로 그것을 잡고 있다. 그녀는 평생 이렇게 잡혀 있기를 원할까? 아니면 벗어나기를 원할까? 만일 그녀가 벗어나기를 선택했다면 그녀 주위를 강하게 둘러싸고 있는 천으로부터 그녀 자신을 실제로 자유롭게 해야만 한다. 그리고 그녀는 완벽한 보조자와 직면하여 자신이 완벽함을 위한 욕구를 어떻게 떨쳐 버릴 것인지 약속해야 한다. 한때 주인공을 해 보았기 때문에 나는 심리극에서 맹세하는 것이 얼마나 효과적인 것인지를 알고 있다. 그것은 사람들이 그러한 맹세에 대해서 경의를 느끼지 않을 수 없기 때문이다.

심리극은 무제한의 엄청난 가능성을 갖고 있다. 나흘 동안의 워크숍 마무리에서 사회측정학(sociometry)을 다루었을 때, 나는 인간의 불신, 긴장 그리고 불안의 장벽이 언제라도 무너질 수 있는 인위적인 구조물이라는 것을 깨달았다. 베개가 워크숍 집단의 정서적인 중심으로 사용되었으며, 이때 우리는 베개로부터 거리를 둔 채 서 있었다. 이때 나는 몇몇 참석자들이 나를 비판한다고 느껴서 베개로부터 멀리 떨어져 서 있었는데, 그러한 참석자들을 지적하고 서로 역할을 바꿔서 보조자를 하라는 부탁을 받았다. 이러한 과정을 통해 나는 그런 느낌이 근거 없는 것이라는 점을 깨닫게 되었다. 그리고 모든 긴장이 풀렸다.

3년 동안의 추적조사를 통해 조이스가 건강한 정신 상태를 유지한다는 것을 알았다. 그녀는 대학에서 공부하고 있으며 과거와는 달리 남학생들과도 잘 어울렸다. 나는 그녀의 이야기를 책에 실어도 되는지 물어보았다. 일부 용어들을 바꾸면 그녀의 신원이 알려지지 않을 것이라는 것도 설명해 주었다. 그녀는 그럴 필요가 없다고 말했다. "나는 내 자신에 대해서 좋은 느낌을 갖고 있어요.

있는 그대로 써도 괜찮아요." 이 글은 전혀 각색하지 않은 전적으로 내담자(조이스)의 이야기다.

사례연구 C: 조지[11]
(1983년 6월~1984년 6월)

이 글은 내가 조지의 치료를 종결한 1984년에 쓴 최초의 사례연구였다. 나의 이론에 영향을 미친 것은 선종(Chan Buddhism)와 도가(Daoism)다. 치료법에 영향을 미친 것은 게슈탈트, 심리극, 중의학, 중국 회화 과정(Chinese painting process)[12]과 도가의 명상적 기공인 심재(心齋)와 좌망(坐忘)이다.[13] 나는 심리극에 대해 생소했다. 드라마를 연출하는 과정은 내가 아는 바에 의하면 심리극의 영향을 받았던 게슈탈트 꿈 드라마(Gestalt dream theater)[14]의 방법을 사용했다.

1983년 6월, 조지는 치료를 위해 나에게 의뢰되었다. 치료는 13개월간 지속되었다. 가톨릭 사제인 52세의 조지는 불안과 강박증세로 치료를 받으러 왔다. 그는 남아메리카에서 20년 동안 선교사로 활동했지만, 최근 5년 동안은 성직자로서의 역할을 할 수 없었다. 그는 고해를 듣는 것이나 미사를 드리는 것이 불가능했다. 왜냐하면 미사 후에는 항상 '성체(the body of Christ)'인 빵 조각이 떨어져 있는지 보기 위해 무릎을 꿇고 바닥을 기어다녔기 때문이다. 또한 그는 걸려 넘어지거나 쓰러지는 사람이 없도록 하기 위해서 통로 주변의 막대기와 돌을 찾으러 나가곤 했다. 그는 자신이 사제직을 충분히 해낼 수 없다고 느꼈고, 만약 자신의 의무를 완벽하게 다하지 못하면 지옥에 갈 것이라고 확신했다. 그는 엄청난 고통을 겪고 있었다. 수도원장은 조지의 그런 상태를 발견하고 치료를 위해 미국으로 데리고 오기로 결심했고, 그를 나에게 의뢰했다.

나와 작업하기 전에 조지는 5년 동안 정신과 의사의 치료를 받았고 '언어'로 하는 치료가 자신에게 효과가 없었다는 것을 발견했다.

1983년 6월 11일, 조지는 나와 치료를 시작했다. 그는 단색 옷을 입고 있었고 완고하며 의심이 많아 보였다. 그는 짧은 문장으로 대답했다. 그는 어느 누구도 자신을 구할 수 없다고 믿었고, 자신은 구원이 미치지 않는 곳에 있다고 말했다. 그의 상관은 여기에서 노력해 보도록 지시했다. 조지는 그것이 가치 없는 일이라고 생각했다. 그는 어떤 약물치료도 하지 않았으며 약을 먹느니 오히려 죽는게 나을 거라고 말했다. 그는 불안정하고, 신경질적이었고, 긴장했으며, 눈꺼풀을 씰룩거렸다.

그는 인상을 쓴 채 긴장한 얼굴이었고, 면접을 하는 동안 안절부절못하면서 침착하지 못했다. 비록 의사는 그에게서 어떤 나쁜 곳을 발견할 수는 없었지만, 그는 자주 위가 거북하고 설사를 하며 현기증이 나고 땀을 흘리며 손이 차고 끈적끈적하다고 말했다. 그는 자신이 지옥으로 가야 할 운명이라는 것을 안다고 말했다. 또한 끊임없이 경계를 게을리하지 않았고 자신이 했던 모든 것에 대해 염려했다. 그는 '범불안장애(generalized anxiety disorder)'로 고통받고 있는 것처럼 보였다.

나는 1년 이상 일주일에 4회, 주당 총 7시간씩 조지를 만났다. 이 시간 중 두 시간은 자발적인 그리기, 심상 유도 또는 다른 이미지 과정을 위한 개인치료를 했다. 두 시간은 「도가적 관점과 중국 회화(Daois way of seeing and Chiness painting)」[15]에 관한 집단치료를 했고, 나머지 세 시간은 표현치료를 했다.[16] 조지는 그림일기를 쓰도록 요구받았다. 미술작업을 위한 모든 매체가 그에게 제공되었다. 조지는 낙서하기, 색칠하기 그리고 자연 경험하기가 포함된 숙제를 해야 했다.

각 개인치료 세션은 그와 내가 함께 심재[17]를 하는 고요한 순간부터 시작될 것이다. 그리고 우리는 그의 일주일간 그림일기를 고찰할 것이고, 그가 그린 그림들에 대해 논의할 것이다. 그다음, 그에게 그 순간의 느낌에 대한 그림을 그리도록 부탁할 것이다. 그는 추상적인 낙서를 할 것이다. 그리고 낙서에서 이미지를 발견할 것이다. 이 개별적인 회기는 한 시간 내내 지속되는 것으로, 일주일에 두 번씩 아침에 행해졌다. 일주일에 한 번씩 오후에 조지와 다른 내담자들은 중국 회화를 그리는 집단에서 작업할 것이다.

날씨가 허락하는 한 내담자들은 자연 경험을 위하여 정원으로 나갔다(거기에는 계절에 따라 꽃들이 피어 있을 것이다.). 혹한의 날씨에는 창문에서 나무를 관찰하거나 실내 식물을 관찰할 것이다. 관찰을 강조하는 것은 항상 자연의 성장 과정과 자기(self)의 성장을 동일시하기 때문이다. 그리고 나는 중국 그림의 요소인 민감한 붓을 능숙하게 다루는 방법과 다양한 선긋기(strokes)를 집단에게 가르칠 것이다. 그러고 나서 내담자들은 오늘의 자연 경험을 그릴 것이다. 예를 들어, 만일 국화가 제철이라면 내담자들에게 꽃의 성장과정과 자신을 동일시하도록 격려할 것이고, 그것들을 그리도록 권유할 것이다. 그림 그리는 것을 끝내면 내담자들에게 그림 위에 시를 쓰거나 최소한 그림의 제목을 적어 보도록 권했다. 개별적인 치료나 그들의 일기 속에 나타난 자발적인 그림과 함께 이 그림들은 이런 이미지의 암시를 한층 더 탐색하기 위한 표현치료 집단의 드라마적인 실연에 영감을 주는 것이었다.

치료 집단은 경계선 성격장애(borderline personality disorder), 불안장애, 조울증, 기분부전장애(dysthymic disorder), 적응장애, 중증(major) 우울증, 광장공포증(agoraphobia) 그리고 다른 신경증을 포함하여 다양하게 진단된 신앙심이 깊은 5명의 여성과 5명의 남성 수도인으로 구성되었다(중독성 장애, 예컨대 알코올중독, 성중독, 약물중독에 걸린 내담자들은 이 집단에 포함되지 않았다.). 이 집단은 일주일에 한 번씩 2~3시간 동안 만났다(때때로 내담자가 긴장이 풀려 더 많은 시간을 필요로 할 때는 3시간보다 더 길게 지속되었다.).

각 개별 세션에서 우리는 명백하고 집중된 정신을 가질 수 있게 할 신체의 에너지 통로를 열기 위해 심재[18](마음을 한 생각에 모으는) 과정으로 시작했다. 그리고 나는 그에게 마음에 떠오르는 이미지가 무엇이든 간에 그림으로 그리도록 하였다.

다음 주 표현치료에서 조지는 주인공(protagonist)[19]이 되었다. 그의 그림은 더욱 깊은 탐색을 위하여 집단에게 공개되었다([그림 7-1] 참조).

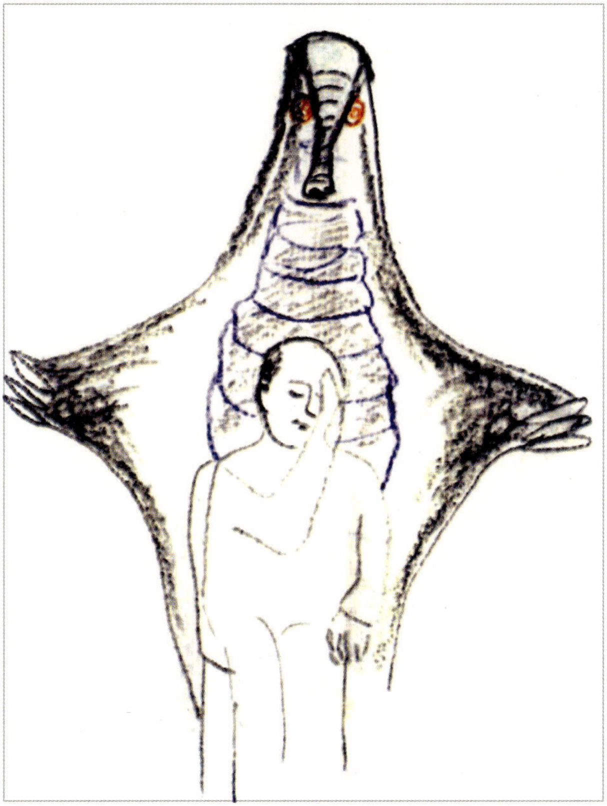

그림 7-1 "초록 괴물이 내 뒤에 서 있는데, 갈고리 발톱과 성난 눈으로 날 위협하고 있다. 아버지와의 관계에서 위협을 느끼고 무시되었던 느낌이었다."

치료사: 괴물과 역할 교대. (조지가 사나운 눈과 거친 발톱으로 포효하며 공격할 준비가 된 괴물로 행동한다.)

치료사: 당신 역할을 할 사람과 괴물 역할을 할 사람을 선택하세요. (조지 역할과 포효하며 공격할 준비가 된 괴물 역할을 할 두 집단원이 선택되었다.)[20]

치료사: 당신 인생에서 이 괴물을 연상시키는 사람이 누구인가요?

조　지: 나의 아버지, 하지만 아버지를 괴물과 비교하면 나도 죄책감을 느껴요.

치료사: 이것은 치료활동이에요. 필요한 것은 무엇이든 해도 좋아요.

치료사: 자, 이제 당신 아버지 때문에 위협을 느꼈던 시절로 돌아가 보도록 해요.

조　지: 난 세 살이에요.[21]

치료사: 그럼, 무릎으로 기어야지. 세 살짜리 아이는 어른과는 다른 지각을 갖고 있어. (조지는 무릎으로 긴다.)

치료사: 어디 있니? 장면을 그곳에 고정시켜 봐.

조　지: 난 거실에 있어요.

치료사: 며칠이니? 그날 몇 시야? 그리고 그 방에는 무슨 냄새가 나니?

조　지: 목요일, 엄마는 이 날 항상 프라이드치킨 요리를 해요. 대략 저녁시간이에요.

치료사: 방 안에 무엇이 있는지 우리에게 보여 줘.

조　지: 소파, 흔들의자 그리고 할아버지 시계가 있어요. 벽에는 십자가가 걸려 있어요. 바닥 전체를 꽉 채운 암갈색의 카펫이 마루를 덮고 있어요. (조지는 그 장면을 만든다.)

치료사: 거실을 왔다갔다 하면서 카펫을 느껴 봐. (조지가 이리저리 걷는다.)

치료사: 혹시 창문이 있니?

조 지: 예, 있어요. (치료사는 조지와 창문으로 걸어간다.)

치료사: 창문 밖에 무엇이 보이니?

조 지: 이웃집과 포장된 도로가 있어요.

지금까지 집중시키고 이끌어 내는 과정을 포함하여 우리가 한 일은 논리적 사고로부터 내담자를 격리시키기 위해 최면술과 같은 심도 깊은 작업을 하기 위한 준비였다. 이 과정은 조지를 그의 인생의 핵심 문제로 단계적으로 이끌어 가는 데 도움을 주었다. 감각적인 지각으로 마련한 장면은 주인공[22]에게 최면의 효과를 주었다. 보통 주인공이 핵심 문제에 근접하는 것은 매우 어렵다. 왜냐하면 그 자신이 완전히 황폐화되는 것으로부터 방어하기 위해 마음이 고통스러운 기억을 덮어 버리는 경향이 있기 때문이다. 아직 이런 기억들은 의식 수준 아래에 있는 잠재의식 속에 숨어 있다. 그리고 결코 없어지지 않는다. 그들은 개인의 에너지를 결박하고 있다. 미해결 과제는 미술치료 과정에서 개인에게 위협적인 '심상(images)'으로 드러난다. 그때 심리극의 실연은 그 심상을 더욱 깊은 무의식 속으로 끌고 간다.

치료사: 당신 아버지 역으로 누군가 한 사람을 선택하세요. (조지는 집단에서 한 사람을 선택한다.)

치료사: 역할을 교대하고 당신이 아버지가 되어 보세요. 아버지처럼 걸으세요. 그를 1인칭 현재시제로 소개해 보세요. (조지는 뻣뻣하고 똑바로 선 채로 딱딱하게 걷는다.)

아버지(조지): 나는 중간 키로 대략 178cm 정도 됩니다. (그는 매우 권위적인 어조로 말한다.)

치료사: 그 외에 또 누군가가 여기 있나요?

조 지: 어머니.

치료사: 당신 어머니 역할을 할 보조자를 선택하세요. 역할을 교대하고 당신이 어머니가 되어 보세요. (어머니는 키가 작고, 금욕주의적이며, 약간 구부러져 보인다.)

치료사: 이 방에 어떤 것이 당신을 위해 있나요?

조 지: 십자가상.

치료사: 예수 역할로 바꾸세요.

치료사: 예수(조지), 무슨 할 말이 있나요?

예수(조지): 네 부모에게 복종하라. 그렇지 않으면 너는 지옥에 갈 것이다. (예수 역할을 하는 조지는 준엄하고 권위적으로 보였다.)

치료사: 예수 역할을 할 사람을 선택해 보세요.

장면은 자동차 공장의 기계공인 그의 아버지가 작업장에서 집으로 막 돌아온 목요일 저녁에서 시작되었다. 치료사는 사건이 일어난 그날의 그 시간을 재연하도록 그에게 방 안의 불빛을 조절하도록 했다(거기에는 자체 스위치가 달린 다섯 종류의 다른 색깔의 조명등이 있었다.). 부엌에서부터 프라이드치킨 냄새가 났다. 보조자[23]에 의해 연기된 어머니는 부엌에서 거실로 걸어나왔다. 지금까지 조지는 보조자가 적절한 역할을 연기할 수 있도록 지시하고 장면을 연출했다.

> 어머니(보조자): 조지가 다시 그 짓을 하네요. 내가 목욕탕에서 그 녀석을 잡았어요. 그 녀석이 목욕탕에서 성기를 가지고 장난치고 있어요.
>
> 아버지(보조자): 내가 그 짓을 하지 말라고 얼마나 많이 말했는데! (아버지〔보조자〕는 바지의 벨트를 빼서 조지〔보조자〕를 때리기 시작했다.)[24]
>
> 예수(보조자): 조지, 너는 지옥으로 갈 거야.
>
> 어머니(보조자): 은총이 가득한 마리아시여, 하나님이 너와 함께 할지어다. (어머니는 무릎을 꿇고 기도한다.)

장면은 보조자들에 의해 다시 연출되고 과장되었다. 조지는 눈을 감은 채 치료사 옆에 서 있었다. 먼저 조지(보조자)는 머리를 소파에 대고 허리를 굽힌 채 채찍을 맞았다. 보조자에게는 실제로 소파와 마룻바닥을 세게 치도록 지시했다. 그것은 신체에 가해지는 실제적인 채찍보다는 오히려 유년 시절 사건의 고통을 일깨워 주는 채찍 소리와 아버지의 큰 목소리, 어머니의 기도 소리 그리고 십자가 위 예수의 목소리였다(보조자들은 어느 누구도 물리적으로 가해하지 않도록 지시받았다.).

조지는 조용히 흐느끼며 서 있다가 소리내어 크게 울었다. 치료사는 조지가 배를 대고 누울 수 있도록 매트리스를 깔아 주었고, 척주에 있는 에너지를 위로 누르고 밀어 줌으로써 그의 독맥 에너지 통로를 열어 주었다. 치료사는 조지가 입을 크게 벌리고 몇 년 동안 삼켜 왔던 울음을 크게 울부짖도록 지시했다.

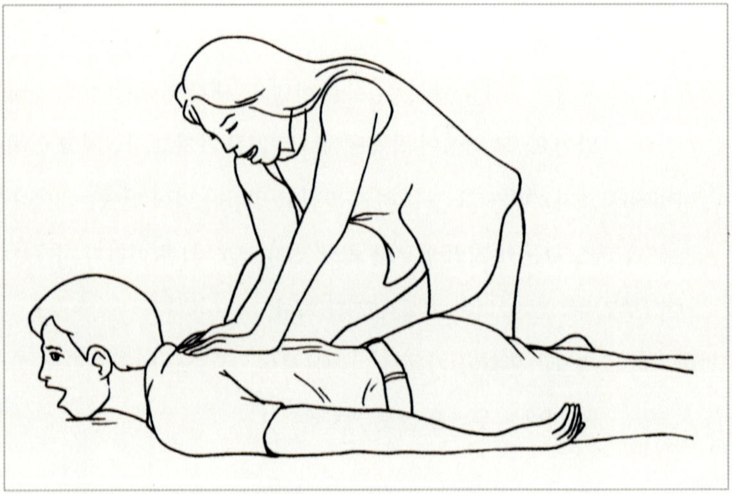

그림 7-2 독맥 경락 열기

중국 전통의학에 따르면, 크나큰 슬픔은 음성 기관, 즉 허파의 에너지 흐름을 차단하고 가슴 압박감의 원인이 된다. 그리고 양성 기관인 대장의 에너지 흐름을 차단하고 변비나 설사의 원인이 된다(설사는 조지의 증상들 중 하나였다.). 정상 상태에서 허파의 기(氣)는 건강하고 활기찬 활동을 하고 있는 흉부 통로를 통해서 하강한다. 큰 슬픔은 활기찬 기가 없어지고 면역체계를 손상시키는 원인이 된다. 그리고 음성 기관인 심낭과 양성 기관인 삼초(三焦)에 해를 준다. 또한 가슴속 기를 약화시킨다. 약해진 마음은 우울에 민감하게 된다. 극심한 순환을 만드는 울음은 허파 속에서 기의 차단벽을 열고 일반적으로 기가 하강하도록 한다.

간과 관련 있는 분노는 종종 허파와 관련 있는 슬픔에 의해 차단된다. 나무를 상극하는 금속과 마찬가지로 허파와 간은 그들의 하강 기능과 상승 기능에 의해 기의 조화로운 흐름을 서로서로 억제하고 의존한다. 조지가 슬픔을 토해낸 후에 우리는 그가 화를 없애도록 도와주어야 한다. 다음 장면은 이러한 목적을 보여 준다.

장면은 조지가 눈을 뜨고 볼 수 있도록 다시 재연되었다. 조지는 치료사의 요청으로 청중들 속에 앉았고 그 장면을 지켜보았다. 특히 그가 그 상황에서 일어난 감정과 직면하기 어려울 때에는 자신의 보조자인 주인공이 자신의 역할을 할 때 객석에 앉아서 자신을 보는 것이 중요하다.

치료자: 조지, 당신은 몇 년 동안 그 교회에서 사제로 있었나요? (치료사는 조지를 인터뷰했다.)

조 지: 15년, 하지만 오래전이었어요.

치료사: 그 장면 속의 조지와 같은 아이들이 몇 명이나 당신에게 도움과 지시를 받기 위해 왔었나요? 당신은 아버지에게 심하게 매를 맞는 어린아이들을 도운 적이 있나요?

조 지: 네, 하지만?

치료사: 그것이 조지의 잘못인가요? 그는 그렇게 처벌받아야만 하나요?

한편 매질과 울음은 계속되었다. 갑자기 조지는 아버지를 제지하려고 무대 위로 올라갔다. 보조자는 조지가 너무 쉽게 아버지를 제지하지 못하도록 지시 받았다. 그래서 조지는 엄청난 양의 에너지를 쓰면서 아버지의 손에서 채찍을 뺏으려고 발버둥쳤고 아버지를 극중 무대 밖으로 던져 버리려고 했다.

이것은 종종 주인공이 외부에서 장면을 쳐다보고 있을 때 일어난다. 주인공이 혼자 그 상황에 있을 때, 특히 그것이 부모에 대한 것이라면 그는 자신의 분노를 감지할 수 없을지도 모른다. 그러나 거울기법 장면에서 주인공이 어린이에게 하는 난폭한 취급을 보고 있을 때, 그는 불의를 느끼고 그 난폭한 부모에게서 어린이를 기꺼이 보호하려고 했다. 조지는 지금 아버지에 대해 오랫동안 억눌렸던 분노를 발산할 수 있었다. 보조자를 맡은 사람이 상처입지 않도록 보살펴야 한다. 따라서 집단의 몇 명은 보조자가 떨어질 경우 그를 보호하기 위해 매트리스를 깔았다.

치료자: 그 아이와 어머니를 위해 무엇을 하려고 하나요? (아버지가 무대에서 사라진 뒤 치료사는 어른 조지에게 말했다.)

조 지: 어머니, 부엌으로 돌아가세요. 난 조지와 시간을 좀 보낼게요. (세 살 아이가 보조자에 의해 연기되었다.)

주인공에게 그 자신의 아이를 보호하도록 용기를 북돋움으로써 권한을 부여하는 것은 중요하다. 우리는 어떤 방법으로든 무대 위의 모든 중요한 사람을 다룰 필요가 있다. 그러나 시간적인 이유 때문에 우리는 미해결 과제로 아버지를 다루는 장면만으로 회기를 제한하려고 한다. 어머니를 주제로 한 것은 차후에 다룰 것이다.

조　지: 그것은 네 잘못이 아니야. 네가 한 일에 대해 벌받을 필요가 없어. 넌 겨우 세 살이야. 네가 무슨 짓을 했는지 모를 나이야. 게다가 모든 어린이는 자신의 몸에 대해 호기심이 많아. 그것에 대해서는 어떤 것도 잘못한 게 아니야. (어른 조지는 보조자인 어린이 뒤로 가서 그를 두 팔로 감싸 안았다.)

치료사: 역할을 바꾸세요. 그리고 아버지가 했던 말을 아이에게 반복하세요.

조　지: 네 잘못이 아니야. 너는 야단맞을 필요가 없어.

조지(보조자): 아무것도 잘못된 것은 없어. (어른 조지[보조자]는 아이[조지 자신]에게 반복한다.)

조　지: 그런데 왜 아빠는 나를 때렸어요?

치료사: 역할을 바꾸세요.

주인공은 '그가 잘못한 것이 아니다' 라는 말을 듣는 것이 중요하며, 주인공이 모든 중요한 질문에 답하게 하는 것이 필요하다. 집단 구성원이나 치료사는 지시하거나 훈계해서는 안 된다.

조　지: 너의 아버지가 잘못한 거야. 우리는 그에게 말할 필요가 있어. (아이[보조자]는 어른[조지 자신]에게 위로받는다.)

다음 장면은 아버지가 등장했다. 그 당시 내담자는 52세였고 그의 아버지는 이미 죽었다. 그래서 우리는 천당으로부터(내담자는 아버지가 거기 있다고 이야기 했다. 치료사는 항상 주인공의 의도를 따라야 한다) 아버지를 불러들였다.

치료사: 살다 보면 가끔 우리는 우리가 하고 있는 일을 잘 모릅니다. 그러나 천당에서는 좀 더 잘 보게 되어 예전에 몰랐던 모든 것을 속속들이 압니다. (이는 주인공의 믿음에 따른 것이다. 만약 주인공이 이런 전개 방식에 동의하지 않는다면 이 문제를 해결할 다른 방도를 찾을 필요가 있다.)

주인공의 제안에 따라 만들어진 다음 장면은 아버지가 하얀 도포를 입고 황금의자에 앉아 있다. 주위 불빛은 밝은 노란색이다. 어른 조지는 아버지와 대화를 나누고 있다.

조 지: 당신은 왜 순한 아이를 그런 방식으로 야단쳤습니까? 그 아이는 잘못하지 않았는데요.

치료사: 역할을 바꾸세요.

아버지(조지): 너는 성기를 가지고 노는 것이 치명적인 죄악이며 아이들은 그것을 그만두도록 배워야 할 필요가 있다는 것을 분명히 알고 있다. 엄마가 그만두라고 말을 했지만 네가 말을 듣지 않아서 매질을 한 것이다.

조지(보조자): 그러나 아버지, 나는 겨우 세 살이었어요. 나는 그게 나쁜 짓인지조차 몰랐어요. 당신은 나를 매질할 권한이 없었어요.

아버지(조지): 내가 더 좋은 다른 방법을 알지 못했던 것 같구나. 그것은 네 할아버지가 나를 키웠던 방식이었단다. 지금 내가 천당에 있기 때문에 내가 잘못했다는 것을 알게 되었다. 나를 용서해 주겠니?

치료사: 역할을 바꾸세요.

아버지(보조자): 나를 용서해 주겠니?

조　지: 노력해 보겠지만 시간이 걸릴 겁니다.

마지막 장면은 어른 조지가 아버지 역할을 하여 집에 돌아와서 세 살짜리 아이를 달래 주는 첫 장면으로 돌아갔다. 이 마지막 장면에서는 십자가의 예수상 또한 보인다. 신학적 토론의 장면이 나타났다. 조지는 2차 바티칸 공의회 이전의 교리를 배웠는데 그 교리는 성기를 가지고 자위하는 것을 치명적인 죄악이라고 했으나, 요즈음은 치명적이라기보다는 부지불식간에 일어날 수 있는 나쁜 일로 여기고 있다.

조　지: 주여, 왜 당신은 겨우 세 살밖에 안 된 저에게 지옥에 가라고 말씀하셨습니까?

치료사: 역할을 바꾸세요.

예수(조지): 그렇게 이야기한 것은 내가 아니고 잘못 배운 너의 부모다. 나는 야단치는 것이 사랑이라고 믿지 않는다. 어린아이들은 사랑을 받아야 한다. 너는 겨우 세 살이었다. 설사 네가 성기를 가지고 장난을 했다 하더라도 나는 그 사실을 믿기 어렵지만, 아무튼 그것은 죄가 아니다. 어린아이들은 자신의 신체를 가지고 놀 수 있다. 또한 성기에 대한 호기심을 가질 수도 있다. 너는 지옥에 가지 않을 것이다.

치료사: 역할을 바꾸세요.

주인공은 자기 자신의 보조자가 되어 예수가 그에게 하는 말을 들을 필요가 있다.

예수(보조자): 너는 지옥에 가지 않을 것이다.

드라마는 끝이 났다. 집단 내의 사람들은 자신의 부모로부터 심하게 야단맞은 경험을 이야기했다.

다음 개인 세션에서 조지가 화나 있는 모습이 보였다. 그는 설사 자신이 잘못하지 않았다는 것을 의식적으로는 알았다 하더라도 감정상으로는 그 망상의 괴물을 지울 수 없었다고 말했다. 끓어오르는 분노가 있었고 또 그 자신 내부에 존재하는 망상의 괴물을 없애 버리고 싶었다([그림 7-3] 참조).

그의 그림은 초록색 괴물이 군림하는 것을 계속 보여 주고 있다.

기공과정은 '바타카'를 이용하고 '하' 소리를 내는 것으로 조지의 노여움을 표현하는 데 도움을 주었다. 또한 그는 에너지가 자신의 척주 위로 솟아오르는 것을 상상하였다. 즉, 그의 머리끝까지 '독맥'을 통하여, 또 밑 부분의 단전[25]까

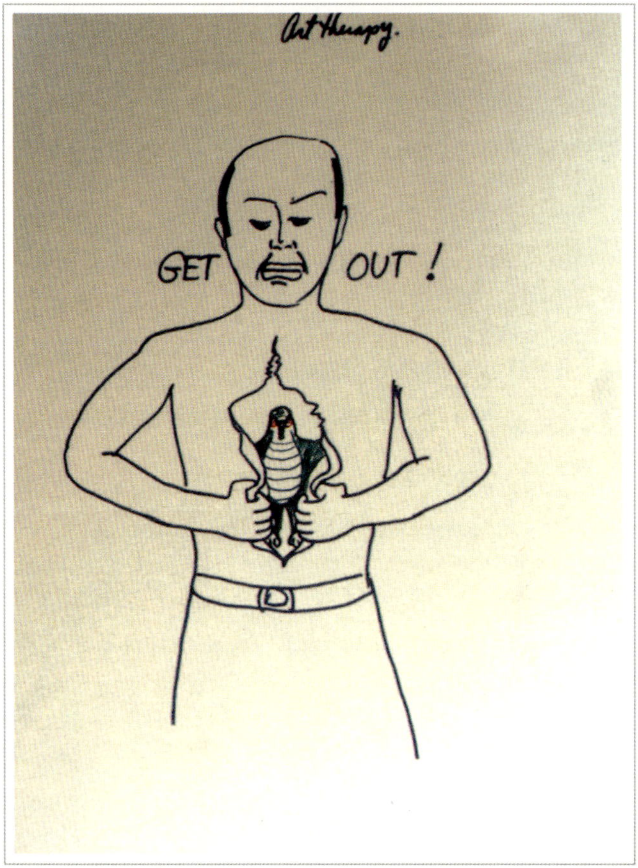

그림 7-3 "내 자신의 내면에 있는 괴물을 보았을 때 분노의 감정, 즉 괴물을 없애고 싶다는 감정이 아버지와 관련되어 있는 듯하다."

지 위아래로 '임맥(remail)'을 따라서 솟아오르는 것을 상상한다. 이는 그가 그의 독맥과 임맥 에너지를 열어 주는 데 도움이 된다.

여기에서 볼 수 있듯이, '심재'는 조지를 안정시켜 미술치료의 창조적 과정을 통해 무의식 세계를 표출할 수 있게 하였다. 불안한 감정은 우선 그의 뒤에서 얼쩡거리는 녹색 괴물의 그림으로 투사되었고, 그때 심리극을 하는 창조적 과정에서 조지는 그 녹색 괴물이 아버지였다는 것을 깨닫게 되었다. 두려움과 죄스러움은 아버지에 대한 노여움을 표현하는 데 장애물이 되었다.

또한 심리극은 어렸을 때의 경험이 신체 등의 성장과정을 자발적이고 자유롭게 알아 가는 자연스러운 경향을 어떻게 거스르고 막아 버렸는지를 알 수 있도록 도와주었다. 또한 그는 아버지에 대한 강한 분노를 느낄 수 있었다. 심리극을 통하여 아버지를 무대에서 내보냄으로써(금기사항이었던) 이 노여운 감정을 발산시키지 못하도록 했던 압박감이 사라지게 되었다. 슬픔과 노여움이 사라진 다음에야 자기 자신에 대한 공감이 가능해졌다. 그의 인생의 무대에서 아버지에 대한 부정적인 이미지를 없애 버렸고, 그 결과 자신을 돌볼 수 있었던 것이다. 그는 점차적으로 아버지를 용서하는 것을 배울 수 있었다. 그리고 노여움과 두려움에 얽매인 에너지는 자기 자신의 발전을 위해서 표출되었다.

노여움과 두려움은 간과 콩팥에 각각 관련된다. 중국 전통의학에 의하면, 이들 두 장기는 서로 연관성이 있다. 오행이론에 의하면, 간장은 나무 성분이고 콩팥은 물 성분이다. 콩팥의 물이 간의 나무를 키운다. 간은 혈액을 저장한다. 반면에 콩팥은 정기(양분)를 저장한다. 혈액과 정기는 상호 보완 작용을 한다. 두려움은 콩팥의 음기운을 상하게 하여 간장 내의 혈액 부족을 유도하여 어지렴증을 유발시킨다. 풀리지 않는 노여움은 간장의 음기운을 상하게 한다. 이 음기운이 상하면 양기운이 자리를 메우게 된다. 보통 '간의 열'이라고 불리는 양기운이 솟아오르면 심한 두통, 어지러움, 혼미한 상태가 되고 최악의 경우에는 심장마비까지 오게 된다.

아이를 보살피고 키우는 어른으로서, 조지는 엄격한 심판관인 하느님과 어렸을 때 받은 건전하지 못한 가르침에 직면할 수 있게 되었다. 이후 그의 그림에서 볼 수 있듯이 엄격하고 매우 비판적인 심판관이었던 하느님은 점차 사랑스러운 하느님으로 더욱 인간적이고 부드럽게 다가왔다.

우리는 심리극의 효과로 몇 주 내에 그의 몸이 조금 부드러워졌고 더 이상 어지러움으로 고통받지 않게 되었다는 것을 알게 되었다.

다음 2주 동안 조지는 어머니의 양육에 대한 욕구를 보여 주었다([그림 7-4]와 [그림 7-5]).

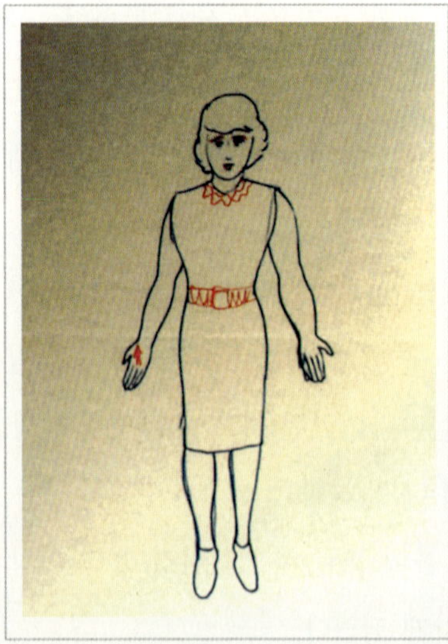

그림 7-4 "나는 엄마 손 안에 있어서 안전감을 느꼈다."

그림 7-5 "어머니에게 꾸중을 들음으로써 성에 대한 두려움과 당혹감을 느꼈다."

앞의 두 그림을 통해서 어머니와의 관계를 다룰 필요가 있다는 것을 알 수 있다. 그러나 조지는 한참 지나서야 이 그림을 보여 주었다.

다음 몇 주 동안 조지의 개인치료 시간에는 '상상여행(guided imagery)' 작업이 이루어졌다. 치료사는 그를 안정시키는 과정으로 시작하여 그를 넓은 풀밭으로 이끌었으며, 이어서 (무의식에 존재하는) 숲과 오두막집으로 안내했다. 그는 거기서 내버려진 오두막집을 발견하였고 한 노인을 만났다([그림 7-6]과 [그림 7-7]). 그는 그 노인과 대화를 나누었는데, 알고 보니 그 노인은 하느님이었다.

그림 7-6 "나는 이 숲 속의 오두막집에서 노인을 만났다."

그림 7-7 "이 사람은 내가 오두막집에서 만난 노인이다. 그에 대한 나의 느낌은 불분명했고 그가 무엇을 하는 사람인지 알 수 없었다."

이 노인을 대면했을 때 무엇인지 모를 두려움과 불확실한 것이 있었다. 노인은 나중에 그에게 선물을 주었다([그림 7-8]).

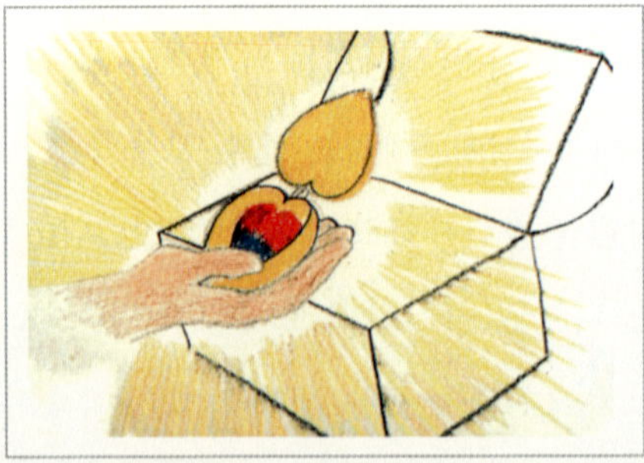

그림 7-8 "이 노인은 나에게 황금으로 된 함을 보여 주었다. 그 안에는 사람의 심장이 들어 있었는데, 반쪽은 살아 있었고 나머지 반쪽은 죽어 있었다."

일주일 후 조지는 식물원에서 가벼운 산책을 하며 도가의 관점에 따라 그림을 그렸다([그림 7-9]).

그림 7-9 "부모님, 창조물 그리고 신에 대한 나의 겸허함의 통합. 즉, 자연과의 관련성, 내가 누구인지를 알고자 하느님에게 접근하려는 욕구다."

조지는 6월에 치료하러 와서 11월에 이르러서는 엄격한 심판관이라기보다는 사랑으로서의 하느님을 점차 경험하기 시작했다([그림 7-10]).

그림 7-10 "나를 감싸고 있는 하느님의 손-안전, 고개를 숙이는 나-내면의 슬픔과 고통(피눈물), 희망-노란색, 삶과 연대, 자연과 접촉, 여전히 불안전하고 혼란스러움."

그런 다음 12월 초에 이르러서 조지의 자발적인 그림은 좀 더 많은 혼돈 상태를 보여준다([그림 7-11]). 그는 이 그림에 '비인간적(IMPERSONAL)' (아버지에 관련된 것이었음)이란 글자를 대문자로 크게 써 놓았다.

그림 7-11 "검정색-없애 버리려는 것에 대한 원초적인 두려움, 빨강/검정-없애 버리려는 것에 대한 두려움, 빨강-위의 두려움과 함께 비인간적인(IMPERSONAL) 아버지에 대한 분노."

드라마에서는 조지가 주인

공이 되었다. 치료사는 그에게 무대의 여기저기를 둘러보게 하고 그림의 각 부분별 형태와 모양에 대해 이야기하도록 했다. 그는 자기 주위에 매우 강하고 어둡고 무거운 힘이 있다고 말했다. 치료사는 그로 하여금 누군가를 지정하여 그 어두운 힘의 역할을 하도록 한 다음, 그에게 어두운 힘과 역할 교대를 하여 이러한 힘이 어떻게 조지 주위에 있는지를 보조자에게 보여 주도록 했다. 이러한 힘은 조지를 압박하고 단단히 조여 왔다. 치료사는 다섯 사람으로 하여금 조지의 팔과 다리를 잡도록 하고 한 사람은 그의 어깨를 아래로 누르게 했다. 조지는 침대에 눕혀졌고 움직이지 못하도록 고정되었다.

중국 의학에서 물은 원래 나무를 자라게 한다. 두려움은 물의 요소로, 인체 내부 기관인 콩팥과 관련된다. 노여움은 나무의 요소로, 인체 내부의 간장과 관련된다. 마치 물이 나무를 키우듯이 극도의 두려움은 노여움을 만들어 낸다. 그가 격렬한 노여움을 발산해 버린다면 주변에서 자신을 보호해 주지 않을 것이라는 두려움, 그 두려움의 결과는 노여움이 된다. 그러므로 주인공을 단단히 붙잡아 튀어나가지 않도록 하는 것이 중요하다. 나는 세인트루이스 게슈탈트 연구소의 콘래드 소머(Conrad Sommer) 박사로부터 이 과정을 배웠다. 이 방법은 환자를 안전하게 해 주고, 그가 자신의 분노를 적절히 처리하도록 주변 사람들이 도울 것이라는 인식을 갖게 해 주었다. 이 방법의 또 다른 목적은 내담자가 두려움의 결과인 분노의 에너지를 방출하도록 하는 것이다.

보조자들 중의 한 사람은 키가 193cm 정도이고 체중이 136kg이나 되는데, 그가 조지를 누르고 있었다. 조지는 풀려 나오려고 안간힘을 쓰다가 완전히 지쳐 버렸고 그제서야 흐느껴 울기 시작했다.

조 지: 아버지, 내가 정말 원하는 것은 당신이 나를 사랑하는 것입니다. 당신은 단 한 번도 나에게 사랑한다는 표현을 하지 않았습니다. (그는 울고, 또 울었다.) 정말 불만스럽습니다. 나는 어떤 일도 올바르게 할 수 없었습니다. 당신은 왜 엄마와 나를 버려 두고 나갔습니까? 당신은 조금도 인정이 없는 것 같습니다. 내가 기억하는 것은 언제나 내가 잘못을 하고 당신이 나에게 소리 지르고 매질하는 모습뿐입니다.

치료사: 역할을 바꾸세요.

아버지(조지): 아들아, 미안하다. 나는 너를 사랑한다는 사실을 말할 줄 몰랐을 뿐이다. 나는 정말 너를 사랑한다. 내가 너와 좀 더 많은 시간을 보낼 필요가 있었다고 생각한다. 우리가 함께 숲 속 길을 산책하곤 했던 것이 기억나니? 우리는 언덕 꼭대기에서 우리 앞에 펼쳐진 아름다운 푸른 초원을 보곤 했었지?

치료사: 역할을 바꾸세요. 그리고 숲에 대한 무대도 만들고 당신의 아버지와 지금 산책하세요. (주인공은 나무 역할을 할 사람들을 선정하고 또 언덕 표시를 했다)

치료사: 숲 속에서 당신은 무슨 소리를 들었나요? 어떤 냄새가 납니까? 흙을 느껴 보세요.

조 지: 나는 야생화 꽃 냄새를 맡고 새들의 지저귐을 듣고 있습니다. (나무로 분장한 사람들은 조지와 아버지 역을 맡은 사람이 지나가면 그들을 부드럽게 어루만졌다. 배경음악으로 경음악이 흘러 나왔다. 불빛은 초록빛으로 맞추어졌다. 그다음 그들이 언덕 위로 왔을 때, 불빛은 점

차 황금빛으로 바뀌었으며, 또 다음에는 희고 밝은 색으로 바뀌었다.)

드라마는 끝났다.

그 이후 2회의 개인 세션에서 조지의 그림들은 혼란 및 통합의 과정을 보여 주었다([그림 7-12]와 [그림 7-13]).

그림 7-12 "검은 구름은 소요와 혼란을, 떠 있는 것은 단절감과 불안한 감정을, 살색과 황금색은 하느님으로부터 나온 생명력이 나를 재통합하고 있음을 나타낸다."

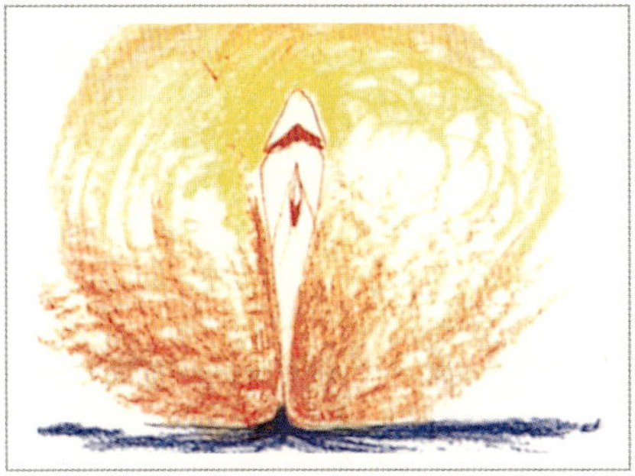

그림 7-13 "아주 평화롭고 고요하며, 황금빛과 노란 저녁 노을, 환희와 행복에 대한 표현이 앞의 세 그림과는 차이가 난다. 푸른 바다는 평화를 의미한다. 바다에서 솟아오르는 후드 모양은 두렵고 잘 모르며 이상한 것으로 바다와 일몰 속으로 들어가서 다시 떠오를 필요가 있다."

첫 번째 집단 세션 후에 알 수 있듯이, 조지는 내면적으로 '하느님 아버지'와 육신의 아버지로부터 사랑과 애정을 받고자 하는 자신의 내적 욕구를 서서히 깨닫게 되었다. 이러한 욕구는 상상여행 작업과 그림을 통한 미술치료 시간에 표출되기 전까지는 그의 무의식 속에 잠재해 있었다. 이 드라마적 시도가 조지로 하여금 분노와 두려움 속에 사랑에 대한 갈망이 파묻혀 있었다는 것을 분명하게 깨닫도록 해 주었다.

12월에서야 조지는 아홉 살 때 아버지가 어머니와 자신을 버리고 떠났다는 것을 말로 표현할 수 있었다. 그는 홀어머니 밑에서 자랐다. 어머니는 병원에서 간호조무사로 일했으므로 그는 대부분의 시간을 혼자 보냈다.

[그림 7-14]에서 우리는 조지가 어머니에 대한 자신의 감정과 관계를 더욱 더 인식하게 되었다는 것을 알 수 있었다.

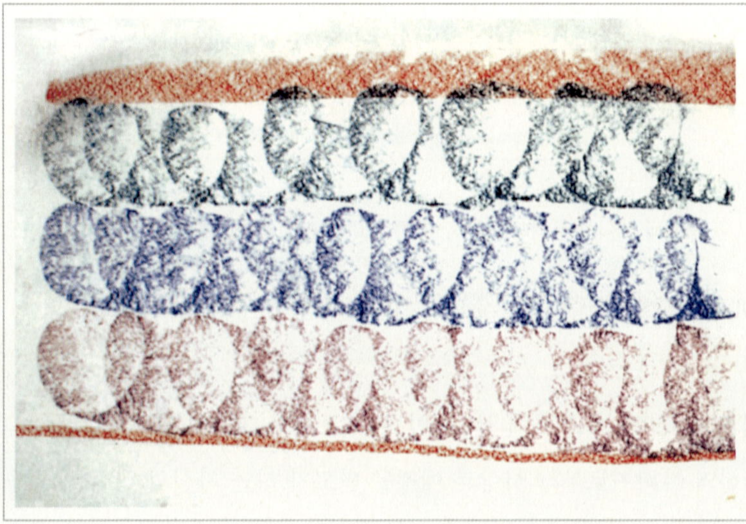

그림 7-14 "초록색, 파란색, 보라색은 어머니에 대한 충성심, 충실감, 책임감을 나타낸다. 두 개의 빨간선은 인간적인(PERSONAL) 것에 대한 노여움을 나타낸다."

그는 '비인간적(impersonal)'이란 단어를 사용했던 아버지에 대한 그림과는 대조적으로 '인간적(personal)'이란 단어를 대문자로 썼다. 그에게는 어머니가 그를 돌보고 키운 유일한 사람이었고, 또한 아버지처럼 자신을 버리지 않았기 때문에 어머니에게서는 안전감을 느꼈다. 이 그림은 어머니를 향한 그의 충성심, 충실감, 책임감과 그것들에 대한 '분노'가 연관되어 있음을 조지가 인식하도록 해 주었다. 그는 어머니에 대해 분노하고 있었지만, 그녀에게 의지하고 있었기 때문에 동시에 두려움을 가지고 있었던 것이다.

우리는 앞의 그림([그림 7-5])에서 조지가 어머니에게 꾸중을 들었기 때문에 성에 대한 두려움과 당혹감을 느꼈다는 것을 알았다. 그의 어머니는 그가 아주 어렸을 때부터 "성은 더러운 것이다. 성기를 가지고 놀다니 부끄러운 줄 알아라."라고 말했다. 어렸던 그가 이 행동 때문에 아버지로부터 어떻게 벌을 받았는지, 그리고 하느님이 그의 성적인 느낌에 대해서 화가 나 있을 거라고 교육받았음을 알 수 있게 해 준다. [그림 7-14]는 그의 딜레마에 대해 좀 더 명확하게 보여 주고 있다.

조지의 다음 드라마는 어머니에 대한 느낌을 다룬 것이다.

치료사는 조지에게 이 그림에서 색깔과 선의 움직임을 찾아보도록 요청했다([그림 7-14]).

> 치료사: 그림에 있는 선들이 움직이는 대로 당신의 온몸을 움직여 보세요. (조지는 처음에 초록색 선처럼 움직였다.)
>
> 치료사: 무언가 느낄 때까지 계속 움직이세요.
>
> 조　지: 안전한 느낌이에요. 배 안에서 흔들리는 그런 느낌이요.
>
> 치료사: 배 안 어디에 있어요? 누가 같이 있나요?
>
> 조　지: 나는 지금 요람 안에 있고 누나가 요람을 흔들고 있어요.

이 시점까지 치료사는 조지에게 누나가 있음을 알지 못했다. 누나는 조지보다 열 살이나 많았고, 어머니가 일을 하러 나갈 때면 '대리모' 역할을 했다.

치료사: 요람 안에서 무슨 냄새가 나나요? 주위에는 무엇이 있나요? 누나 말고는 누가 있나요?

조 지: 우유 냄새가 나고 누나 애니 말고는 아무도 없어요. 누나는 파란색 큰 눈과 금발머리를 하고 있고, 분홍색 옷을 입고 있어요.

치료사: 자, 이제 파란색을 보세요. 그림에 있는 파란색 선처럼 움직여 보세요. (조지는 전후로, 좌우로, 위아래로 움직인다.)

조 지: 밀고 당기는 느낌이 나요. 몸이 가는 밧줄로 묶인 느낌이에요. 누군가 나를 밀고 당기고 있어요.

치료사: 누가 당신을 밀고 당기고 있나요? 당신은 지금 몇 살인가요? 어디에 누구랑 있나요? 지금 일어나고 있는 상황에 대해 이해될 때까지 계속 움직이세요.

조 지: 지금까지 살아오면서 어디를 가든지 이런 느낌을 받는 것 같아요.

치료사: 이런 느낌을 가장 최근에 받은 것은 언제인가요?

조 지: 어제 제 상사가 전화를 해서 치료가 언제 끝나는지를 물었을 때 곧 집으로 돌아가 일을 시작할 거라고 했어요. 내가 여기 오기 전에는 시간이 얼마나 걸리든지 상관없다고 했었는데, 그는 벌써 참을성을 잃고 제가 돈을 너무 많이 쓰고 있다고 말하더군요. 그는 나에게 이중적인 메시지를 전달하고 있어요.

치료사: 보라색 선을 보세요.

조 지: 위아래로 움직이는 것 같아요. 내 감정이죠. 항상 오르락내리락해요. 나는 항상 슬프다가도 분노하고 행복하다가도 불행해요.

이러한 신체적 움직임은 조지가 이성적으로 되지 않도록 도와주었다. 그 시점에서는 무엇을 다루어야 할지 선택하기가 어려웠다. 세 개의 다른 선은 세 개의 다른 기억에 연결되어 있었다. 일반적으로 가장 최근에 일어난 가장 중요한 것부터 다루게 된다. 이것이 불확실할 경우, 치료사는 주인공(내담자)에게 어디서부터 시작하면 좋을지 물어보아야 한다.

치료사: 조지, 지금 당신의 마음에 가장 강하게 드는 생각은 무엇이죠?

조　지: 상사의 전화요.

치료사 : 그가 전화를 걸었을 때 어디 있었나요? 어디에 있었는지를 보여 주세요.

조　지: 그가 전화를 걸었을 때 나는 10시 뉴스를 보고 있었어요. (조지는 TV가 있는 방을 나타내는 무대를 설정했고, 전화가 탁자 위에 놓여 있었다. 집단 내에 있는 사람이 전화가 울리는 소리를 냈다.)

집단원: 조지, 전화가 왔어.

치료사: 역할을 바꾸세요.

상사(조지): 조지, 얼마나 더 치료를 받아야 하나? 치료를 받기 시작한 지 벌써 6개월이 되었네. 이제 돌아와서 일을 해 주어야 겠네.

상사(보조자): 이제 자네가 돌아와 일을 해 주어야 겠네.

조지: 마이크(조지의 상사), 아직 집에 돌아갈 준비가 안 되었어요.

치료사: 역할을 바꾸세요.

마이크(조지): 해야 할 일이 있다는 것을 잊어서는 안 되네. 치료사에게 집에 가야 된다고 말하게. 거기서 계속 머무를 수는 없는 일 아니겠나? 물론 자네를 돕고 싶지만 6개월이라는 시간은 휴식이라기에는 너무 긴 시간일세.

마이크(보조자): 6개월이라는 시간은 휴식이라기에는 너무 긴 시간일세.

치료사: 당신의 독백은 무엇입니까?

조 지: 전 여기서 쉬는 것이 아니라 제 자신을 다시 정상으로 만들어 온전한 사람으로 돌아가려고 노력하고 있다는 것을 그가 알아주었으면 좋겠어요. 왜 이해하지 못하는 거죠? 내가 그만한 가치도 없는 것처럼 들려요. 내가 너무 많은 돈과 시간을 소모한다고 생각하나 봐요. 분노와 함께 내 자신이 무가치하다는 생각이 들어요.

치료사: 언제 또 이와 비슷한 감정을 느끼셨죠? 시간을 조금 뒤로 돌려 보세요.

조 지: 내가 학교에 있었을 때, '행운' 이라는 말의 철자를 모른다고 해서 플로렛 수녀님이 나를 옷장에 가둔 적이 있어요.

치료사: 지금 몇 살인가요? 무대를 설정하고 플로렛 수녀를 대신할 사람을 골라 보세요. (조지는 1학년부터 4학년까지 모두 함께 있는 방 하나로 된 학교를 만든다. 조지는 지금 3학년이다.)

치료사: 자, 보조자는 선생님이었으니까 머리에 떠오르는 대로 자연스럽게 행동하세요. 만약 틀릴 경우, 조지가 고쳐 줄 것입니다.

플로렛 수녀(보조자): 조지,숙제는 해 왔니? '행운' 을 써 봐.

조 지: 네. 수녀님. F…fut…t.

플로렛 수녀(보조자): 자, 여러분, 행운을 어떻게 쓰는지 아세요?

몇몇 소년과 소녀(집단원들): 네. 알고 있어요. 수녀님.

플로렛 수녀(보조자): 좋아요. 조지, 구석에 있는 옷장에 점심시간까지 들어가 있어. 어떻게 쓰는지를 알 때까지 그곳에 있어야 돼. (조지는 구석의 옷장으로 갔다. 치료사는 그를 따라갔다.)

치료사: 조지, 어때요? 기분이 어떠세요?

조 지: 아프고 부끄러워요.

치료사: 더 뒤로 가 보세요. 이 사건보다 더 아프고 부끄러웠던 경험이 있나요?

조 지: 네, 세 살 때 있었어요. 저는 악몽을 꾸고는 누군가가 저를 화장실에 데려가 주기를 원했어요.

치료사: 우리에게 그것을 보여 줘요. 말하지 마시고요.

주변에서부터 중심으로 서서히 감정의 강도를 높이는 것이 중요하다. 각각의 보조자는 조지로 하여금 정서적 외상이 더욱 강렬한 순간으로 이끌었는데, 이러한 순간들은 보통 잠재의식 깊숙이 숨겨져 있다. 그것은 밑에 숨어서 주인공(내담자)의 에너지를 묶기는 하지만 그 사람의 명백한 의식으로 드러나지는 않는다. 우리가 앞에서 본 바와 같이, 극의 보조자는 양파를 까는 듯한 효과를 가져온다. 점점 중심으로 들어가는 것이다. 이때 내담자로 하여금 그것을 말하지 않도록 하는 것이 중요하다. 사건에 대해 말하는 것은 내담자가 가질 수 있는 감정적 효과를 잃게 하는 반면, 직접 행동하게 하는 것은 그 에너지와 강렬함을 보다 크게 할 수 있는 것이다.

조지는 2층에 작은 침실 장면을 만든다. 북쪽 창문으로는 이웃집의 모습이 보인다. 동쪽 창문으로는 앞쪽 정원 및 포장된 도로, 길 건너 벽돌로 된 건물들이 보인다. 노동자들이 살고 있는 조용한 동네였다. 조지의 방은 파란색으로 칠해져 있었으며 바닥은 나무로 되어 있었다. 창의 커튼에는 침대보와 마찬가지로 병사들의 그림이 그려져 있었다. 한쪽 벽에는 화장대가 놓여 있었고 다른 쪽 벽에는 십자가가 걸려 있었다.

치료사: 일 년 중 지금이 언제인가요? (항상 현재형을 사용함으로써 주인공이 과거를 현재에 일어나고 있는 것으로 경험할 수 있도록 도와야 한다.)

조 지: 가을이고 평일이에요. 어머니가 아침에 일을 나가야 되거든요.

치료사: 당신의 어머니가 될 사람을 골라 보세요.

조 지: 낸시, 제 어머니가 되어 주시겠어요?

치료사: 보조자는 아직 집단과 함께 계세요. 조지, 역할을 바꾸어 직접 어머니가 되세요.

어머니(조지): 제 이름은 지타이고 서른두 살입니다. 저의 키는 163cm 정도입니다. 저는 집에서 11km쯤 떨어진 병원에서 간호조무사로 일하고 있습니다.

치료사: 자녀들은 몇 명인가요? 가장 좋아하는 아이는 누구입니까?

어머니(조지): 두 명의 아이가 있어요. 큰딸인 애니는 열네 살인데, 제게 많은 도움을 주고 있습니다. 아들인 조지는 세 살입니다. 어느 아이를 더 좋아하다니요. 도대체 무슨 말씀이십니까?

치료사: 조지에 대해 말씀해 보세요.

어머니(조지): 그 아이는 신앙심이 깊은 아이예요. 그 아이가 신을 두려워하고 신의 심판을 항상 마음에 품도록 교육시켰죠. 조지는 부모님을 공경하고 신과 십계명에 복종하라고 아주 어렸을 때부터 교육받았어요. 조지를 신의 사람으로 만들고자 저는 그 아이에게 충성심, 책임감 그리고 정절을 가르치고 있어요.

치료사: 역할을 바꾸세요. 조지는 세 살이 되어 침대로 들어갑니다. 침대로 가기 전에 해야 할 일이 있으면 하세요. (조지는 이를 닦고 파자마로 갈아입는 시늉을 한 후, 침대 앞에 무릎을 꿇고 앉아 기도했다.)

조　지: 하느님, 제가 착한 아이가 되게 하시고, 어머니와 아버지를 존경할 수 있게 해 주시고, 나쁜 생각을 하거나 해서는 안 될 일을 하지 않도록 해 주세요. 지옥에 가기 싫어요."

어머니(조지): 조지야, 이 닦았니? 기도하고 빨리 자! 잘 때는 꼭 불을 끄고 한밤중에 다른 사람을 깨우는 일이 없도록 하거라. (치료사가 일러준 대로 보조자는 청중에게 말했다. 조지는 불을 끄고 침대로 갔다. 그러다가 일어나 문을 찾는 시늉을 하더니 서랍장의 구석에 머리를 부딪혔다.)

조　지: (울고 있다.) 엄마, 엄마! (오랜 시간 동안 말이 없다.)

치료사: 조지, 세 살의 당신이 될 사람을 고른 후 역할을 바꾸세요. 당신이 어머니 역할을 하고 그다음에 무슨 일이 일어났는지를 보여 주세요.

조지(보조자): 엄마, 엄마!

어머니(조지): 이런 망할 놈아, 내가 깨우지 말라고 했지? (마침내 어머니[조지]가 나타나서 조지한테 다가가 그의 빰을 두세 번 때렸다.[26])

조　지(보조자): 엄마 피가 나요. 도와줘요! 도와줘요!

어머니(조지): 조지, 겁쟁이같이 굴지 마라. 집안 사람들이 다 깨겠다. 이제 빨리 자.

조　지(보조자): 하지만 엄마, 피가 나잖아요. 아파요. 욕실에 가고 싶어요.

어머니(조지): 한심하구나. 조지야, 한심해. 오줌 쌀 나이가 지났잖니? (그녀는 조지가 오줌을 싼 것을 발견하고 다시 빰을 두세 번 때린다.)

어머니(조지): 이제 빨리 침대로 돌아가서 조용히 하고 자. 나를 방해하지 말라고 했잖아. 겁쟁이 같은 울음은 그쳐. 난 너를 남자로 만들 것이라는 점을 기억해!

치료사: 역할을 바꾸어서 다시 자신으로 돌아오세요.

치료사: 조지, 이 방에서 무슨 냄새가 나나요? 방 안을 돌아다니면서 바닥에 있는 나무를 느껴 보세요. 창밖을 내다보세요. 낙엽이 보이나요? 아버지는 어디 있어요?

주인공은 무엇이 일어났는지 말하는 것보다 우리에게 보여 주는 것이 중요하다. 이를 통해 주인공이 '지금-여기' 에 있는 느낌을 경험할 수 있기 때문이다. 주인공이 진정한 느낌에 접하도록 하기 위해서 치료사는 행동 전에 그를 준비시켜야 한다. 감각상의 경험을 하도록 하는 것은 이러한 준비과정(예열) 중 하나다.

조　지: 아버지는 아직 돌아오시지 않았어요. 아버지는 집에 자주 들어오시지 않아요.

치료사: 조지, 이제 돌아가 청중과 함께 계세요.

치료사: 역할을 맡은 보조자들은 필요한 경우 여러분의 자발성과 과장적 표현을 활용하세요. 만약 여러분이 잘못했을 경우, 조지가 그것을 바로잡아 줄 거예요. (조지는 보조자들을 돕기 위해 치료사 옆에 앉았다. 장면이 연출되는 것을 보며 조지는 매우 크게 울기 시작했다. 치료사는 조지가 슬픔을 표현할 수 있는 시간을 주었다. 그 후 조지는 집단원들로부터 위로를 받았다. 집단원들은 손에 손을 잡고 요람을 만들어 조지를 그 안에 있게 하고 그를 앞뒤로 흔들어 주었다. 이때 자장가가 연주되었다. 위로를 받은 조지가 비교적 안정되었을 때, 치료사는 조지가 청중과 함께 다시 제자리에 가도록 하고 보조자들이 다시 장면을 재연하도록 했다.)[27]

치료사: 조지, 무엇이 일어나고 있나요? 아파서 도움을 요청하는 아이를 때리는 것이 어머니로서 해야 할 일이라고 생각하나요? 어떤 것이 옳다고 생각하나요? (거울 장면에서 치료사는 조지에게 말했다.)

조　지: 아이는 도움을 바라고 있어요. 때려서는 안 되죠. (조지는 의자에서 일어나 어머니의 팔을 잡았다.)

어머니(보조자): 내 아이를 어떻게 키우든 대체 당신이 무슨 상관이에요! 남자애라면 여자애처럼 찔찔 짜서는 안 되는 거예요.

조　지: 그 아이를 가만히 두세요. 다시는 그를 때리지 말아요. (조지는 어머니를 무대 밖으로 밀어냈다. 보조자는 이것이 쉽게 이루어져서는 안 된다는 것을 잘 알고 있어서 최대한 버틴다. 몸부림 끝에 조지는 그녀를 무대 밖으로 밀어내는 데 성공한다.)

치료사: 이제, 아이에게 무엇을 하실 건가요? 그의 인생에서 좋은 어머니 역할을 해 줄 사람이 있나요?[28]

조 지: 네, 누나가 있어요. (조지는 누나 역할을 해 줄 사람을 골랐다. 누나가 들어왔다. 조지는 우선 역할을 바꾸어 자신이 누나 역을 맡고는 누나가 어떻게 자신을 위로했는지를 보조자들에게 보여 주었다.)

드라마는 안락의자에 앉아 있는 조지의 누나가 조지를 안고 좌우로 흔들어 주면서 끝이 났다.

이 시점에서 볼 수 있듯이, 어머니의 사랑에 대한 조지의 갈망은 그의 잠재의식에 숨겨져 있었지만 그는 이러한 갈망이 자신의 의식의 일부가 되는 것을 부끄러워했던 것이다. 그것은 그림과 실연에서 드러났다([그림 7-4], [그림 7-5] 및 [그림 7-14] 참조). 그림은 보살핌과 사랑에 대한 그의 욕구 및 거부에 대한 두려움, 독립에 대한 무능함을 보여 준다. 두려움과 불안이 그의 에너지를 막고 있는 것이다. 이 드라마가 있기 전까지, 그는 어머니에 대한 분노를 표현하는 데 어려움을 느꼈다. 드라마가 끝난 후, 그의 그림에는 특히 어머니에 대해 느끼는 분노와 의존감에 대한 아주 심한 내적 갈등이 나타났다([그림 7-15]와 [그림 7-16]).

[그림 7-16]은 그의 딜레마를 분명히 보여 준다. 어머니는 그에게 '정절을

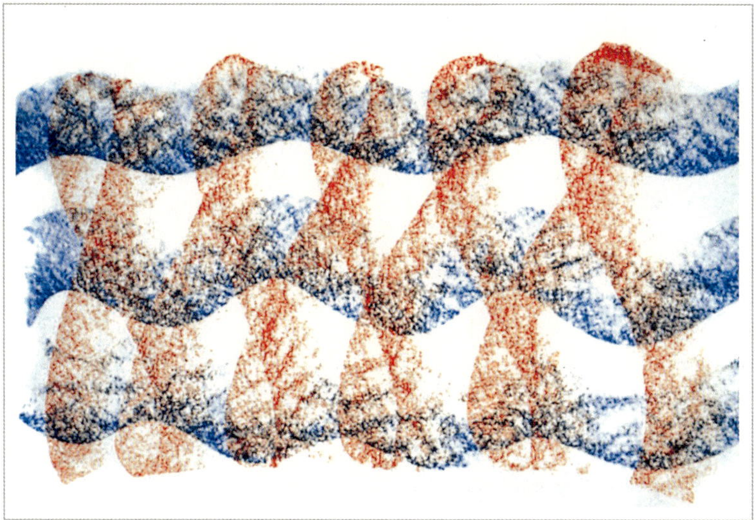

그림 7-15 "세 개의 파란색 선은 자기 신뢰, 안정, 안전함을 나타내는데, 이 색은 독립에 대한 나의 욕구를 표현한 것이다. 오렌지색 선은 나의 힘을 충분히 발휘하고 싶어 하는 욕구를 방해하는 아버지, 어머니 그리고 아마도 신에 대한 분노를 표현한 것이다."

지키고, 책임감 있고, 충성스러운 것'의 중요성을 가르쳤다. 이는 아버지가 어머니에게 지켜야 할 것들이지 그가 지켜야 하는 것들이 아니었다. 그는 어머니에게 있어 '대리 남편'의 역할을 한 것이다. 이에 대한 분노는 그의 명백한 의식 아래 깊숙이 파묻혀 있었다. 이러한 느낌

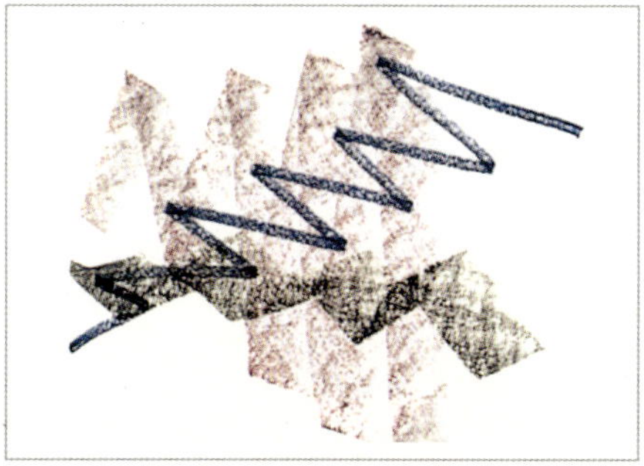

그림 7-16 "초록색, 파란색, 보라색은 충성, 정절 및 책임감 그리고 어머니에 대한 분노와 의존을 표현한 것이다."

을 가진다는 것은 어머니에 대한 배신이기 때문이다.

또한 그는 아버지에 대한 분노 및 아버지로부터의 사랑과 지원에 대한 욕구 속에서 갈등하고 있었다([그림 7-17], [그림 7-18] 및 [그림 7-19]).

그림 7-17 "내 가슴속의 구멍과 분노를 보고 있는 나. 그를 내쫓고 싶지만 여전히 두려움이 있다([그림 7-3] 참조)."

조지는 자신의 내면에 있는 분노를 없애면 자신 또한 소멸될까 봐 두려워하고 있었다. 그의 그림은 그에게 있어 상징적 드라마를 구성하였다.

그림 7-18 "나는 들어가서 내 두려움을 극복한다. 나는 (아버지?)에 대한 분노에 대항하여 그를 보고 나가라고 한다. 나는 이제 분노한다. 나는 두렵지 않다. 나는 그를 발로 차고 그는 뒤로 물러난다. 그는 입을 다물고 있다."

그림 7-19 "나는 더욱 분노하여 막대기를 들고 그를 쫓아내고 있다. 이제 그가 나를 두려워하고 있다."

우리는 여기에서 조지가 아버지에 대한 분노를 표현하고 심리극에서 이를 행한 것을 보았다. 그러나 조지는 어머니에게 의존하고 있었기 때문에 이러한 분노의 표현을 어머니에게 하는 것을 두려워했다. 이러한 분노의 감정은 그의 무의식 속에 깊이 묻혀 있어 그의 잠재의식 속에서 망령처럼 그를 쫓아다녔다. 이것은 그의 에너지를 막고 그를 마비시켜 성직자로서의 역할을 하지 못하도록 했다. 마음을 한 생각에 모으는 과정, 그림 그리기 및 에너지 방출과정 등을 통한 치료는 그의 무의식 혹은 잠재의식 속에 묻혀 있던 그러한 감정을 그가 다룰 수 있는 명백한 의식의 세계로 끌어내도록 도와 주었다.

그림과 심리극을 통해 아버지와 어머니에게 가졌던 억압된 분노를 명확하게 표현한 후 조지는 생명, 즐거움 및 조화의 감정을 경험할 수 있었다. 12월의 끝 무렵에서야 조지의 그림은 밝아지기 시작했다([그림 7-20]).

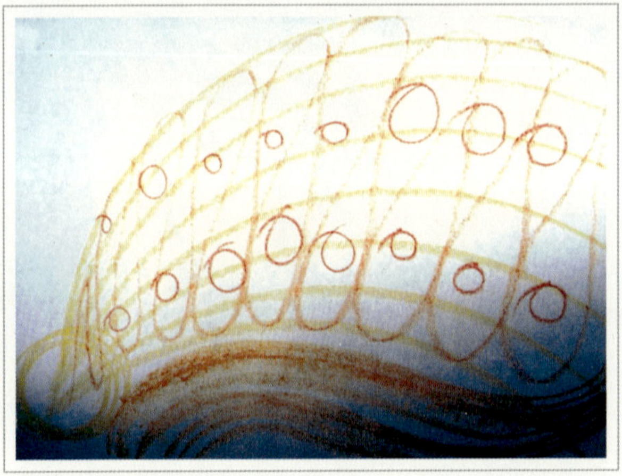

그림 7-20 "새로운 생명이 파도처럼 밀려오는 생동감, 즐거움 및 조화로움, 오렌지색은 지지물로서 아주 중요하다."

새로운 삶과 즐거움에 대한 이러한 경험은 그에게 불안, 혼란 그리고 고통을 주기도 했다([그림 7-21]과 [그림 7-22]).

그림 7-21 "푸른 바다는 평화를 나타내며, 오렌지색 광선은 새로운 삶을 표현한 것이다([그림 7-9] 참조). 나는 도움을 요청하고 있다. 나에게 무슨 일이 일어나고 있는지 슬픔과 불안에 대한 도움을 요청하고 있는 것이다."

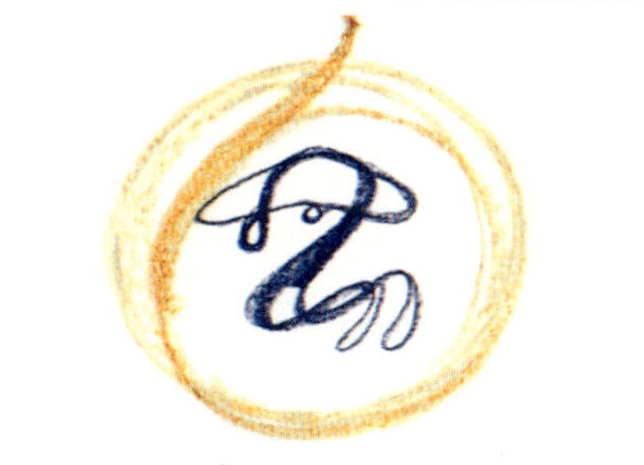

그림 7-22 "오렌지색은 신으로부터 오는 새로운 생명력을 표현한 것이며, 파란색은 아직도 혼란과 고통 속에 있는 나를 표현한 것이다."

도가적 관점과 경험은 조지가 자연에 보다 가까이 접근하고 그의 영혼을 진정시키는 데 도움을 주는 듯했다.

그림 7-23 "이 그림은 어둠 속을 통과해 파도처럼 밀려오는 생명력을 표현한 것이다. 파란색은 평화, 오렌지색은 새로운 생명력, 초록색은 자연과 연결되었음을 의미한다."

내담자의 에너지 벽이 미술치료와 심리극을 통해 서서히 제거될 때, 내담자가 '통제불능에 대한 두려움'을 경험하는 것은 아주 자연스러운 일이다. 분노와 성욕이라는 그의 감정을 다스리는 데 사용되었던 에너지는 성장을 위해 방출되었으며 이 사실은 그에게 매우 두려운 것이었다. 세 살이 되기도 전부터 '통제'란 그가 알고 있는 전부였다. 그리고 이제 그 '통제'는 '상자에 갇히고' '두려움, 불안, 죄의식 및 가책의 배출구 없이 사로잡혀 있는' 느낌으로 다가온 것이다. 그림들은 분석되는 것이 아니라 조지가 설명하기 전에 이미 행동으로 나타났다.

조지는 최초의 자발적인 그림 그리기를 통해 자신의 감정을 알아차리고, 그 후 각각의 선과 형태의 리듬으로 이동하여 신체적 지각을 얻었으며, 그다음에서야 그림의 뜻을 설명했다. 이것은 지식화를 막기 위함이었다. 적절한 극적 실연이 뒷받침되었을 때, 그림에 대한 신체적 실연은 각 개별 회기에서 형태(Gestalt) 역할놀이로 수행했다. 이는 하나의 개별 세션 혹은 다양한 잠재적 보조자를 가지는 집단 내에서 하나의 보조자를 둠으로써 이루어졌다. 그림에 대한 감정의 기록 및 설명은 개별 실연, 집단 실연 혹은 그 두 가지 모두의 결과였다.

그림이 처음 그려졌을 때, 내담자가 그린 그림에 대해 스스로 어떠한 해석도 하지 못하도록 했는데, 이는 향후 탐색을 막을 수도 있다는 두려움 때문이었다. 특히 이러한 억제는 내담자의 잠재의식 또는 무의식 속에 깊이 묻혀 강력하게 보호되고 있는 문제를 다룰 경우에 더욱 발생할 수 있는 것이었다. [그림 7-24]에서 [그림 7-28]까지는 이러한 과정을 보여 주고 있다.

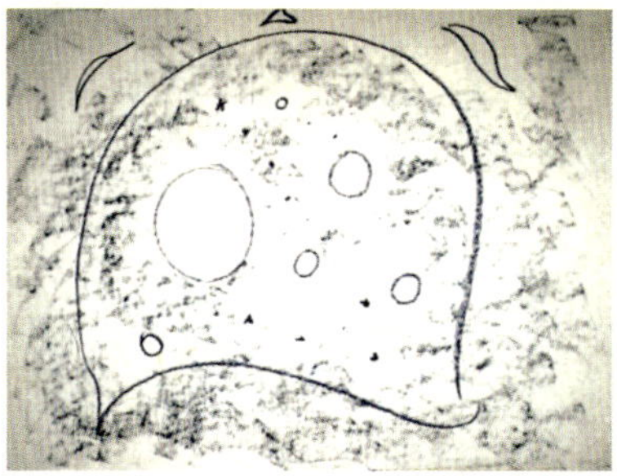

그림 7-24 "나의 입을 통해 또는 입 안에서 바깥의 공간을 보니까 내 안에 알 수 없는 것들이 일어나고 있다는 느낌이 든다."

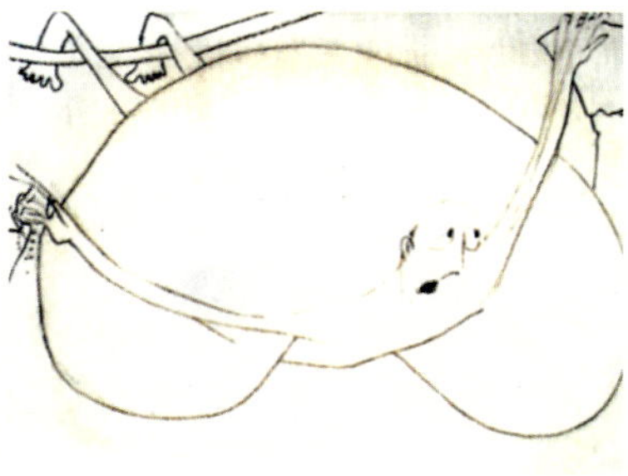

그림 7-25 "억압에 대한 나의 내적 부담, 즉 통제에 대한 상실감을 나타낸다."

그림 7-26 "회오리는 나의 내적 혼란을 나타내고, 내 안의 가장 어두운 부분은 내 머리이며, 위쪽에 생명력이 나타나고 있다(오렌지색)."

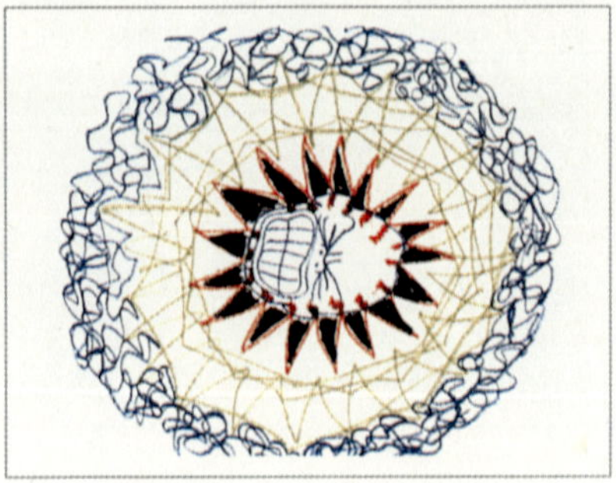

그림 7-27 "내적 고통에 대한 나의 위기. 꼼꼼함과 신에 대한 나의 지각을 나타낸다."

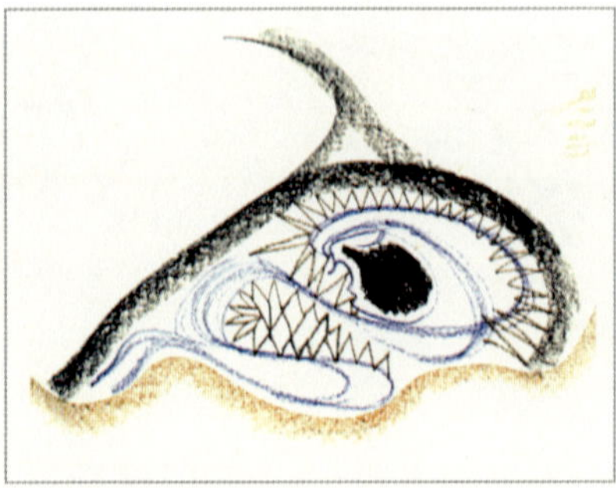

그림 7-28 "검은색은 신에 대한 나의 지각을 나타내고, 청색은 나 자신을 나타내며, 갈색은 내가 처박힌 땅을 나타낸다."

조지는 개별적인 역할 훈련과 신과의 역할 교대를 여러 번 하였다. 12월이 끝날 무렵까지도 조지는 신에게는 사랑이 없으며 심판만 있다고 믿고 있었다. 지적으로는 '신의 사랑'이라는 것을 믿고 있었지만 그 사랑을 느끼는 데는 어려움이 있었다. 조지에게 12월의 마지막은 매우 힘들었지만 중요한 시기였다. 이 기간에 조지는 자신의 두려움, 죄의식, 가책 및 불안을 내어 놓는 법을 배웠다. 자신의 욕구를 표현해야 한다는 것을 처음 인식했을 때 그는 매우 큰 두려움을 느꼈다([그림 7-29]에서 [그림 7-31]).

그림 7-29 "나는 '상자에 갇힌' 느낌과 두려움, 불안, 죄의식 및 가책에서 벗어나지 못하고 '붙잡혀 있는' 느낌을 받았다."

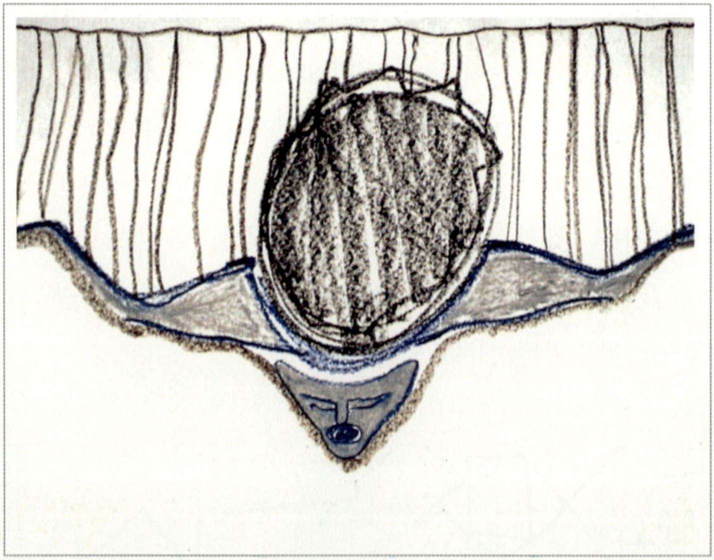

그림 7-30 "나는 운석에 맞아 땅에 처박혔다. 검은 색은 신에 대한 나의 인식이다. 내 몸은 생명이 없으며 끊어져 있다(회색)."

그림 7-31 "나는 내적 죄의식과 불안의 혼란스러운 거미줄에 사로잡힌 채 상자에 갇혀 있다."

1월이 되자 치료는 그가 이성과 정서를 통합하는 방법을 배우는 데 도움을 주었다. 치료는 그의 이성과 정서에 있어서 그를 정말로 괴롭히는 것이 무엇인지를 보다 구체적으로 인식할 수 있도록 해 주었다. 마음을 한 가지 생각에 모으도록 한(심재) 후, 조지에게 뇌의 왼쪽과 오른쪽에 있는 이미지를 시각화해 보라고 했다. 이론적으로 좌뇌와 우뇌는 정보를 다른 방법으로 처리하지만 서로 상호 보완적으로 일한다([그림 7-32]와 [그림 7-33]).[29]

그림 7-32 "좌뇌에 집중했을 때 내가 본 이미지는 자유로움과 압도감을 가지고 장엄하게 (정서적으로) 움직이는 오렌지색 구름(속도감과 운동성)과 살아 있는 조각상(움직일 수 없는 견고함)이다."

그림 7-33 "우뇌에 집중했을 때 보았던 이미지는 지하 탄광 혹은 창고 안에 있는 것으로 제한받는 느낌이었다. 그것은 '상자 안에 갇힌 듯한 느낌' 이었고, 숨이 막히고 생기가 없고 길을 잃고 억압받는 느낌이었다."

이러한 느낌은 그림의 이미지에 대한 심리극을 한 뒤에 이루어진 것이다. 조지는 부모님에 대한 분노, 양육에 대한 욕구, 성적 감정에 대한 두려움 등의 특정한 느낌이 그의 에너지를 가로막고 있는 장벽이라는 점을 명백히 인식하기 시작했다.

1984년 1월은 조지에게 매우 중요한 시기가 되었다. 그의 미술작품과 심리극 진행과정에서 보여진 바와 같이 그는 몇 단계 더 나아가게 된 것이다. '상자에 갇혀 있는' 느낌에 따라 조지는 서서히 자신의 감정을 내어 놓을 수 있게 되었다. 그의 그림은 일련의 '감정을 내어 놓는' 과정이 시작되었음을 보여 주었다.

심리극은 조지가 미이라처럼 가방에 갇혀 그 전체 집단원들이 그를 잡고 밀고 당기는 상황에 처하게 했다(마치 회오리 안에 갇힌 것처럼). 조지는 가방에서 나와 빛이 비추는 쪽으로 나아가려고 무척 노력했다. 그가 가방에서 나왔을 때, 조지는 막 태어난 아기와 같이 울부짖었다. 이 경험을 한 뒤에 그가 그린 그림은 [그림 7-34]부터 [그림 7-42]에 나타나 있다. 이 그림들은 조지가 그 의미를 인식하기 전에 무의식적으로 그린 것이다.

그림 7-34 "오렌지색의 형태는 나다. 회오리를 통해 오렌지색과 노란색을 가진 태양을 쳐다본다. 두 개의 생명이 서로 연결되려고 하며, 파란색 회오리는 나의 내적 혼란을 나타낸다."

그림 7-35 "나는 수직의 갱도 중앙에 앉아 있다. 위쪽과 아래쪽에서 빛이 들어온다. 나는 그곳에 있지 않지만 그렇게 되기를 희망하고 있다."

그림 7-36 "핑크색은 나의 인간성을 나타내고 붉은색은 나의 분노를 나타낸다. 나는 내 안의 두려움과 죄의식을 통제할 필요가 있는 듯하다."

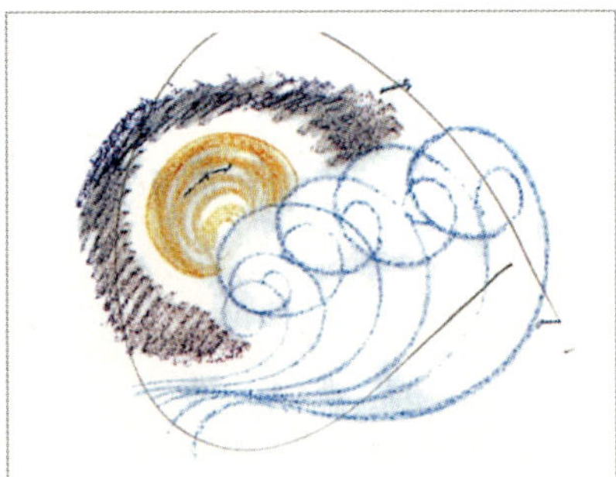

그림 7-37 "파란색 파도는 평화를, 오렌지색 태양은 새로운 자아개념을, 보라색 오로라 주위에는 불안이 있다."

그림 7-38 "아직 어두움에 가리워져 있지만 나는 새로운 자기개념을 향해 속력을 내고 있다. (오렌지색) 내 주위에는 거대한 바위들이 나를 부수려고 위협하고 있다."

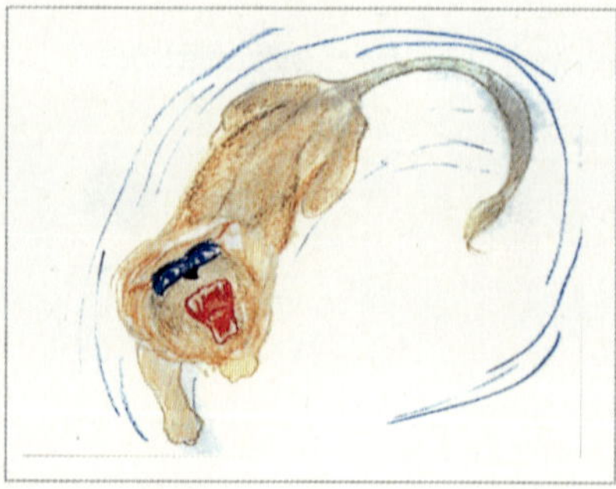

그림 7-39 "나는 파란 눈을 가진 사자에 쫓겨 나무 위로 올라가 숨어 있다. 그 파란 눈은 나의 어머니 눈과 닮았다(연민). 입 안에는 분노가 들어 있다. 이것은 사자에 대한 두려움이다. 눈은 사자의 것이 아닌 것 같다. 내 안에 새로이 드러나는 자기개념을 내가 두려워하는 것 같다."

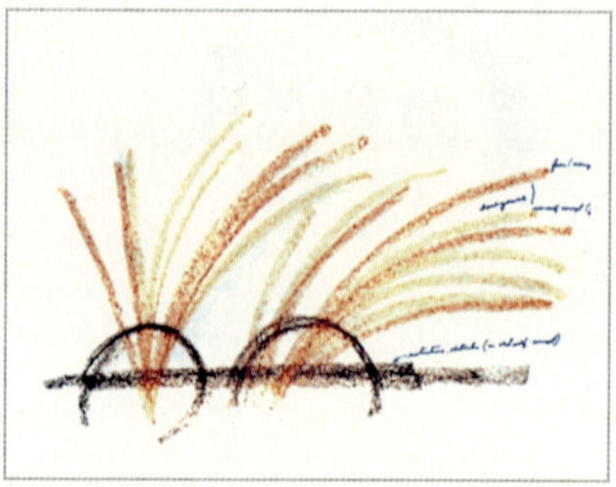

그림 7-40 "황금색과 오렌지색은 새로운 자기개념과 두려움을 나타낸다. 이들은 나의 예전 자기개념(갈색)으로부터 떠오르는 것이다. 이는 어쩐지 어머니, 아버지와 강하게 묶여 있다(두 개의 둥근 형태)."

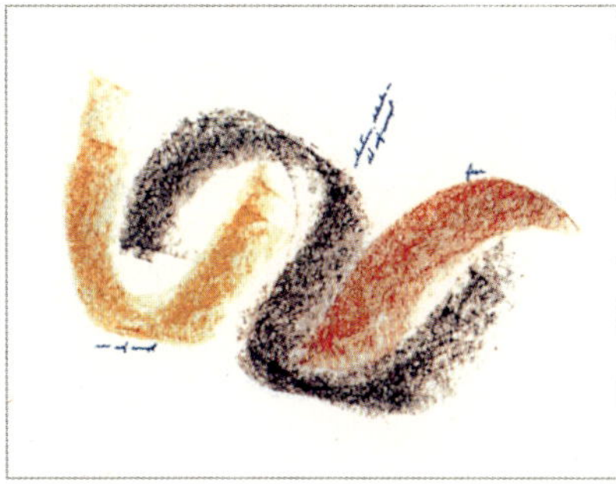

그림 7-41 "갈색은 예전 자기개념의 제한과 장애를, 금색은 새로운 자기개념을, 오렌지색은 두려움을 의미한다."

그림 7-42 "왼쪽의 것은 두려움과 장애물을 뚫고 올라오는 새로운 자기개념, 오른쪽의 것은 현재 나의 내면의 감정, 금색은 새로운 자기개념, 오렌지색은 내면의 두려움, 빨간색은 분노, 갈색은 두려움이 없음을, 파란색은 평화를 의미한다."

그림 7-43 "나의 내부의 두려움과 외부의 두려움. 아마도 신에 대한 나의 인식과 타인들이 가지고 있는 신에 대한 인식이다. 이것은 나에게 위협이 된다."

조지가 신에 대한 의미를 '심판'에서 '사랑'으로 바꾸는 데 5개월이 걸렸다. 그에게는 이론적이거나 신학적인 이해는 물론 감정적인 경험 또한 필요했던 것이다.

표현치료 집단은 그에게 중요한 지지체계가 되었으며, 또한 집단 내의 한 여성과 특별한 우정을 나누도록 그를 격려했다. 생애 최초로 그는 여성과의 부드러운 관계를 수용하기 시작했다. 성직자로서 그는 독신이었으며 여성과 결혼을 하거나 성교를 하는 것은 금지되어 있었지만, 그에게 여성과의 친밀한 관계는 중요했을 뿐만 아니라 반드시 필요한 것이기도 했다. 그가 이 여성 친구와 함께 춤을 추도록 했다(이 여성은 가톨릭 수녀였다.). 이 우정은 오늘까지도 이어졌다. 비록 서로 멀리 떨어져 살고 있지만 이들은 정기적으로 만나고 있다. 이 중요한 관계를 통해 조지는 성적 감정을 가지는 것이 나쁘지 않다는 것을 재확인하게 되었다. 그는 성직자이기 전에 남성이었던 것이다. 2차 바티칸 공의회 시기 이전에 교육을 받은 조지는 신이 곧 법이며 성적인 상상이나 감정을 가지는 것은 죄라고 배웠다. 이러한 교육과 자기 자신에 대한 개념을 바꾸는 것은 조지에게 무척이나 힘든 일이었다. 그래서 그는 갇혀 있는 느낌을 받았다.

도가의 관점에서 대자연 속에서 산보하는 과정은 진실로 그가 '지금-여기'라는 개념에 자신을 놓을 수 있도록 도와줌으로써 불안을 줄일 수 있도록 해 주었다. 그의 그림이 보여 주듯이, 조지의 분투는 계속되었다.

[그림 7-43]은 신과 성적 문제에 대해서 자신과 같은 인식을 가지고 있는 다른 사람들로부터의 비판에 대한 두려움과 통합을 위한 계속되는 투쟁을 나타

내고 있다. 조지는 자신에게 사랑과 부드러움을 가르쳐 줄 새로운 자아가 떠오르는 것을 두려워하고 있었다. 그는 새로 떠오르는 자아를 반기고 있는 동시에 이 새로운 자유에 대해 두려워하고 있었던 것이다. 이 두려움은 이중의 것으로, 내부와 외부 양쪽에서 오는 것이었다. 조지의 금지된 감정은 어머니에 대한 분노, 어머니와의 사랑 및 화해의 욕구, 그리고 신과 자신 간의 사랑과 화해의 욕구였다.

드라마는 조지로 하여금 사자, 즉 어머니를 대면할 수 있게 해 주었다([그림 7-39]). 조지는 두 사람의 보조자를 선택했다. 그중 한 사람은 부정적 어머니 역할을 맡았고 다른 한 사람은 긍정적 어머니 역할을 맡았다. 치료사는 조지에게 모든 아픔과 괴로움을 주었다고 인정한 부정적 어머니를 조지가 직접 죽이도록 격려했다.

조　지: 제가 세 살밖에 안 되었을 때도 당신은 나를 때렸어요.

부정적 어머니: 그래, 난 네가 세 살밖에 안 되었을 때도 너를 때렸지.

조　지: 게다가 아버지에게도 날 때리라고 시켰어요.

부정적 어머니: 네 아버지에게도 널 때리라고 시켰지.

조　지: 내가 당신을 필요로 했을 때 당신은 나를 때렸어요. 피 흘리게 했어요.

부정적 어머니: 그래, 너를 피 흘리게 했어.

조　지: 당신은 언제나 나를 누나인 애니와 함께 그냥 버려 두었어요. 돌보지 않았어요.

부정적 어머니: 너를 돌보지 않았어.

조　지: 당신은 죽어 마땅해요.

부정적 어머니: 그래, 난 죽어 마땅해.

조지는 플라스틱 방망이로 부정적 어머니를 상징적으로 죽였다. 반면 긍정적 어머니는 조지의 뒤에 서서 그를 편안하게 해 줌과 동시에 그가 요구하는 모든 사랑스러운 지원을 다 해 주었다.[30] 조지는 이 시점에서 매우 감정적으로 변했으며, 긍정적 어머니는 흔들의자에 앉아 그를 자신의 무릎 위에 앉히고 흔들면서 그의 머리를 쓰다듬어 주었다. 예상할 수 있듯이, 그의 특별한 친구가 이 긍정적 어머니의 역할을 대신해 주었다.

이 세션 다음 날, 조지는 다음과 같은 일련의 그림을 그렸다([그림 7-44]~[그림 7-54]).

그림 7-44 "나는 앉아서 호수 가운데 있는 분수를 보고 있다, 평화롭고 신선하며 생동감이 넘칠 뿐만 아니라, 여기서 무슨 일이 일어났는가에 대한 혼란과 의구심을 표현한 것이다. 회색은 생기 없음을, 핑크색을 생명과 사랑을 의미한다."

그림 7-45 "금색은 신을 나타낸다. 그것은 경이롭고 따뜻하며 생명을 주는 존재다. 나는 경이로워하면서 신의 오묘한 능력에 둘러싸여 있고, 금색이 나를 만졌고 그 느낌은 오묘하고 경이롭다.

그림 7-46 "성은 나를 나타낸다. 금색은 나의 새로운 자기 인식이다. 이제 그것은 외부에 있지 않고 내 안에 있다. 어쩐지 그것은 신과 연결되어 있는 듯하다. 파란색 형상은 평화를, 회색은 나의 예전 자기개념을, 핑크색은 사랑과 생명을 의미한다."

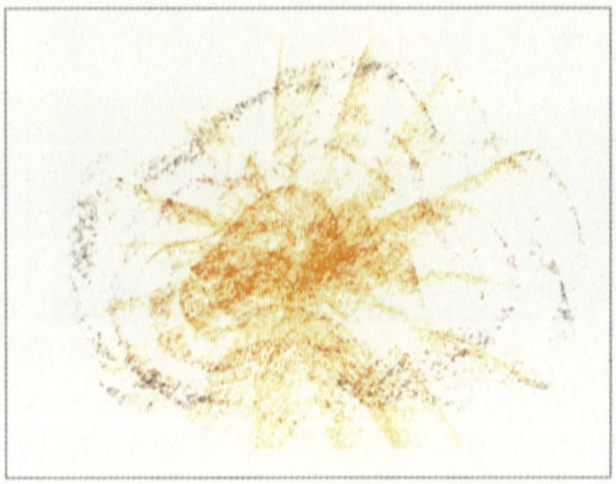

그림 7-47 "혼란을 의미하는 것으로 금색(새로운 자기개념)이 회색 구름(예전 자기개념)을 뚫고 나온다."

그림 7-48 "두려움의 오로라(오렌지색)에 둘러싸여 있는 새로운 자기개념(금색)이 활발하게 움직인다."

그림 7-49 "금색은 나를 점점 더 많이 차지하고 있다. '내' 자신이 사라질까 봐 두렵다. 그러나 나는 금색이 마지막에는 승리할 것임을 알고 있다. 내가 금색이 될 때 내 경계는 어디에 있을까? 나는 누구일까?"

그림 7-50 "내 자신의 네 부분이 서로 연관성을 가지려 하고 있지만 긴장하지는 않는다. 파란색은 내가 갈망하는 평화, 보라색은 불안, 핑크색은 사랑, 회색은 예전의 자기개념, 금색은 새로운 자기개념을 나타낸다. 이 새로운 자기개념은 이들 사이를 흘러다니며 아래에 있는 연못에 모여든다."

그림 7-51 "회색 물(예전의 자기개념)로부터 나오는 새로 태어나는 느낌. 금색은 새로운 자기개념을, 핑크색은 변형 과정에서 나를 인도하는 사랑을 의미한다."

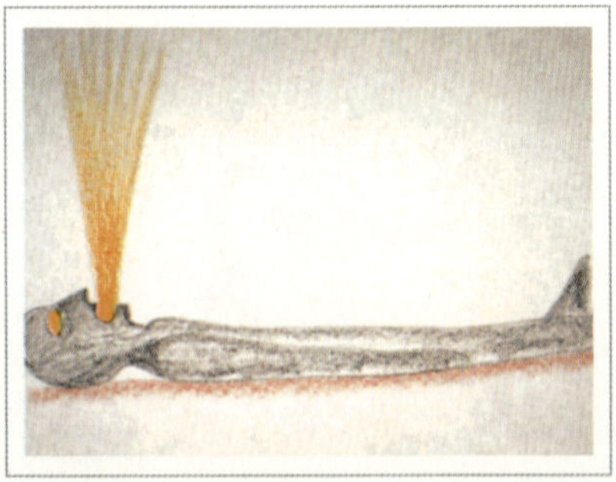

그림 7-52 "죽음과 재탄생이라는 변형과정을 통해 사랑이 나를 지지해 준다."

그림 7-53 "나는 죽은 후에 다시 태어나고 있다. 나는 새로운 자기(금색)의 유사(流沙)에 빠져들고 있다. 나는 죽는 것이 두렵고, 오로지 나의 눈과 입만이 남는다. 내가 나 자신을 몰라볼까 두렵고 무섭다. 경계가 없다."

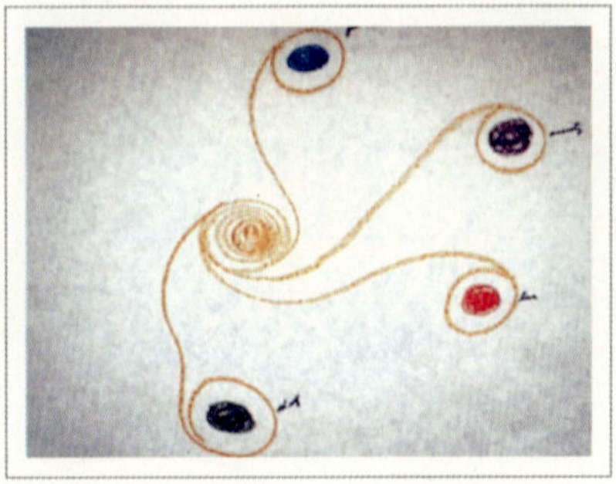

그림 7-54 "네 개의 감정은 이제 둘려싸여 보호받고 있다. 새로운 자기개념(금색)은 그들에 대해 지속적인 영향력을 끼치면서 그들을 보호하고 있다. 금색 나선이 내 자신인 것 같지가 않다. 적어도 아직까지는 말이다!"

조지가 재탄생의 두려움과 흥분 사이를 지나가는 것을 볼 수 있다. 경계가 사라지기 때문에 두려워하고 있다. 즉, 자신의 성욕에 대한 경계를 어떻게 설정해야 할지 모르고 그 성적 느낌을 어떻게 해야 될지 모르는 데서 오는 두려움이다. 조지는 자신의 성적 느낌을 놓고 계속 고민하면서 계속 성장하라고 재탄생하고 있는 것이었다.

조지는 드라마에서 재탄생 과정을 마치고 이틀 후 다음의 그림들을 그렸다.

그림 7-55 "나는 죽었다. 그러나 한편으로 살아 있다. 사랑이 여기에 있다(핑크색)."

그림 7-56 "두려움은 내 앞에 서 있는 움직이지 않는 '부처' 상과 같다."

조지는 부처님을 보았던 곳 주위에 다른 무엇이 있었는지에 초점을 맞추어 질문을 받았다. 그 장소 주위에서 어떤 냄새가 났는가? 누가 거기에 있었는가? 조지는 아시아의 사원에서 거대한 부처님을 보았다. 그 높이는 약 6m 정도 되는 것 같았다. 향 냄새가 그곳에 꽉 들어차 있었다. 많은 수도승이 경전 혹은 난해한 말을 되풀이하고 있었다. 무아지경에 빠진 것처럼 그 자신은 부처가 되었다. 그 집단 구성원들은 알아듣지 못하는 말을 되풀이하기 시작했고 예배당으로 향을 가지고 왔다. 조지는 말레이시아에 있었다고 말했다. 그는 혼자라고 느꼈고 두려웠으며 그가 왜 그곳에 있었는지, 그에게 무슨 일이 일어나고 있었는지 알지 못했다. 그는 말을 할 수 없었다. 어떤 소리도 낼 수 없었다. 갑자기 그가 "그들이 지금 나를 해변가로 데리고 나가고 있어요."라고 말했다. 그래서 그 집단이 그를 무대 쪽으로 데리고 갔고 무대 중앙에 그를 앉혔다.

조지가 "저녁이에요. 지금 새로운 달이 떠오르고 있어요. 나는 나와 함께 있어 줄 누군가가 필요해요."라고 말했다. 그는 그의 친구를 집단에서 불러냈다. 그녀가 그와 함께 있기 위해 올라왔다. 그 집단은 관객으로 물러났다. 그는 머리를 그녀의 무릎에 기대며 "신의 손이 내 주위에서 느껴져요. 저기 위에서 빛나는 아주 밝은 빛."이라고 말했다.

치료사는 이전 드라마에서 신의 역할을 했던 한 사람을 나오도록 했다. 주인공이 보통 자신의 보조자를 결정하지만 그 당시 주인공은 최면 상태에 있었다. 만약 그에게 누군가를 선택하라고 했다면 그 최면은 아마 깨졌을 것이다.

신(보조자에 의해 연기된)은 그의 손을 조지의 어깨 위에 올려놓고 "나는 너를 사랑한다. 너는 정말 아름답구나."라고 말했다. 비록 우리가 그것에 대해 논의하지는 않았지만 심리적으로 이것은 그를 재양육하는 것이었다. 조지는 분명히 사랑과 수용에 대한 이러한 확신이 필요했다. 그의 그림은 이 경험을 증명한다([그림 7-57]~[그림 7-65]).

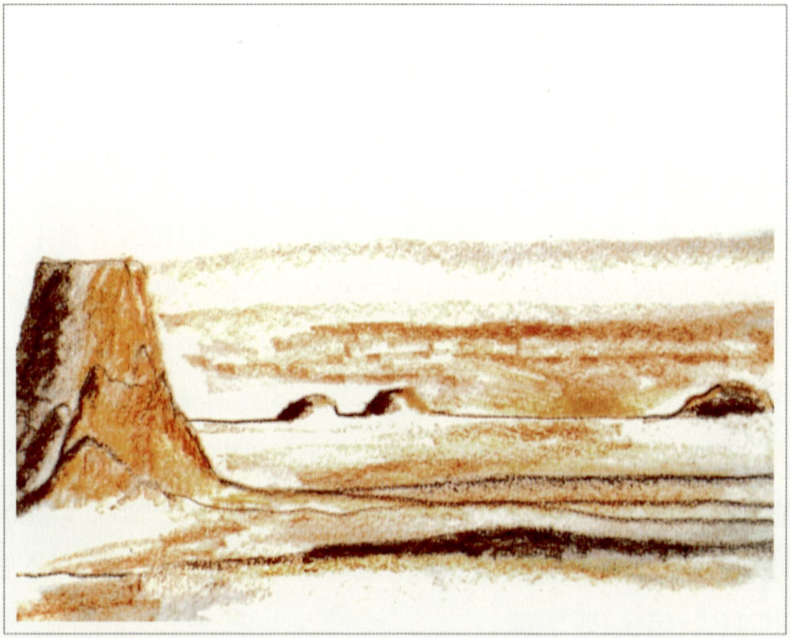

그림 7-57 "외로움, 새로운 삶, 두려움에 대한 감정과 느낌은 새로운 지평선이다."

그림 7-58 "초승달이 떠오르는 것은 매우 색다른 것이다. 분수는 새로운 생명으로 아주 특별한 것이다."

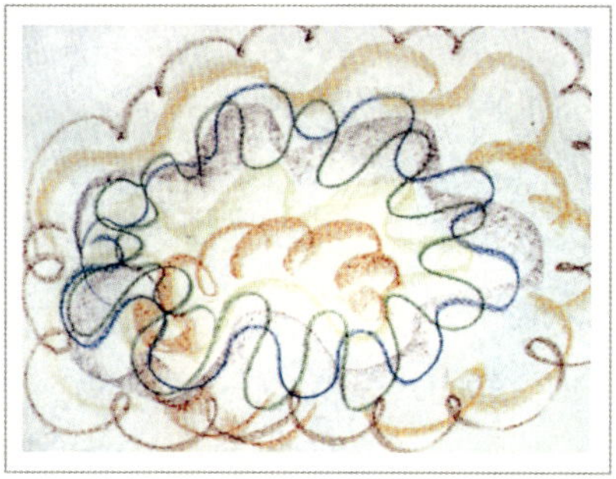

그림 7-59 "감정적인 기복의 혼란."

그림 7-60 "나는 새로움 속에 있고, 새로 생긴 자기개념의 빛 속에서 일광욕을 하고 있다."

그림 7-61 "새로운 자기개념에 압도되는 느낌, 무슨 일이 일어나고 있는가?"

그림 7-62 "죽음에서 삶으로의 변화. 과거의 나는 해변으로 밀려오고 있다. 그럼에도 불구하고 봄은 온다. 새싹은 새로운 삶을 의미한다."

그림 7-63 "내가 물가에 누운 채 죽어가고 있을 때 두 개의 형상이 나에게 다가왔다. 하나는 신이고 다른 하나는 개인적으로 친한 친구다. 사랑과 평화가 출현하고 그들로부터 나에게로 흘러든다."

그다음 주 동안 조지는 재탄생의 과정에 집중하는 것을 계속하였다.

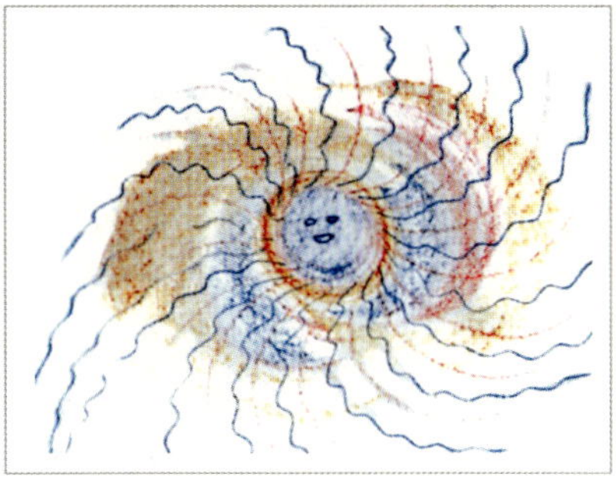

그림 7-64 "출현: 재탄생, 새로운 자기개념, 사랑 평화의 떠오름."([그림 7-51], [그림 7-52], [그림 7-53]과 비교)

그림 7-65 "출현: 새로운 자기, 사랑과 평화(금색, 분홍색, 파랑색)의 떠오름."

3월 말에 조지와 치료사가 치료 종결에 대해 의논했다. 완벽주의자인 조지는 그의 모든 문제가 다루어지지 못했다는 두려움 때문에 치료 종결에 대해 극도로 두려워했다. 이것은 일반적인 것으로 임상가들은 '분리불안(separation anxiety)'이라고 부른다. 이것은 보통 치료를 종결할 때 일어난다. 다음 몇 주 동안 우리는 종결작업을 하였다. 조지의 그림은 다시 두려움과 불안의 경험들을 나타냈다([그림 7-66]~[그림 7-68]).

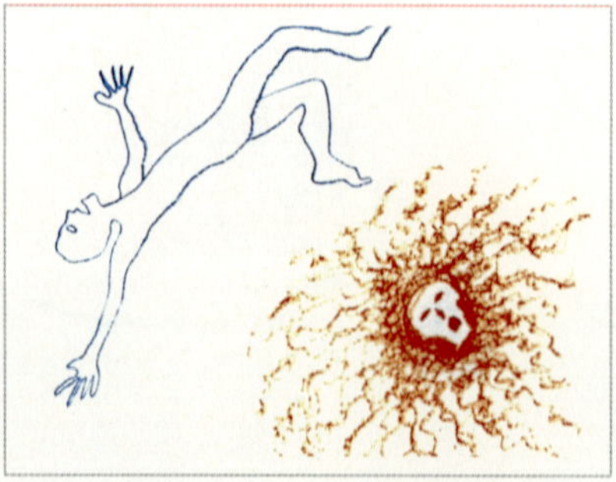

그림 7-66 "여전히 과거 행동양식에서 벗어나기 위해 몸부림치고 있는 새로운 자기개념."

그림 7-67 "떠나가지 못하게 가로막는 이전의 두려움과 행동양식 그리고 이것에 대한 불안."

그림 7-68 "통제할 수 없음에 대한 두려움과 불안."

조지는 점차 자신감을 가지기 시작하였다([그림 7-69]~[그림 7-71]).

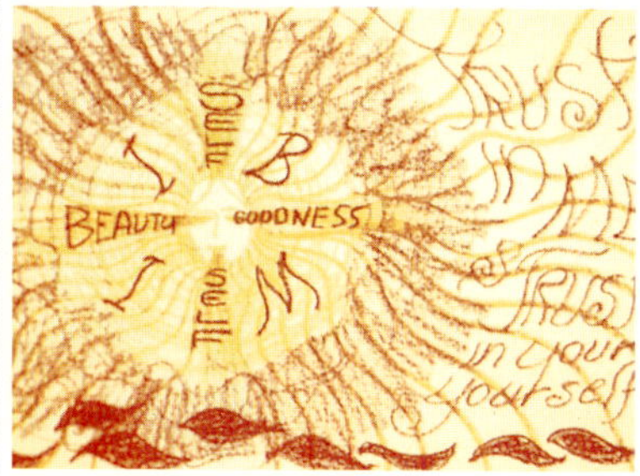

그림 7-69 "나는 나 자신을 믿는다(I.B.I.M). 나(신)에 대한 믿음과 너 자신에 대한 믿음. 새로운 시작."

그림 7-70 "나는 오른쪽에 있는 산에 오른다."

그림 7-71 "검은 돌로 된 개방된 암석지대인 산꼭대기에서 나는 걷기 힘들었고(그는 돌로 된 산으로 역할을 바꾸었기 때문에) 울퉁불퉁한 표면이 나타났다. 그러나 나는 태양, 공기, 바람 그리고 비에 대해서 개방된 것이다."

마지막 그림은 조지와 신과의 만남을 보여 준다.

그림 7-72 "산에서 신과의 만남. 내가 산을 오르자 두려움, 새로운 자아, 삶(오렌지색, 금색, 녹색)이 뒤따르고, 신의 눈은 어머니의 눈과 같다. 자비와 평화가 신으로부터 흘러나온다(살색과 파란색)."

1984년 6월에 조지는 치료를 종결하였다. 그는 1년이 넘는 기간 동안 치료를 받았다. 다음은 조지가 이야기한 그의 여정을 요약한 것이다.

이것은 나의 삶과 성직자 시절의 여정이다. 특히 내 삶의 지난 10년 동안의 여정이다. 이 10년이라는 기간 동안 나는 매우 극심하게 감정적으로 손상되어 더 이상 성직자로서의 역할을 할 수 없는 지점에 도달하였다. 공수 박사와의 치료에 들어가기 전, 나는 지나치게 왜곡된 꼼꼼함 때문에 미사를 올리는 것과 신앙고백을 듣는 것을 포기해야 했다. 이러한 상태는 내가 치료를 시작하기 전 약 1년 동안 지속되었다. 나는 두려움, 불안 그리고 죄책감으로 가득 차 있었다. 나는 신을 가혹한 심판관으로 인식하고 있었으며, 나의 행동이 얼마나 사소한 것인지에 상관없이 두려움으로 가득 차 있었다. 도덕적인 영역은 흐려져서 더 이상 무엇이 진짜 죄인지, 무엇이 심리적 죄인지 명확히 구별할 수 없었다. 그것은 내가 죄의식을 느꼈고 내가 죄인이기 때문인 것 같았다.

나는 미술치료와 표현치료 과정 동안 부모님을 향한 나의 감정을 인식하고 회상해야만 했다. 나를 향한 아버지와 어머니의 감정적인 태도와 그들을 향한 나의 감정적인 태도가 내가 신에 대한 잘못된 인식을 발전시키는 데 깊은 영향을 미쳤던 것 같다. 내가 이 관련성을 알게 되고 신은 내가 인식하는 그런 분이 아니라는 통찰에 도달했을 때, 나의 그릇된 양심에 대해 심각하게 의문을 가지기 시작할 수 있었고 좀 더 객관적이고 현실적인 표준에 기초한 신에 대한 새롭고 다른 인식을 가질 수 있는 가능성을 인정할 수 있었다. 하지만 첫 번째로, 나의 부모를 향한 분노, 두려움, 죄책감 등 많은 억압된 감정을 다루고 표현해야만 했다. 그러고 나서 나는 천천히 여러 달 동안 나의 불안 수준을 내 행동양식에서 변화를 일으키기 시작할 정도로 안전함을 느끼는 수준까지 감소시켰다. 불안의 강도가 줄어든 것은 나에게 매우 중요한 것을 입증한 것이었다. 그때 나는 죄책감을 다루던 이전의 방식처럼 죄책감을 회피하거나 옆으로 비켜서는 대신에 죄책감에 '직면할(go through)' 수 있게 되었다. 나는 잘못된 죄책감을 극복하는 방법은 그것을 회피하는 것이 아니라고 들었다. 정확하게 말하면, 그 감정을 직면하고 받아들이는 것, 즉 그것들과 함께 삶으로써 나는 나를 둘러싼 그것들의 힘을 이겨낼 수 있었다. 이것은 매우 중요한 통찰이며 또한 회복을 향한 여정에서 매우 중요한 단계였다.

나에게 두 번째로 중요한 통찰은 내가 행동 변화를 일으켜야만 한다는 것과 감정들이 그다음 행동양식을 이끌 수 있다는 것을 배운 것이다. 12개월간의 치료과정을 되돌아보면서 나의 회복과정에서 두 가지 근본적이고 매우 중요한 단계가 있었다는 것을 알았다. 첫 번째는, 내 정신 깊숙이 새로운 신에 대한 지각을 발달시킬 수 있었던 것이다. 두 번째는, 이러한 신에 대한 새로운 내적 지각으로, 나는 죄를 회피하는 것을 멈출 수 있었고, 그 대신 죄를 직면하여 견뎌 내기 시작했다. 동시에 내 행동양식에서 변화를 시작하고, 새로운 행동을 이끌 수 있는 감정을 허락할 수 있었다. 나는 이제 내가 이성적인 수준과 감정적인 수준 모두에서 이러한 통찰을 내면화했다는 것을 깨달았다. 그래서 나는 최소한의 외부 도움으로 나 자신의 회복을 유지할 수 있다.

나는 미술치료와 표현치료에 대해 매우 감사한다. 이러한 창조적이고 활동적인 치료는 나로 하여금 감정을 경험하고 억압된 분노와 슬픔의 세월을 표현하도록 도와주었다. 그것들은 또한 억압과 불안 사이의 관련성을 인식하게 도와주었다. 나는 나의 분노가 표현되자마자 어떻게 나의 슬픔과 접촉하기 시작하는지 인식하게 되었다. 나는 너무 이성적으로 처리했다. 그것이 나의 문제였다. 예술적인 표현과 심리극은 나를 좀 더 직관적이고 좀 더 활동적이 되도록 도와주었다. 자연 경험(nature experience)은 나에게 내 자신의 성장과정과 좀 더 접촉하도록 도왔고 나를 신의 창조물 가운데 굉장히 멋진 한 부분으로 받아들이는 것을 배우도록 도왔다. 전통적인 '언어'적 심리치료는 나를 전혀 도와주지 못했다. 나는 그림 작업을 계속할 것이고, 좀 더 자발적이 되는 것과 머리로는 덜 받아들이는 것 그리고 이치로 설명하려는 것을 줄이는 것을 배울 것이다.

20년 동안의 추적조사에서 조지는 아주 잘 생활하고 있었다. 그는 지금 메트로폴리탄 지역에 있는 큰 교구의 사제다. 그는 현재 치료의 필요성을 느끼지 못하고 있다. 나는 1년 전에 그를 만났고, 함께 점심을 먹으면서 그가 치료받던 시절에 대해 즐겁게 이야기했다.

- **논의** 비록 조지의 사례연구는 내가 중의학을 집중적으로 연구하기 전이었고 심리극에 막 입문한 상태였던 20년 전에 끝났지만, 나는 여기에 포함되어 있는 것이 중요하다는 것을 발견했다. 조지와 함께한 나의 작업과정은 내가 이후에 발전시킨 신체와 마음/정신의 관계와 관련한 이론의 많은 부분을 명료화하도록 도왔다.

  조지의 감정적인 불균형이 치료되었을 때, 그의 신체적 기능의 불균형 역시 치료되었다. 치료가 종결되면서 조지의 복통, 설사, 현기증, 발한, 손이 찬 증상은 사라졌다.

중의학은 불안을 허파, 지라 그리고 간 경락과 연결시키고, 이것은 소화기관, 배설기관과 관계된다. 불안이 치료되면 복통과 설사 증상도 치료된다. 두려움은 콩팥의 원기 허약을 야기한다. 이러한 허약은 그 사람의 면역체계, 체력 그리고 기억에 영향을 미친다. 조지가 성직자로서 역할을 할 수 없었던 것은 콩팥의 원기 허약의 결과였다. 음기의 부족은 양기의 상승을 늘리도록 야기한다. 이것은 에너지 불균형을 발생시킨다. 콩팥에서의 음기 부족은 간에서의 양기 과잉을 야기한다.[31] 간에서 지나친 양기가 불같이 타오르면 두통이나 현기증을 야기한다. 심한 경우 모든 감정은 심장에 영향을 미치기 때문에 심장발작을 일으킨다. 또한 화기(火氣) 과잉은 조지가 명확하게 생각하는 것을 불가능하도록 했다. "도덕적인 영역에 있는 것들은 흐려져서, 나는 더 이상 무엇이 진짜 죄이고 무엇이 심리적인 죄인지 명확히 구분할 수 없었다."

서양 생리학에서 인식되지 못했던 두 개의 주요한 기능적인 에너지 기관이 있다. 그것은 음기 기관인 심낭(pericardium)과 양기 기관인 삼초(triple warmers)다. 심낭은 콩팥에서 오는 두려움, 간에서 오는 화, 허파에서 오는 슬픔과 같은 다른 기관에서 오는 지나친 감정적인 충격의 혼란으로부터 심장을 보호하는 기능을 한다. 또한 심장 경락과 연관된 사랑의 감정은 심낭에 의해 조절되고 조화된다. 반면에 삼초는 몸의 전체적인 영양분 섭취, 분배, 소화, 배설기관을 조절하는 기능을 한다.[32] 상초(upper warmer)는 섭취를 조절하고, 중초(middle warmer)는 성분 변화(transformation)를 규제하며, 하초(lower warmer)는 배설을 조절한다.[33] 조지의 과도한 불안은 삼초가 섭취, 소화, 배설 시스템을 균형 있게 유지할 수 없도록 만들었기 때문에 그에게 복통과 현기증이 일어났다.

Yi Shu와 문화를 넘나드는 작업

Yi Shu는 다른 문화 간, 다른 인종 간의 차이점을 조화시키기 위해 이루어졌다. 1989년 이래로 나는 전 세계의 여러 국가에서 문화적응 과정에서 일어나는 어려움을 다루는 것을 돕기 위한 다문화 공동체와 함께 작업해 왔다. 다음의 내용은 내가 문화 드라마(cultural drama)라 부르는 과정을 설명한 것이다.

1) 아프리카에서의 문화 드라마

내가 가장 최근에 했던 문화 드라마는 서아프리카에 있는 가나에서 네덜란드 출신인 존 커비(Jon Kirby) 박사와 에드워드 살리푸 마하마(Edward Salifu Mahama) 씨, 그리고 레니 오딕(Renee Oudijk) 여사와 함께한 것이었다. 케임브리지 출신 사회인류학자인 존 커비 박사가 나에게 문화 드라마를 이용해 북쪽 가나에 있는 평화빌딩에서 워크숍을 하자고 요청했을 때 나는 깜짝 놀랐다. 나는 그곳에서의 워크숍 후, 타말(Tamale)에서 1989년 커비 박사를 만났기 때문이다. 내 워크숍의 참가자였던 코피 론 랭(Kofi Ron Lange) 부인이 나에게 그 당시 타말 교차문화연구의 지도자였던 커비 박사를 소개시켜 주었다. 커비 박사는 내가 하고 있었던 교차문화 간 작업에 매우 흥미를 보였고, 나를 와(Wa)로 데리고 갔으며, 거기서 2일 동안 행해진 나의 워크숍에 참가했다.

그림 7-73 북가나에서의 추수 댄스

그림 7-74 워크숍 참가자인 다곰바의 추장 미온라나(Mionlana)와 그의 궁전에서 함께한 공수 박사

(1) 웜 업

우리는 북가나[34]의 다곰바(Dagomba) 부족과 콘콤바(Konkomba) 부족과 함께 일주일에 걸쳐 워크숍을 했다. 우리는 젤카 모레노(Zerka Moreno)에 의해 처음 소개되어 이후 내가 발전시켜 온 미술치료 활동인 역할 교대로 자기표현(self-presentation)을 하는 활동으로 집단 웜업(warm-up)을 했다. 나는 집단에게 그리기 과정을 소개했다. 참가자들에게 그들이 무인도에 난파되었다고 상상하도록 요청했다. 이 두 부족은 서로 낯선 사이였고 난파되어 함께 던져졌다. 공간과 자원은 생존을 위해 공유되어야만 한다. 그들은 섬 역할을 하는 침대 시트 위에 컬러 마커로 그들의 느낌과 생존을 위한 관심사를 그리도록 요청받았다. 그림의 목적은 워크숍의 초기에 촉진자(facilitator)와 참가자들이 집단의 심리학적, 사회측정학적 실재를 보도록 돕기 위한 것이었다.

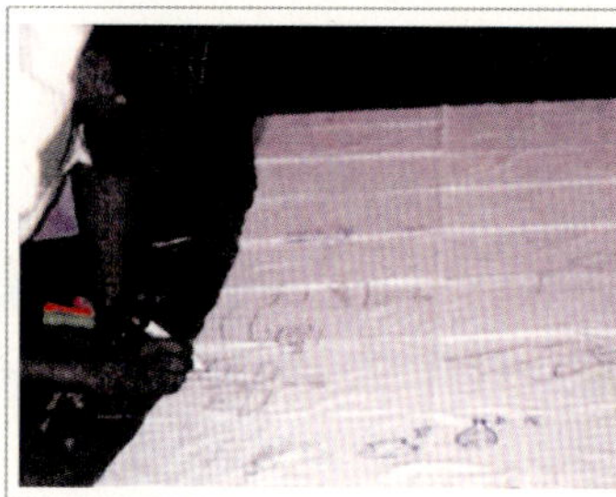

그림 7-75 이 그림은 워크숍 초기에 집단의 심리학적, 사회측정학적 실재를 보여 준다.

(2) 실연: 재인식의 과정

두 번째 단계는 실연(enactment)이다. 참가자들은 역할 교대로 실연하기 위해 문화적인 장면을 선택했다. 즉, 콘콤바는 다곰바로 행동하고 또 그 반대로 바꾸어서 한다. 콘콤바가 다곰바 생활장면을 실연할 때, 다곰바는 그것을 보기 위해 관객으로 앉아 있었다. 이것은 다곰바 부족이 그들 문화의 숨겨진 가치, 기대 그리고 행동양식에 직면하도록 이끌 뿐만 아니라 어떻게 상대방이 그들을 지각하는지 알게 한다. 그들은 상대방의 인식을 올바르게 고치기 위해 이중자아(double) 역할을 하도록 초대되었다. 대개 상대방의 인식은 정확했다. 이 과정은 참가자들이 다른 문화와 자신들 문화의 충돌을 인식하도록 도왔을 뿐 아니라, 자신의 문화에 대해 깊이 이해하도록 도왔다. 두 부족은 바로 옆에 살았기 때문에 분리될 수 없이 서로 의존해 왔다. 그들이 탈출 장면을 다시 실연했을 때는 전체 집단이 모두 울었다. 침략자(aggressor)들이 너무 화를 냈기 때문에 나는 그들에게 당시의 폭력을 회상하도록 격려했다. 또한 그들 중 몇몇의 긴장을 줄이기 위해 기공의 숨쉬기와 소리 내기 과정을 사용했다. 어느 순간, 집단 구

그림 7-76 추장의 법정 장면

성원 중 한 명은 심지어 시연자(presenter)까지 공격하려고 준비했다. 심리극 과정은 그가 느낌을 표현하도록 도와 준 후에야 비로소 계속 진행될 수 있다.

(3) 자신의 문화집단으로 돌아가기: 자신의 문화에 대한 수용, 중재, 통합의 과정

이러한 인지(認知) 후에, 참가자들은 각자의 부족집단으로 돌아가서 각 부족이 자신들의 문화적 특성의 실재를 수용하고 그들의 동등함을 발견하고 배우도록 허락되었다. 통합의 과정 동안 나는 참가자들에게 조셉 쇼어(Joseph E. Shorr)[35]의 '문장완성 과정(sentence completion processs)'을 소개했다. 문장완성 과정은 '나는 _____ 느낀다, 나는 _____ 필요하다, 나는 _____ 두렵다, 나는 몰래 _____, 나를 결코 _____라 부르지 않는다' 등과 같다. 이와 같은 부족 구성원 개인 간의 상호작용, 대화 그리고 상담은 그들이 문화적 대등관계에 도달하도록 도왔다.

(4) 대집단으로 돌아가기: 종합과정

마지막 무대에서 두 부족이 다시 대집단으로 만났을 때, 그들의 상호작용은 상호 존중, 상호 긍정, 상호 강화를 가져왔다. 집단은 그들의 미래를 나타내는 장면을 창조하도록 격려받았다. 두 부족은 평화적인 문화의 자기 강화적이고 타인 강화적인 장면을 함께 만들어 냈다. 그들은 각각의 문화규범이, 만약 적절한 시간과 장소에서 적절한 태도로 사용된다면 좋다는 것을 이해했다. 또한 새로운 통일체를 형성하기 위해 어떻게 각각의 문화가 가진 최고의 특성을 결합시킬 것인지 배웠다. 그 과정은 그들의 문화에 대해 더 깊이 이해하도록 했을 뿐 아니라 그들 문화의 특성과 다른 문화의 특성도 수용하도록 도왔다. 또한 의미 있는 의사소통과 공존을 위해 어떻게 장벽을 뚫고 나갈 것인지에 대해서도 배웠다.[36]

별개의 문화를 가진 두 부족은 조화롭고 균형 잡힌 공동체를 함께 창조할 수 있었다. 새로운 평화적인 문화가 태어났다. 이러한 새로운 집단역동은 침대 시트에 그려진 그들의 마지막 집단화에서 보인다. 마지막 그림에서 상징화된 집단의 사회측정은 워크숍 초기에 그렸던 그림과 비교했을 때 주목할 만한 차이점을 보여 준다. 초기에 그렸던 그림은 침대 시트 가장자리에 사람들이 있었다. 다곰바인들은 다곰바인 가까이에 있었고 콘콤바인들은 콘콤바인 가까이에 있었다. 마지막 그림은 두 부족이 섞이고 상보적으로 함께 그림을 창조했다는 것을 보여 준다. 첫 번째 그림에서는 아주 명백히 중앙이 비어 있는 반면에 마지막 그림에서는 두 부족이 함께 중앙에 공동체를 창조했다.

그림 7-77 마지막 그림은 콘콤바와 다콤바가 함께 중앙에 공동체를 창조했음을 보여 준다.

2) 말레이시아에서의 문화 드라마

문화 드라마의 최근 형태는 나의 제자 중 한 명의 초대로 1997년 8월 말레이시아의 중국인 중학교에서 맨 처음 이루어졌다. 그 당시 그녀는 학교의 상담주임이었다. 당시 학교는 직원들의 상반되는 문화적 갈등에 직면해 있었다. 어떤 사람은 전통적인 권위와 계급, 군대의 방식으로 학교를 운영하기를 원했다. 또 어떤 사람은 사랑하는 마음, 양육, 민주적인 방식을 원했다. 웜업 과정은 상당히 달랐다. 우리는 명상적인 기공으로 시작했으며, 그다음에 음악과 동작을 했다. 그러고 나서 그들은 똑같이 무인도를 주제로 그림을 창조했다. 다른 점은 그들이 같은 인종, 같은 문화적 출신이라는 것이었다. 그 당시에 문화에 대한 새로운 교육적인 개념이 예전의 것에 도전하고 있었다. 학생을 제외하고 수위를 포함한 학교 공동체의 모든 사람은 그 과정에 참여하도록 초대받았다.

그림과 그다음에 하게 되는 실연은 그들이 인정과 수용의 무대를 다루도록 도왔다. 각 집단 구성원은 학생 역할에 가담했다. 대립되는 집단 쌍방은 모두 그들 자신의 조정과 통합을 이해할 수 있었다. 그들이 다시 대집단으로 만났을 때, 양쪽 집단은 다른 집단의 가치를 볼 수 있었다. 나는 그들에게 미래 프로젝트를 하도록 하여 학교를 어떻게 21세기로 이끌 수 있을 것인가를 보도록 격려했다. 그들은 한 마음으로 협력하여 옛것과 새것을 통합하고 새로운 문화적 시스템을 함께 만들어 낼 수 있었다. 현재 학교는 잘 운영되고 있다.

3) 타이완에서의 문화 드라마

다음 해인 1998년, 타이완 타이베이에 있는 카이핑 상급고등학교(開平高中)는 똑같은 위기에 처했다. 나의 제자이기도 한, 그 학교 교장인 샤훼이원(夏惠汶) 박사는 학교 시스템을 위한 문화 드라마를 하기 위해 나를 초대했다. 처음에 워크숍 참가자들은 교사와 수위, 청소직원까지 포함한 전 직원이었다. 1년 후에 우리는 두 개의 드라마를 했다. 하나는 몇몇 부모님과 직원을 대상으로 한 것이고, 다른 하나는 학생을 포함한 전체 학교 시스템을 대상으로 한 것이었다. 1000명이 넘는 사람들이 과정에 참가했다. 우리는 학생들과 함께 위층 발코니와 학교 안뜰을 이용했다. 그들 중 몇몇은 셰익스피어 풍의 극장과 매우 비슷한 위층 발코니에 있었다. 드라마는 정오에 점심식사 시간을 가지며 하루종일 계속되었다. 전체 혼돈의 모습으로부터 통합된 형태의 창조적 결과를 증명한 것은 정말 멋진 경험이었다.

• **논의** 문화 드라마는 제임스 바규(James G. Vargiu) 박사가 『심리통합 워크북(Pshychosynthesis Workbook)』[37]에서 설명한 5단계를 적용한다. 역할 교대에서의 실연은 참가자들이 자신들의 문화를 행동으로 볼 수 있도록 하고, 그들이 다른 사람에게 어떻게 영향을 미치며, 다른 사람들이 그들과의 관계 속에서 어떻게 느낄 수 있는지 이해하도록 도와준다.

이러한 실연은 문화의 다양하고 복잡한 면을 인식하고 수용하도록 한다. 같은 문화적 혹은 인종적 사람들을 한 집단으로 나누면 그들이 자신의 문화적 중요성과 미묘한 차이점을 조정하고 통합할 수 있도록 해 준다. 마지막에 함께 모이는 것은 오해와 비현실적인 기대에서 야기된 갈등을 해결하도록 돕는다. 그들은 한 마음으로 협력하여 새롭고 조화로운 문화적 상태를 창조한다.

1) 중국어에서 '독(督)'은 감독하는 것을 의미하고, '임(任)'은 담당하는 것을 의미한다. 독맥은 기경팔맥의 하나로 인체의 중앙에 있어 상하를 관통하는 맥이고, 임맥은 회음부에서 생겨 똑바로 배꼽을 지나 상행하여 흉골을 따라 목을 통해 입술에 이르는 맥이다.

2) 이 방법은 1982년 사우스캘리포니아 대학교에서 개최된 정신적 이미지에 대한 콘퍼런스 워크숍에서 조셉 쇼어 박사가 처음으로 나에게 소개하였다.

3) 캔디스 퍼트가 정서와 신경 펩티드에 관한 연구에서 신경 펩티드와 감각기관이 척주에 기초를 두고 있음을 보고하였다는 것은 흥미롭다.

4) 정서에 관한 부분 참조: 질병의 내적 원인.

5) 사랑은 모든 감정을 조화롭게 하고 내부 기관의 기를 균형 있게 한다. 또한 항체 생성을 자극시켜 전체 면역체계를 강화시킨다.

6) 사례연구들은 내담자의 허락하에 제시된 것이다.

7) 배트는 격투를 벌일 때 무술가들에 의해 사용된다. 표면을 거품비닐로 감싸고 다시 천으로 감싼 플라스틱 배트로 베개나 마루를 '하' 소리를 내면서 분노가 방출되도록 내리친다.

8) 독맥 경로는 배꼽보다 아래의 낮은 부분의 복부에서 시작하고, 회음을 지나 아래로 향한다. 그때 척주 중앙을 따라 올라가 숨 또는 호흡의 문인 풍부(風府)라 불리는 목 뒤 지점에 도달한다. 그리고 뇌로 들어간다. 풍부로부터 머리 정수리 지점, 모든 부분이 만나는 백회까지 유지된다. 그리고 이마와 코를 지나 윗입술의 안쪽 중앙까

지 내려간다. 이 경로는 몸에서 다른 모든 경락과 연결된다.

9) [그림 7-2] 참조.

10) 조이스는 타이완 집단에 참가하여 보다 깊이 있는 경험을 하기 위하여 싱가포르에서 타이완으로 갔다.

11) 이 사례연구는 내담자의 허락하에 제시된 것이다.

12) 명상적 기공과 중국 회화 과정은 '도교적 관점과 회화: 미술치료과정' 에서 하나의 새로운 미술치료 과정으로 제안되었고, 이에 관해 미국 미술치료학회의 11주년 회의 회의록에 게재되었다(Kansas City Missouri November 6~9, 1980, pp. 88-94).

13) 명상적 기공은 『장자』 제4장 「인간세(人間世)」 편에서 처음으로 언급되었고, 그의 책에서 이 개념이 논의되었다.

14) 나는 1980년 디렉터인 콘래드 소머 박사와 함께 세인트루이스 게슈탈트 연구소에서 처음으로 꿈 드라마를 경험했다. 나는 내 어머니의 죽음을 몹시 슬퍼하는 주인공으로 작업했다. 치료사였던 조셉 징커는 내가 바닷가에서 모국어로 어머니에게 이야기하도록 나를 이끌었던 것으로 기억한다. 그 경험을 통해서 나는 역할 연기와 대화를 위한 꿈 상징으로서 미술을 사용하는 방법을 창조했다. 이것은 나의 디렉터인 캐슬린 켈리 박사에 의해 유도되었고, 그는 내가 심리극 훈련을 하도록 격려해 주었다.

15) 「도가적 관점과 중국 회화」는 내가 발전시킨 미술치료 과정이며, 이에 관해 『미국 미술치료학회의 11주년 회의 회의록(The Proceedings of the Eleventh Annual Conference of the American Art Therapy Association)』(Kansas City Missouri November 6~9, 1980, pp. 88-95)에 게재하였다.

16) 앞의 글 미주 69) 참조.

17) 심재는 마음을 한 생각에 모으는 것을 말한다.

18) 앞의 글 미주 32) 참조.

19) 각 회기마다 꿈이나 그림에서 나타나는 심상을 탐색하기 위해 한 사람이 선출되거나 자원한다.

20) 치료는 내담자가 희생자 역할을 신청하도록 하여 심리적 외상을 재경험하는 것에 대해 두려워하지 않도록 하는 것이다.

21) 사건의 충격을 강화하기 위해 항상 현재시제를 사용한다.

22) 이것은 심리극의 용어로, 드라마의 주인공으로서의 내담자를 말한다.

23) 현존하지 않는 의미 있는 타인의 역할을 수행하는 집단원을 보조자라고 한다.

24) 주인공이 희생자의 입장이 되는 것을 결코 허용해서는 안 된다.

25) '배꼽 밑 부분'을 의미하는 단전으로, 하단전은 배꼽 아래(3cm)에 있는 부분으로 심신의 정기가 모이는 곳이다. 2부의 미주 30) 참조.

26) 주인공이나 보조자가 상처입지 않도록 집단에게 지시가 주어졌다.

27) 심리극에서 이것을 거울기법이라고 일컫는다.

28) 우리가 회복 장면을 수행했던 시간이다.

29) McCrone, J. (2000). 'Right Brain' or 'Left Brain': Myth or Reality, *The New Scientist*, http://www.rbiproduction.co.uk.

30) 부정적 부모를 죽이고 긍정적 부모로부터 지지를 받는 것은 내가 세인트루이스 게슈탈트 연구소에서 콘래드 소머 박사로부터 배웠던 '정신운동 재구성'의 적응이라는 것이다. 이것은 내담자에게 인간은 장점과 단점 두 가지를 모두 가지고 있다는 것을 가르친다. 또한 내담자에게 어머니와의 관계를 회복하고 상처를 치유할 기회를 주는 것이다.

31) 콩팥은 수기(水氣)다. 수기가 부족하면 목기(木氣)인 간에서 양기의 과잉을 초래한다. 물은 나무를 자라게 한다.

32) 어떤 연구자들은 삼초(triple burner)를 식욕, 소화분비액의 균형, 체온, 심장박동, 혈압 그리고 또 다른 기초적인 자율기능을 조절하는 뇌의 부분인 시상하부와 연결시킨다.

33) 삼초는 상초, 중초, 하초로 나뉜다. 상초(upper burner)는 혀의 중앙에서부터 위의 입구까지 영향을 미치고, 섭취를 조절한다. 중초(middler burner)는 위의 입구에서

부터 유문(幽門, pyloric) 판막까지 영향을 미치고, 위, 비장과 췌장을 조화시켜 소화체계를 조절한다. 하초(lower burner)는 유문 판막에서부터 항문과 비뇨기 계통까지 영향을 미쳐, 소화, 음식물 섭취, 배설물(고체, 액체) 배출의 깨끗하지 않은 결과물을 깨끗한 것과 분리하는 것을 책임진다. 또한 간, 콩팥, 방광 그리고 대장, 소장의 기능을 조화시키고, 성적 · 생식적 기능을 통제한다.

34) 최근 아프리카에서 일어나는 수많은 분쟁은 역사적으로, 지리적으로, 문화적으로 연결된 인종 집단 사이에서 발생되어 왔다. 분쟁집단 사이의 가장 일반적인 차이점은 그들 중 하나는 추장을 중심으로 조직화된 국가 시스템(state system)이고, 다른 하나는 일가의 우두머리를 중심으로 조직화된 확대혈족관계 시스템(extended kinship system)이라는 것이다. 식민지시대 동안 영국계와 프랑스계 아프리카 모두에서, 추장을 가진 집단들이 추장이 없는 이웃 집단을 통치했다. 이들은 식민지시대 전, 침입당했던 추장 집단과 같은 사람들이었다. 다곰바는 추장이 있는 집단이었고, 반면에 콘콤바는 추장이 없는 집단이었다.

35) 나는 조셉 쇼어 박사의 심리-상상(Psycho-Imagination)과 한스 레어(Hans Leuer) 박사의 유도된 감정적 심상(Guided Affective Imagery)을 세 개의 다른 정신적인 심상(Mental Imagery)에 관한 콘퍼런스에서 소개했다(1984년 여름, Canada, British Columbia, Simon Fraser 대학교, 1982년 여름 CA. Los Angles, Southern California 대학교, 1981년 여름, Connecticut, New Haven, Yale 대학교).

36) 문화 드라마는 제임스 바규의 자기이해(self-realization)를 위한 5단계, 즉 인지, 수용, 조정, 통합, 종합의 단계에서 문화적 통합의 5단계를 빌려 왔다 [Vargiu, J. (1977). "Subpersonalities". In *Synthesis, A Psychosynthesis Workbook*, Vol. I, pp. 52-90]. 1978년 세인트루이스 게슈탈트 연구소에서 이것을 나에게 소개해준 콘래드 소머 박사에게 매우 감사한다.

37) 앞 책의 미주 92) 참조.

제4부

결론

한 양이 다시 생겨나니, 만물이 형통하다.

一陽生復, 萬物亨通.

-주역 Hexagram 24-

| 제8장 |

결론

Yi Shu는 점진적으로 분리되고 통합되지 않는 세상에 조화와 균형을 부여해 주고자 한다. Yi Shu의 발달은 전체성으로 다가가는 개인적이고 전문적인 여정이다. 그리고 진행방법은 내가 나아가야 할 길에서 만난 모든 것을 융화시키고 통합하며 종합해 주었다.

Yi Shu는 집단치료의 다른 방법들처럼 '치유적' 요소를 가지는 창조적이고 활동적인 치료라고 할 수 있다. 다른 집단치료와 구분되는 것은 전체론적인 접근이란 점이다. Yi Shu는 과정 지향적이며 행동 지향적인 것이다. 이것은 행동을 하는 신체와 관련이 된다. 미술, 음악, 무용, 가면극(mask), 시, 상상여행, 심리극에 참가하여 표현함으로써 자기 자각(self awareness)을 북돋아 준다. 내담자로 하여금 미술로 구체화시키고 표현하게 함으로써 막연하며 추상적인 사고나 감정을 구체화시킬 수 있도록 도와준다. 그것은 잠재의식의 이미지, 신념을 함축하고 있는 상징과 은유, 역사적인 연상(association), 꿈, 저항, 전이, 방어기제와 관련된 감정들을 확장시킨다. 또한 미술 표현과 다른 연관된 표현들을 통해 다양한 자아 상태, 즉 망상, 꿈, 혼수 상태(trance)와 다른 해를 입히는(quasi-disassociated) 현상들을 통합해 준다.

Yi Shu는 사람들의 자각의 일깨움을 의미하는 명확한 인식을 일으키기 위해 창조적 사고과정을 이용한다. 이 과정을 통해 치료사는 내담자의 창조적인 성장을 방해하는 에너지를 풀어 주는 것을 도와줄 수 있다.

내부의 방해물, 억눌리고 마음에서 떠나지 않는 에너지 그리고 무의식을 표현하고, 성취감을 위해 내적인 욕구를 찾을 수 있도록 하며, 종종 반복되는 주제들 속에 나타나는 감정들을 분명하게 볼 수 있도록 해 준다. 만약 그들이 방출과 성취감을 느끼는 기회가 제공되지 않았다면, 그들은 생리적인 불편함과 개인적인 어려움을 겪을 뿐만 아니라 공동체와 그들 주위의 세상에 영향을 미치게 될 것이다. Yi Shu는 내담자가 그러한 에너지를 방해하는 요소를 편안하게 방출하는 것을 도와주기 위해 중의학과 서양 심리치료를 통합시킨 것이다.

중의학에서는 이러한 에너지 방해물을 소리, 움직임과 호흡 조절, 기를 정상으로 맞추어 주는 것을 통해 방출할 수 있다. 도가의 명상적 기공은 장애물을 없애기 위한 경로와 환경(건강의 절정=경락)을 통해 에너지를 이끌어 주는 호흡과 심상법을 이용한다. 반면에 활동적 기공은 에너지 장애물을 허물 수 있는 호흡, 관상(觀相)법, 소리, 신체의 움직임을 사용한다. Yi Shu는 신체, 마음/영적인 체계의 에너지 장애물을 제거해 줄 뿐만 아니라 상흔, 에너지 장애물로부터 야기된 트라우마를 점차적으로 추적해 간다. 어떤 감정적 상흔은 무의식 또는 잠재의식 깊이 묻혀 있기도 한다. Yi Shu는 잠재의식 속 소재들로부터 의식적인 자각을 이끌어 내기 위해 심상법과 자발적인 그림 또는 춤을 이용한다.

Yi Shu는 개인이 아이 같은 순수함, 자연스러움, 자발성을 되찾을 수 있도록 도우려고 노력한다. 장자의 순수경험에 살고 있는 진인(authentic person)은 자발성을 외면화한다. 모레노의 순수경험이 순수 자발적인 상태로 분석될 수 있으며 문화보존성의 구속에서 자유롭다는 것을 뜻한다. 개별성은 보편적으로 급변하는 과정과 함께 하나가 된다. 이러한 경험 속에서 지적인 성찰이 정지된다. 개인은 더도 덜도 없이 그 자체를 받아들이는 것이다. "순수경험에서 표면적 가치, 즉 외관상 가치의 의미를 가진다는 것은 무엇보다도 이것을 그대로 느낄 수 있게 하는 것이다. 그리고 순수경험에 대해 이야기할 때, 추상적인 의미로서 혼란을 겪지 않는다는 것이다."(James, W., 1952, pp. 13, 48; Fung, 1952, p. 239). 이것은 불교에서 직관[現量](비판과 분별이 없이 바깥의 사상을 그대로 깨달아 아는 일-역자 주)이라고 부르는 것과 유사하다. 장자는 「제물론」에서 이러한 순수경험에 대해 서술했다.

> 고대인들의 지식은 완벽했다. 古之人其知有所至矣.
>
> 얼마나 완벽했던가? 惡至乎?
>
> 아무것도 존재하지 않았던 그때로 돌아가자. 有以爲未始有物者.
>
> 너무도 지극하고 완벽했으므로 그 무엇도 이것에 더할 것이 없었다.
>
> 至矣 盡矣 不可以加矣.
>
> 훗날 사람들이 사물들 사이를 구별하기 시작했다.

其次以爲有物矣, 而未始有封也.

그들은 그것들에게 이름을 붙였으나, 옳은지 그른지에 대해 그들도 판단하지 않았다. 其次以爲有封焉, 而未始有是非也.

판단이 시작되었을 때, 도는 쇠퇴했다. 是非之彰也, 道之所以虧也.

현자들에 따르면, 순수경험의 상태는 명상적인 기공을 통해 얻을 수 있다고 한다. 특히 우리에게 고통, 번뇌 또는 다른 부정적인 느낌과 감정을 가져다주는 경험은 우리가 수반하는 경험을 판단하면서 형성된다. 이러한 판단은 신체에 흐르는 자유로운 기의 흐름을 차단하고 세상과의 관계를 방해한다. 즉, 우리는 도의 보편적인 흐름을 연결해 주는 고리를 상실하게 되는 것이다. 우리는 자연에 순응하는 삶의 과정 속에 있는 신뢰를 잃게 된다. 우리는 데카르트의 마음(Cartesian mind)으로 세상을 보기 시작한다. 우리는 생명력의 본질과의 내재적 연결을 끊은 것이다. 이것은 아담과 이브가 지식의 나무로부터 멀어질 것을 명령받은 이유다. 어떻게 하면 우리는 아이의 순수함을 가질 수 있을까? 도가와 모레노가 말한 바로는, 바로 자발성과 창조성이 해답이다. 또 전통적인 중의학 의사들에 의하면, 에너지의 장애물 또는 불균형 없이 자연스럽게 균형과 조화를 이룬 삶을 살아가는 것이다.

중국 전통의학에서는 번뇌의 경험은 우리의 판단에 영향을 주고, 세상과 상호작용하는 데 방해가 될 뿐만 아니라, 체내의 기관에도 영향을 준다. 심신 증상이라 부르는 많은 병은 생리적인 원인으로부터 야기된다. 예를 들어, 두려움은 콩팥에 영향을 주므로 야뇨증은 신체적 · 정서적 트라우마 또는 이 둘 모두를 겪은 후 종종 나타난다.

중의학에서는 내부 기관들의 기(생명력)의 부조화와 불균형으로 병이 생긴다고 한다. 또는 사회 및 자연환경과의 조화로운 상호관련성을 성취하지 못했을 때 병이 생긴다고 본다.

그들은 치료를 아주 복잡한 과정으로 이해한다. 치료는 환경과의 관계 및 체내의 음양 에너지를 조화시키고 균형을 이루도록 하는 지속적인 과정이다. 그들은 건강을 덕(德)의 표현 또는 진아(authentic self)의 선천적인 본래의 모습으로 간주한다. 여기에는 네 가지 필수적인 요소가 있다. 그것은 원(元), 형(亨), 이(利), 정(貞)이다. 이 네 가지는 도(道)를 대표하며, 자연현상의 고유한 성질, 즉 천덕(天德)을 의미한다. 도가 개인에게 있는 것을 덕(德)이라 부른다. 고유한 본질에 연결된 도는 선천적인 성질을 지닌다.

노자는 『도덕경』 51장에서 이렇게 서술하였다.

도는 만물을 낳고, 道生之,

덕은 만물을 양육한다. 德畜之.

물질은 만물에게 형상을 주고, 物形之,

타고난 경향성을 완성케 한다. 勢成之.

이에 수만 가지의 것들이, 是以萬物,

예외 없이 도를 경배하고 덕을 귀하게 여긴다. 莫不尊道而貴德.

누구도 그렇게 하라고 명령하지 않았다. 夫莫之命.

이 과정은 영원히 자발적인 것이다.[1] 而常自然也.

서양의 대체요법 의사들은 뉴턴식 과학에 관점을 둔다. 앤드루 웨일(Andrew Weil)은 "우리 의사들은 신체와 질병의 물질적 측면에만 주의를 기울여 관점을 한정시켰다."[2]라고 지적했다. 그들은 생물학적 기계로서 신체를 본다. 만약 어떤 부분이 부러지면 그것을 고칠 수는 있다. 하지만 그들은 끊임없이 변화와 균형을 가지게 하며, 창조적인 과정을 조화시키는 복잡한 치유법을 이해하지 못한다. 중국 전통의학은 기 또는 생명력의 조화와 균형의 관점에서 질병을 고려하며, 기와 생명력은 내부 조직으로 흘러들고 사회와 자연계와 함께 상호 연결된다.

앞에서 논의했듯이, 중국 전통의학에서는 모든 생명체가 상호 연관되어 있으며 우주는 그저 살아 있는 유기체일 뿐이라고 생각한다. 이 상호 연관된 유기체의 전체성은 대우주와 같고, 인간의 신체는 영혼이 깃든 소우주이며, 정신과 영혼은 모두 전체적인 유기체의 상호 연관된 부분이다. 모든 생명체는 개인의 마음을 통합하는 쪽으로 이끄는 삶의 에너지와 대인관계 내에서 존재하고, 개인의 한계를 초월하는 조화로운 기에 의해 나아간다. 비록 이러한 삶의 에너지는 보이지 않고 실체가 없는 요소이지만, 모든 생명체를 둘러싸고 감싸안아 전 우주에 배어들게 한다. 연습을 통해 소리의 형태, 자성을 띤 파장, 빛, 열, 영적인 것, 기를 지닌 것과 같이 보이지 않고 실체가 없는 요소는 신체에 활력을 주고 유지시켜 주는 견고한 기반으로 변환될 수 있다. 반대로, 신체의 유동액과 같은 어떤 가시적인 요소는 신체 내 출입이 가능하고 치유력을 가진 기로 변환될 수 있다.

전통적인 중의학 의사들은 음양의 관점으로 인간의 건강을 본다. 보이고 실체가 있고 만져서 알 수 있는 육체적인 신체는 자연에 있어서 양으로 간주되고, 반면에 보이지 않고 실체가 없고 만져지지 않는 에너지로서의 신체는 자연에 있어서 음으로 해석된다. 음양의 요소들은 항상 공존한다. 음양은 끊임없이 서로 변환하고 서로 영향을 주며, 단독으로는 존재할 수 없다. 치유과정에서 육체적인 신체(physical body)보다 에너지로서의 신체(energy body)를 치유했을 때 더 잘 치유되었다. 바꾸어 말하면, 에너지로서의 신체가 균형을 잃으면 육체적인 신체도 고통을 받을 것이다.

감정은 보이지 않는 에너지로서의 신체로 간주한다. 반면에 행동과 신체적 증상은 가시적인 육체적 신체로부터 시작되었다. 감정의 불균형은 종종 신체에 영향을 준다. 심리적인 문제를 치료하는 데 있어서 Yi Shu는 감정과 에너지로서의 신체뿐만 아니라 행동 또는 육체적인 신체를 치료한다. 미술, 음악, 무용과 드라마의 창조적인 과정을 통하여 보이지 않는 것이 보이고, 비실체적인 것이 실체적인 것으로 변한다. 따라서 감정 영역은 식별이 가능하게 되었다. Yi Shu는 실체가 있는 신체와 실체가 없는 에너지로서의 신체를 동시에 치료한다.

Yi Shu의 궁극적 목적은 보편적인 사랑이다. 사랑만이 분리된 자아와 분리된 세상을 치유해 준다. 어떻게 하면 우리는 지구에 살고 있는 수많은 사람을 난민으로 만들고 우리의 생명을 산산이 부셔 버리는 전쟁과 증오를 막을 수 있을까? 어떻게 하면 우리의 아이들과 자손들을 위해 안전하고 사랑이 가득한 세상을 만들 수 있을까? 이것이 Yi Shu의 임무다. Yi Shu는 창조적인 미술 작업과 중국 전통의학을 사용하여 병든 영혼을 치유하는 과정일 뿐만 아니라 문화 드라마를 통하여 지구의 평화를 지키는 일종의 예방조치다.

사소한 첫 발걸음으로서, Yi Shu는 증오와 전쟁으로 가득 찬 불확실한 세상에서 사랑을 창조하는 공동체를 만들려고 노력한다. 이것은 건강한 개인을 만들고, 가족과 학교체계와 개인으로 둘러싼 작은 공동체 안에서 사랑과 조화를 증진시키도록 시도한다.

포스트모더니즘 시대에 가족은 구성원의 안정과 안전한 피난처를 제공하기 위해 엄청난 책임감을 가진다. 부부의 사랑은 아이들과 자손들에게 확장될 것이다. 물질만능주의 문화에서는 전통적이고 도덕적인 원리를 총점검해야 할 것이다. 확실한 것은 전통적이고 도덕적인 가치가 현대사회에 꼭 적합한 것은 아니지만, 우리는 전통적인 사회의 장점을 받아들일 필요가 있다. '인간 존엄'은 우리를 위해 중요하며, 우리는 영적인 존재로 우리 자신을 봐야 한다. 기본적인 인간의 존엄은 삶의 모든 부분에서 존경받아야 한다.

25년이 넘는 임상경험을 통해 개개인들이 앓고 있는 신체적 또는 심리적인 혹은 둘 다에서 야기되는 병이 종종 유년기의 트라우마로부터 생긴다는 것을 알았다. 또한 부락과 인종의 부조화는 고대부터 야기되어 온 것이다. 즉, 세상과 상호작용하면서 고통을 겪은 조상의 트라우마적 경험에서 야기되었다. 건강한 세상을 이룩하기 위해서는 우리 모두가 책임을 져야 한다. 우리 각자에게 당면한 과제는 급변하는 세계에 맞추어 살아가는 법을 배우는 것이다. 세계화의 과정에 놓인 우리는 우리 개개인의 존엄과 아름다움, 그리고 우리 자신의 문화적 유산을 잊지 말아야 한다. 우리는 우리 자신이 가진 문화보존성에만 종속되지 말고 타인의 문화적 다양성과 차이점을 적절히 받아들이고 환영하는 열린 자세와 자유로운 의식이 필요하다. 우리는 꼭두각시도 로봇도 아닌, 세상의 창조자다. '위대한 조화'로 세상을 창조할 수 있도록 함께 나아가자!

미주

1) 노자. 도덕경, 51장, 왕필(王弼) 주(注), 사부비요(四部備要), 제341권. (pp. 9-10). 台北: 中草書. Gong Shu (1983). "Creative Relating". In *Relationships*. (p. 114). Whitensville, Massachusetts: Affirmation Books에서 인용.

2) Weil, A. (1998). *Health and Healing*. (p. 47). New York: Houghton Mifflin Company.

참고문헌 ■

Anderson, W. (Ed.) (1977). *Therapy and the Arts*. New York: Vintage Books.

Arieti, S. (1976). *Creativity: The Magic Synthesis*. New York: Basic Books.

_______ (1976). *The Intrapsychic Self: Feeling and Cognition in Health and Mental Illness*. New York: Haper Colophone Books.

Arnheim, R. (1966). *Toward a Psychology of Art*. Berkeley: University of California Press.

_______ (1966). *Art and Visual Perception: A Psychology of the Creative Eye*. Berkeley: University of California Press.

Assagioli, R. (Ed.) (1977). *Synthesis: The Realization of the Self*. Redwood City: The Synthesis Press.

Becker, R. O., & Selden, G. (1987). *The Body Electric: Electromagnetism and the Foundation of Life*. New York: William Morrow.

Birren, F. (1961). *Color Psychology and Color Therapy*. Secaucus, New Jersey: Citadel Press.

Bois, J, S. (1966). *The Art of Awareness*. Dubuque, Iowa: Wm. C Brown Co.

Bruns, R. C., & Kaufman, S. H. (1972). *Actions, Styles and Symbols in Kinetic Family Drawing (K-F-D)*. New York: Brunner/Mazel, Inc.

Bush, J. (1966). *The Handbook of School Art Therapy*. Springfield, Illinois: Chas. C Thomas Pub.

Capra, F. (1975). *The Tao of Physics*. Berkeley, California: Shambhala.

_______ (1997). *The Web of Life: A New Scientific Understanding of Living Systems*. New York: Anchor Books.

_______ (2002). *The Hidden Connections: Integrating the Biological Cognitive and Social Dimensions of Life into a Science of Sustainability*. New York: Doubleday.

Case, C., & Dalley, T. (1992). *The Handbook of Art Therapy*. New York: Tavistock/ Routledge.

Chang, C. Y. (1963). *Creativity and Taoism*. New York: Julian Press.

__________ (1969). *Original Teaching of Ch'an Buddhism*. New York: Pantheon Books.

Ch'en, K. (1964). *Buddhism in China: A Historical Survey*. New Jersey: Princeton University Press.

Cheng, M. C. (1985). *Cheng Tzu's Thirteen Treatises on T'ai Chi Ch'uan*. [Translated by Benjamin Pang Jeng Lo and Martin Inn] Berkeley, California: North Atlantic Books.

Cohen, K. S. (1997). *The Way of Qigong: The Art and Science of Chinese Energy Healing*. New York: Ballantine Books.

Curle, A. (1972). *Mystics and Militants: A Study of Awareness, Identity and Social Action*. London: Tavistock Publications.

De Bary, W. T.(Ed.) (1969). *The Buddhist Tradition in India, China and Japan*. New York: Modern Library.

De Martino, R. (1991). "Karen Horney, Daisetz T. Suzuki, and Zen Buddhism". In *The American Journal of Psychoanalysis*, Vol. 51, No. 3.

Diagnostic and Statistical Manual of Mental Disorders. DSM-IV-TR. 2000. Washington D. C. : American Psychiatric Association.

Dumoulin, H. S. J. (1965). *A History of Zen Buddhism*. New York: McGraw-Hill Book Company.

Feder, B., & Feder, E. (1998). *The Art and Science of Evaluation in the Arts Therapies*. Springfield, Illinois: Charles C. Thomas Pub.

Feldenkrais, M. (1977). *Awareness Through Movement*. New York: Harper and Row Publishers.

Feynman, R. P., Leighton, R. B., & Sands, M. (1964). *The Feynman Lectures on Physics*. Reading, Massachusetts: Addison-Wesley Publishing Company. Inc.

Foster, B. (Tr. & Ed.) (2001). *The Epic of Gilgamesh*. New York and London: W. W. Norton and Co.

Fromm, E. (1959). "Creativity". In H. A. Anderson. (Ed.), *Creativity and Its Cultivation*. New York: Harper.

______ (1965). *Escape from Freedom*. New York: Avon Books.

______, Suzuki, D. T., & De Martino, R. (1970). *Zen Buddhism and Japanese Culture*. New York: Harper & Row.

Fung Yu-Lan (1952). *A History of Chinese Philosophy*. Vol. Ⅰ. Princeton: Princeton University Press.

Gerber, R. (2000). *Vibrational Medicine for the 21st Century: The Complete Guide to Energy Healing and Spiritual Transformation*. New York: Eagle Brook.

Giltin Betensky, M. (1995). *What do you see? Phenomenology of Therapeutic Art Expression*. London: Jessica Kingsley Publishers Ltd.

Goldstein, K. (1947). *Human Nature in the Light of Psychopathology*. Cambridge: Harvard University Press.

_______ (1939). *The Organism: A Holistic Approach to Biology Derived from Pathological Data in Man*. New York: American Book Co.

Gong, S. (1980). "Tao of Seeing and Painting: An Art Therapy Process". In *The Proceedings of the Eleventh Annual Conference of the American Art Therapy Association*. Kansas City, Missouri.

_______ (1983). "Creative Relating". *Relationships* (pp. 112-125). Whitensville, Massachusetts: Affirmation Books.

Gore, A. (1992). *Earth in the Balance: Ecology and Human Spirit*. New York: Penguin Books.

Grof, S. (1993). *The Holotropic Mind*. San Francisco, California: Harper San Francisco. Houghton Mifflin.

Guenther, H. (1971). *Buddhist Philosophy: Theory and Practice*. Baltimore, Maryland: Penguin Press.

Herrigel, E. (1964[1953]). *Zen in the Art of Archery*. New York: McGraw-Hill.

Holmes, P., Karp. M., & Watson, M. (1994). *Psychodrama Since Moreno: Innovations in Theory and Practice*. London: Routledge.

Horney, K. (1945). *Our Inner Conflicts*. New York: W. W. Norton and Co.

_________ (1950). *Neurosis and Human Growth*. New York: W. W. Norton and Co.

Huang Po. (1958). [Translated by John Blofeld]. *The Zen Teaching of Huang Po on Transmission of the Mind*. New York: Grove Press.

James, W. (1952). *Essays in Radical Empiricism*. New York: Longman Green and Co.

Kapleau, P. (1967). *The Three Pillars of Zen*. New York: Harper & Row.

Katz, E. (1997). *Nature as Subject: Human Obligation and Natural Community*. New York, London:

Rowman & Littlefield Publishers, Inc..

Krishnamurti, J. (1954). *The First and Last Freedom*. New York: Harper.

______________ (1973a). *The Awakening of Intelligence*. New York: Avon Books.

______________ (1973b). "On Transcending Self and Society". In J. Ogilvy, *Self and World: Readings in Philosophy*. New York: Charles Scribner and Sons.

Kwiatkowska, H. Y. (1978). *Family Therapy and Evaluation through Art*. Springfield, Illinois: Charles C. Thomas.

Landgarten, H. B. (1993). *Magazine Photo Collage: A Multicultural Assessment and Treatment Technique*. New York: Brunner/Mazel Publishers.

Langer, S. (1967). *Feeling and Form*. New York: Charles Scribner and Sons.

__________ (1971). *Mind: An Essay on Human Feelings*. New York: Charles Scribner and Sons.

Lao Tzu (1989). Lao Tzu. *Te-Tao Ching*. Translated by Robert G. Henricks. New York: Ballantine Books.

Latner, J. (1973). *The Gestalt Therapy Book*. New York: The Julian Press, Inc.

Legge, J. (1994). The Sacred Books of China: The Texts of Confucianism. In F. Max Mueller (Ed.), *The Sacred Books of the East*. Vol. 3. Oxford: Clarendon; reprinted in James H. Overfield, *The Human Record: Sources of Global History*, Vol. 1., (2nd ed.). Boston, Massachusetts: Houghton Mifflin.

Leuer, H. (1984). *Guided Affective Imagery*. New York: Thieme-Stratton Inc.

Leopold, A. (1979). "Some Fundamentals of Conservation in the Southwest". *Environmental Ethics, 1*, 131-41.

Lin, Yutang. (1967). *The Chinese Theory of Art*. London: Heinemann.

Lusebrink, V. B. (1990). *Imagery and Visual Expression in Therapy*. New York: Plenum Press.

Lyddiatt, E. M. (1972). *Spontaneous painting and modelling: A practical Approach in Therapy*. London: Constable.

Lynn, R. J. (Tr.) (1994). *I Ching, The Classic of Change as interpreted by Wang Bi*. New York: Columbia University Press.

__________ (1999). *Tao-te Ching, The Classic of the Way and Virtue as interpreted by Wang Bi*. New York: Columbia University Press.

Malchiodi, C. (1998). *The Art Therapy Sourcebook*. Chicago Illinois: Lowell House/ Contemporary Books.

Maslow, A. H. (1959). "Creativity in Self-Actualizing People". In H. H. Anderson (Ed.), *Creativity and Its Cultivation*. New York: Harper.

______________ (1968). *Towards a Psychology of Being*. New York: D. Van Nostrand.

______________ (1971). *The Farther Reaches of Human Nature*. New York: A Viking Company Book.

May, R. (1953). *Man's Search for Himself*. New York: W. W. Horton and Co.

______ (1959). "The Nature of Creativity". In H. H. Anderson (Ed.), *Creativity and Its Cultivation*. New York: Harper.

______ (1975). *The Courage to Create*. New York: W. W. Horton and Co.

______ (1977). *The Meaning of Anxiety*. New York: W. W. Horton and Co.

McNiff, S. (1992). *Art as Medicine*. Boston, Massachusetts: Shambhala.

Moon, B. L. (1996). *Art and Soul: Reflections on an Artistics Psychology*. Springfield, Illinois: Charles C. Thomas.

Moreno, J. L. (1941). *The Words of the Father*. New York: Beacon House Inc.

___________ (1941). *Sociometry and the Cultural Order*. Monograph No. 2. New York: Beacon House Inc.

___________ (1944). *Sociodrama: A Method for the Analysis of Social Conflicts*. Psychodrama Monograph No. 1. New York: Beacon House Inc.

___________ (1953). *Who Shall Survive? Foundations of Sociometry, Group Psychotherapy and Sociodrama*. New York: Beacon House Inc.

___________ (1983). *The Theater of Spontaneity*. New York: Beacon House Inc.

___________ (1985). *Psychodrama*. V. I. New York: Beacon House Inc.

___________ (1951). *Sociometry, Experimental Method and The Science of Society*. New York: Beacon House Inc.

___________ (1955). *Preludes to My Autobiography*. New York: Beacon House Inc.

___________ & Moreno, Z. T. 1975[1959]. *Psychodrama V. II*. New York: Beacon House Inc.

___________ (1975[1969]). *Psychodrama V. III*. New York: Beacon House Inc.

Moreno, Z. T., Blomkvist, L. D., & Rutzel, T. (2000). *Psychodrama Surplus Reality and the Art of Healing.* London and Philadelphia: Routledge, Taylor and Francis Group.

Norton B. G. (1991). *Toward Unity Among Environmentalists.* New York: Oxford University Press.

Ogilvy, J. (1973). *Self and World: Reading in Philosophy.* New York: Harcourt, Brace and Jovanovich.

Perls, F., Hefferline, R., & Goodman. P. (1951). *Gestalt Therapy.* New York: Dell Publishing.

Perls, F. (1969). *Gestalt Therapy Verbati.* Lafayettte, California: The Real People Press.

_______ (1973). *The Gestalt Approach & Eye Witness to Therapy.* Ben Lomond, California: Science and Behavior Books.

_______ (1977). *In and Out the Garbage Pail.* New York: Bantam Books.

_______ (1977). *Gestalt Therapy Verbatim.* New York: Bantam Books.

Pert, C. B. (1997). *Molecules of Emotion: Why You Feel The Way You Feel.* New York: Scribner.

Polster, I., & M. (1974). *Gestalt Therapy Integrated.* New York: Vintage Books.

The Random House Dictionary of the English Language (1967). New York: Random House.

Reid, D. (1998). *Harnessing the Power of the Universe: A Complete Guide to the Principles and Practice of Chi-Gung.* Boston, Massechusetts: Shambhala.

_______ (1994). *The Complete Book of Chinese Health & Healing.* Boston, Massechusetts: Shambhala

Rhyne, J. (1984). *The Gestalt Art Experience.* Chicago, Illinois: Magnolia Street Press.

Robbines, A., & Sibley, L. B. (1976). *Creative Art Therapy.* New York: Brunner/Mazel.

Rogers, C. (1959a). "A Theory of Therapy, Personality, and Interpersonal Relationships, as Developed in the Client-centered Framework". In S. Koch (Ed.), *Psychology: A Study of Science* (pp. 221-23). New York: Harper.

_______ (1959). "Towards a Theory of Creativity". In H. H. Anderson (Ed.), *Creativity and Its Cultivation.* New York: Harper.

_______ (1963). "The Concept of the Fully Functioning Person." *Psychotherapy: Theory, Research, and Practice* 1, No. 1, 17-26. Also published in a revised version: "Chapter 14, The Goal: The Fully Functioning Person." In Rogers, C. (1965). *Freedom to Learn: A View of What Education Might Become.* Columbus, Ohio: Charles E. Merrill Publishing Company. And in Rogers, C.

(1983). *Freedom to Learn for the 80s.* Columbus, Ohio: Charles E. Merril Publishing Company.

_______ (1965). *Client-Centered Therapy.* Boston, Massachusetts: Houghton Mifflin Co.

Rothenberg, A. (1990). *Creativity & Madness.* Baltimore, Maryland: Johns Hopkins University.

Rubin, J. A. (1978). *Child Art Therapy: Understanding and Helping Children Grow through Art.* New York: A Van Nostrand Reinhold Book.

_______ (1984). *The Art of Art Therapy.* New York: Brunner/Mazel Publishers.

_______ (1999). *Art Therapy: An Introduction.* Philadelphia, Pennsylvania: Brunner/Mazel.

St. Augustine (1961). *The Confessions of St. Augustine.* [Translated by F. J. Sheed] New York: Sheed & Ward.

Sandle, D. (Ed.) (1998). *Development and Diversity: New Applications in Art Therapy.* Free Association Books/London/New York.

Sartre, J. P. (1956). *Being and Nothingness.* New York: Philosophical Library.

Satir, V. (1976). *Making Contact.* Millbrae, California: Celestial Arts.

Schaverien, J. (1992). *Revealing Image: Analytical Art Psychotherapy in Theory and Practice.* London & New York: Tavistock/Routledge.

_______ (1995). *Desire the Female Therapist: Engendered Gazes in Psychotherapy & Art Therapy.* London & New York: Routledge.

_______ & Killick, K. (Eds.) (1997). *Art, psychotherapy & Psychosis.* London & New York: Routledge.

Selver, C., & Brooks, C. V. W. (1966). "Report on work in Sensory Awareness and Total Functioning". In H. A. Otto (Ed.), *Explorations in Human Potentialities.* Springfield, Illinois: Charles C. Thomas.

Sheets, M. (1966). *The Phenomenology of Dance.* Milwaukee: The University of Wisconsin Press.

Shorr, J. E. (1972). *Psycho-Imagination Therapy: The Integration of Phenomenology and Imagination.* New York: Inter-continental Medical Book Corporation.

Simon, R. (1966). *Symbolic Images in Art as Therapy.* London: Routledge.

Siren, O. (1963). *The Chinese on the Art of Painting.* New York: Schoken Books.

Spender, S. (1961). *The Making of a Poem.* New York: W. W. Norton and Co.

Suzuki, D. T. (1949). *Essay in Zen Buddhism.* 1st series. London: Rider & Company.

____________ (1955). *Studies in Zen*. New York: Philosophical Library.

____________ (1956). *Mysticism: Christian and Buddhist*. New York: Collier Books.

____________ (1956). *Zen Buddhism*. New York: A Doubleday Anchor Book.

____________ (1959). *Zen and Japanese Culture*. Princeton, New Jersey. Princeton University Press.

____________ (1960). *Manual of Zen Buddhism*. New York: Grove Press, Inc.

____________ (1962). *The Essentials of Zen Buddhism*. New York: E. P. Dutton.

____________ (1967). *Outline of Mahayana Buddhism*. New York: Schocken Books.

____________ (1973). "The Awakening of a New Consciousness in Zen". In J. Ogilvy (Ed.), *Self and World: Readings in Knowledge*. New York: Harcourt, Brace and Jovanovich.

Sze, M. M. (1959). *The Way of Chinese Painting*. New York: Vintage Books.

Tu, Wei-Ming. (1976). *Neo-Confucian Thought in Action*. Berkeley, California: University of California Press.

Ulman, E., & Dachinger, P. (Eds.) (1975). *Art Therapy in Theory and Practice*. New York: Schocken Books.

Varner, G. (1991). "No Holism without Pluralism". *Environmental Ethics, 13*, 175-179.

Wadeson, H. (1980). *Art Psychotherapy*. New York: Wiley & Sons.

Waley, A. (Tr.) (1965). *The Way and Its Power*. London: George Allen and Unwin.

Weil, A. (1995). *Spontaneous Healing*. New York: Ballantine Books.

_______ (1998). *Health and Healing*. New York: Houghton Mifflin Co.

Wilhelm, R. (1950). *The I Ching or The Book of Changes*. (Translated into English from the German by Cary F. Baynes). Princeton University Press.

_______ (1962). *The Secret of the Golden Flower: A Chinese Book of Life*. New York: A Harvest/HBJ Book.

Wu, S. (2001). *Music Qigong: Ancient Chinese Healing Art from a Modern Master*. New Jersey: Homa & Sekey Books.

Yalom, I. D. (1975). *The Theory and Practice of Group Psychotherapy*. New York: Vintage Books.

Zinker, J. (1977). *Creative Process in Gestalt Therapy*. New York: Vintage Books.

Ding, F. B. (1984). 佛學大辭典. (丁福保 編). 臺北: 天華出版事業公司.

He Luo Shu. 河洛書 in 四庫易經總目/ 01. 經部 卷八 易類存目二篇名: 繫辭十篇書十卷.

History of Chinese Civilization (1995). 中國文明史. 臺北: 地球.

Huang Di. (1990). 黃帝內經素問譯解. (楊維傑 編譯). 臺北: 地遠書局.

Huang Di. (1990). 黃帝內經靈樞譯解. (楊維傑 編譯). 臺北: 地遠書局.

Li, Shen. (1997). 六祖壇經. (李申 釋譯, 星雲大師 總監修). 佛光山宗務委員會印行.

Liu, A. (1990). 淮南子, (漢)劉安. (陳廣忠 譯注). 中國古代名著今譯叢書. 吉林: 文史出版社.

Mou, Z. S. (1990). 心體與性體. (牟宗三 著). 臺北: 正中書局.

Mozi. (2000). 墨子. 臺北: 臺灣古籍出版有公司.

Nan, H. J. (2000). 靜坐修道與長生不老(第二版). (南懷瑾 著). 臺北: 老古文化事業公司.

Qing, X. T. (1988). 中國道敎史. (卿希泰 主編). 四川: 四川人民出版社.

Sun, G. (1996). 嘯旨 百部叢書集成. ((唐)孫廣 撰). 臺北: 藝文印書館.

Wang, F. D. 莊子通, 莊子解. ((明)王夫之 著). 臺北: 里仁書局.

Xin Yuan. (1997). 金剛經講話. (星雲 著, 星雲大師 總監修). 臺北: 佛光山宗務委員會印行.

Yang, Li. (1990). 周易與中醫學. (楊力 著). 北京: 科學技術出版社.

Zhang, T. R. (1993). 易經講義. (張廷榮 講). 臺北: 易學研究 雜紙.

Zhu, Q. X. (Ed.) (1991). 老子校釋 · 新編諸子集成(第一 輯). (朱謙之選). 北京: 中華書局.

Zhu, Z. B., Huang. M. Z., Tao, J. W., & Li, Z. G. (Ed.) (2002). 朱忠寶, 黃明中, 陶錦文, 李照國. 新編實用中醫文庫. (A Newly Compiled Practical English-Chinese Library of Traditional Chinese Medicine). Shanghai: Publishing House of Shanghai University of Traditional Chinese Medicine.

인 명

인 명

저자 소개

Gong Shu, Ph. D.

미술치료 전문가(ART), 심리극 전문가(TEP), 사회사업가(LCSW)

Gong Shu 박사는 The Center for Creative Development와 국제 젤카모레노 연구소의 설립자다. 또한 미국미술치료학회와 국제집단치료학회의 회원이며, 미국집단치료 및 사이코드라마학회의 펠로우이자 평생회원이다. 현재 전문 저널 *International Journal of Action Methods Psychodrama, Skill Training, and Role Playing*의 편집장이기도 하다.

그녀는 미국집단치료 및 사이코드라마학회 운영위원과 사이코드라마, 사회측정학 및 집단치료의 자격심사 위원을 역임했다. 또한 1997년 10월 8일 중국 난징신경정신병원의 정신건강 자문위원으로 위촉되었으며, 2000년 12월 2일 제5차 전통의학 국제 콘퍼런스에서 뛰어난 업적으로 상을 받았다. 국제적인 명성을 가진 심리치료사로서, 서양의 행위중심치료와 중국의학을 접목한 독특한 치유방법을 개발하였으며, 다양한 문화 배경과 풍부하고 다채로운 교육 경험을 그녀의 장점으로 들 수 있다.

역자 소개

최외선

현) 영남대학교 환경보건대학원 미술치료학과 전공 주임교수
수련감독 미술치료 전문가

전) 한국미술치료학회 회장

조성희

현) 백석대학교 기독교학부 교수
사이코드라마 수련감독 전문가

전) 국립법무병원 임상심리실장
한국사이코드라마소시오드라마학회 회장

이미옥

현) 영남대학교 환경보건대학원 미술치료학과 객원교수
수련감독 미술치료 전문가, 사이코드라마 수련감독 전문가

전) 한국사이코드라마소시오드라마학회 회장

삶을 변화시키는 **예술치료**

-중국 전통의학과 심리극 그리고 창조적 미술치료의 통합-

2010년 4월 20일 1판 1쇄 인쇄
2010년 4월 30일 1판 1쇄 발행

지은이 • Gong Shu
옮긴이 • 최외선 · 조성희 · 이미옥
펴낸이 • 김진환
펴낸곳 • (주) 학지사
121-837 서울특별시 마포구 서교동 352-29 마인드월드빌딩 5층
대표전화 • 02) 330-5114 팩스 • 02) 324-2345
등록번호 • 제313-2006-000265호

홈페이지 • http://www.hakjisa.co.kr
커뮤니티 • http://cafe.naver.com/hakjisa

ISBN 978-89-6330-247-8 93180

정가 16,000원